Springer-Lehrbuch

Christoph Schneeweiß

Planung

2 Konzepte der Prozeß- und Modellgestaltung

Mit 61 Abbildungen

Springer-Verlag

Berlin Heidelberg New York
London Paris Tokyo
Hong Kong Barcelona
Budapest

Prof. Dr. Christoph Schneeweiß
Universität Mannheim
Lehrstuhl für Allgemeine Betriebswirtschaftslehre
und Unternehmensforschung
Schloß
D-6800 Mannheim

ISBN 3-540-55175-1 Springer-Verlag Berlin Heidelberg New York Tokyo

Die Deutsche Bibliothek - CIP-Einheitsaufnahme
Schneeweiß, Christoph:
Planung/Christoph Schneeweiß. - Berlin; Heidelberg;
New York; London; Paris; Tokyo; Hong Kong; Barcelona;
Budapest: Springer.
(Springer-Lehrbuch)
2. Konzepte der Prozeß- und Modellgestaltung. - 1992
ISBN 3-540-55175-1 (Berlin ...)
ISBN 0-387-55175-1 (New York ...)

Druck: Weihert-Druck GmbH, Darmstadt
Bindearbeiten: Druckhaus Beltz, Hemsbach/Bergstraße
2142/7130-543210

Vorwort

Planung ist wesentlicher Bestandteil des Managementprozesses, dessen Aufgabe in der Konzeption von Entscheidungen sowie in deren Ausführung und Kontrolle besteht. Belegt man Ausführung und Kontrolle und die organisatorische Gestaltung von Systemen, innerhalb derer Planung stattfindet, mit dem Begriff der Führung, so sind Planung und Führung zwei in vielfältiger Weise ineinander verschränkte Managementtätigkeiten.

Der erste Band dieser Theorie der Planung hat sich mit normativen Fragen der Entscheidungsfindung befaßt, die nunmehr in dem vorliegenden zweiten Band auf konzeptionelle Fragestellungen auszuweiten sind; und dies in zweierlei Hinsicht: Zum einen sind Konzepte zu entwickeln, nach denen der Prozeß der Planung ablaufen könnte, zum anderen jedoch ist das zu planende Objekt selbst zu modellieren. So gesehen tritt dieser zweite Band aus der Enge einer normativen Sicht in die Weite einer präskriptiven Entscheidungstheorie hinaus, die dem individiuellen Führungsverhalten noch genügend Freiraum läßt.

Zu den gestaltenden Konzepten des Planungsprozesses gehören dessen Zerlegung in einen Abstraktions- und Relaxationsvorgang, die Konsolidierung vager Hypothesen und die Festlegung von Anspruchsniveaus. Ferner ist gegenüber einer normativen Planungstheorie der Rationalitätsbegriff neu zu diskutieren und zu dem Wahrheitsbegriff explikativer Wissenschaften in Beziehung zu setzen. Zur Strukturierung des Planungssachverhaltes selbst gehören Probleme der Dekomposition, der Hierarchisierung und der Dynamisierung.

Viele der dargestellten Konzepte sind nicht neu. Die Abhandlung macht jedoch den Versuch, konzeptionelle Fragen in einem einheitlichen Rahmen darzustellen und sie einem Leser (einer Leserin) bereits in einem Stadium zugänglich werden zu lassen, in dem der Erfahrungshintergrund noch weitgehend fehlt. Dies erscheint dringend geboten, da das Lernen aus Erfahrung ein viel zu aufwendiger und langwieriger Prozeß ist. Häufig eingestreute Beispiele mögen dem noch unerfahrenen Leser den für ihn bisweilen notwendig abstrakten Stoff mit Leben erfüllen.

Den Rahmen für die Darstellung bildet der allgemeine Planungsprozeß, der die Ausführungen des Bandes 1 wesentlich vertieft. In diesem Rahmen werden sodann Strukturierungen des Planungssachverhaltes vorgenommen, die ihren Abschluß in der Konzeption hierarchisch strukturierter dynamischer Systeme finden, augenfällig zusammengefaßt in einer Operationalisierung des wichtigen Begriffes der Flexibilität. Die anschließende Darstellung der Grundgedanken der Künstlichen Intelligenz zeigt, welche Teile des Planungsprozesses prinzipiell automatisierbar sind und welche Aspekte heute noch nicht beachtet werden. Schließlich gipfeln sämtliche vorangegangenen Überlegungen in dem Versuch, aus dem Prozeß der Planung heraus Grundkonzepte handlungsorientierter Wissenschaften zu verstehen.

Band 2 der "Planung" kann unabhängig von Band 1 gelesen werden. Es erfolgen zwar häufig Hinweise auf die dort gegebene Darstellung multikriterieller Entscheidungsverfahren, doch ist die vorliegende Darstellung in sich abgeschlossen. Dennoch dürfte sich für den noch unerfahrenen Leser die Lektüre der dortigen Kapitel 1, 2 und 3 sowie einzelner Abschnitte der Kapitel 4 und 7 als nützlich erweisen.

Teile des dargestellten Stoffes wurden wiederholt vor Studierenden der Allgemeinen Betriebswirtschaftslehre, der Unternehmensforschung und der Wirtschaftsinformatik vorgetragen. Die hierbei gewonnenen Erfahrungen sind, wie ich hoffe, der Abhandlung zugute gekommen, zumal ich mich nur in wenigen Passagen auf einen bereits vorliegenden Lehrtext beziehen konnte. Vielmehr fußt der Text weitgehend auf Erfahrungen aus der eigenen Lehr- und Forschungstätigkeit sowie auf vielfachen Kontakten und Diskussionen im Kollegenkreis – auch über den engeren Bereich der Betriebswirtschaftslehre hinaus. Einen wichtigen Anteil haben hieran auch meine früheren und jetzigen Mitarbeiter, mit denen ich immer wieder Gelegenheit hatte, über konzeptionelle Fragen der Planung zu diskutieren. Zu ihnen gehören insbesondere Frau Dipl.-Wi.-Inf. M. Decker sowie die Herren Dipl.-Kfm. J. Faißt, Dipl.-Wi.-Inf. V. Söhner, Dipl.-Kfm. J. Steinbach, Dipl.-Kfm. B. Wild und Dr. H.-J. Vaterrodt. Ihnen allen sei an dieser Stelle herzlich gedankt. Dank schulde ich auch Frau Gabriele Eberhard, die diesmal nicht nur die Word-, sondern auch die Teχ-Version des Textes sowie die vielen Abbildungen erstellt hat. Schließlich sei auch die angenehme Zusammenarbeit mit dem Verlag, insbesondere mit Herrn Dr. W. Müller, dankbar erwähnt.

Mannheim, Januar 1992 *Ch. Schneeweiß*

Inhaltsverzeichnis

Inhaltsverzeichnis von Band 1

Kapitel 1

Die Gestaltung des Prozesses der Planung

Spätestens seit den sechziger Jahren wird dem Prozeß der Planung eine verstärkte Aufmerksamkeit geschenkt. So spricht man beispielsweise in der Betriebswirtschaftslehre von dem "Unternehmungspolitischen Prozeß", im Operations Research von dem "OR-Prozeß" (s. z.B. SCHNEEWEISS 1987), in der Informatik von dem "Prozeß des Systementwurfs" und in der Denkpsychologie von dem "Prozeß menschlichen Denkens" (s. z.B. HUSSY). Man stellt sich vor, daß derartige Prozesse über verschiedene Phasen verlaufen, zu denen eine anfängliche Konzeptionsphase, ferner die Phase der Modellbildung und Entscheidungsfindung und schließlich die Phase der Ausführung der gefundenen Entscheidung gehören.

In Band 1, Kapitel 1 wurde ein solcher Prozeß ausführlich diskutiert. Der dort übersichtsartig dargestellte Prozeß der Planung soll nun genauer unter system- und entscheidungstheoretischem Blickwinkel analysiert und umfassend dargestellt werden. Dabei werden wir der Modellbildung, durch die Planung erst möglich wird, besondere Beachtung schenken.

Aus der Systemanalyse weiß man, daß zur Lösung einer Planungsaufgabe Objekt- und Präferenzinformation bzw. Entscheidungsfeld und Wertsystem einander zuzuführen sind (s. Bd. 1, Kap. 2). Ein solcher Vorgang erfordert eine Fülle von Entscheidungen, die i.d.R. bei unvollständiger Information zwischen mehreren Personen und unter Beachtung mehrerer konfliktärer Ziele zu treffen sind.

Wir werden uns im folgenden zunächst einen Überblick über den Planungsprozeß verschaffen (Abschn. 1.1.) und erst anschließend dessen einzelne Teile genauer analysieren. Eine besondere Rolle spielt hierbei die Konstruktion *quantitativer* Entscheidungsmodelle, die wir der Übersichtlichkeit wegen in einem gesonderten Abschnitt besprechen.

Bereits im Rahmen der System- und Entscheidungsanalyse (vgl. Bd. 1) sind wir wiederholt auf erkenntnistheoretische Fragen gestoßen. Sie werden auch hier wieder auftreten, doch sollen sie zunächst zurückgestellt werden und dem abschließenden Kapitel 6 vorbehalten bleiben.

1.1 Grundstruktur des Prozesses der Planung

1.1.1 Mastermodell und Entscheidungsgenerator

Die Bewältigung eines Planungsproblems kann man unter drei Aspekten sehen. Zum einen geht es um die planerische Gestaltung des Problems an sich, d.h. um die Ermittlung und Festlegung eines problembezogenen Objekt- und Wertsystems. Zum anderen ist der Prozeß der Planung selbst zu planen und schließlich bedürfen Durchführung und Kontrolle ebenfalls der Planung. Wir werden uns im folgenden auf die ersten beiden Aspekte konzentrieren und zunächst die grundsätzliche Vorgehensweise und einige Rahmenbedingungen erörtern. Dabei sollte klar sein, daß problem- und prozeßbezogene Aspekte nur schwer voneinander trennbar sind.

Planung läuft prinzipiell in der Weise ab, daß man sich zunächst systemanalytisch eine Vorstellung darüber verschafft, welches Objektsystem und simultan damit, welches Wertsystem einem Planungsproblem zugrunde liegt. Gelangt man hierbei bereits zu einer "Problemlösung", d.h. zu einem ausführbaren **Planentscheid**, so kann der Planungsprozeß als beendet gelten. Häufig jedoch, gerade bei unternehmerischen Entscheidungen, bei denen es oft um quantitativ nachprüfbare Größen wie Gewinne, Kosten, Steuern, Marktanteile, demographische Strukturen von Absatzmärkten usw. geht, wird man Planentscheide erst aufgrund einer genaueren (quantitativen) Analyse treffen können. Hierzu konstruiert man ein formales Entscheidungsmodell, dessen Lösung nachhaltig zur Unterstützung der Planung beiträgt.

Damit tritt eine zweistufige Struktur des Planungsprozesses zum Vorschein, die in Abb. 1.1 nochmals deutlich herausgestellt ist. Sie steht im Zentrum der folgenden Überlegungen und ist Keimzelle einer weit ausgreifenden, sich differenzierenden Darstellung der allgemeinen formalen Struktur des Planungsprozesses.

Die erste Stufe der in Abb. 1.1 dargestellten Übersicht besteht darin, in einem systemanalytischen Prozeß der Abstraktion zu einem hinreichend genauen Abbild des durch Planung zu bewältigenden Realproblems zu gelangen. Dieses Abbild ist ein Entscheidungsmodell, das das gesamte Planungproblem, also nicht nur das Objektsystem, sondern auch das zugehörige Wertsystem darstellt und als **Realmodell** bezeichnet werde. Es ist in bestimmtem Sinne noch unvollständig.

Häufig werden wir auch – aus später noch ersichtlichen Gründen – von **Mastermodell** sprechen. Dort werden wir auch klären, inwiefern das Modell noch notwendig unvollständig ist und einer Ergänzung bedarf. Den Vorgang der reduzierenden Abbildung des Realproblems auf das Realmodell bezeichnen wir als **Abstraktion**.

Oft ist – wie bereits angedeutet – das Realmodell zu komplex, als daß es gelänge, akzeptable Entscheidungen zu finden. Man vereinfacht es daher in einem zweiten Schritt weiter, bis man ein Modell erhält, das die Ermittlung von Entscheidungen gestattet.

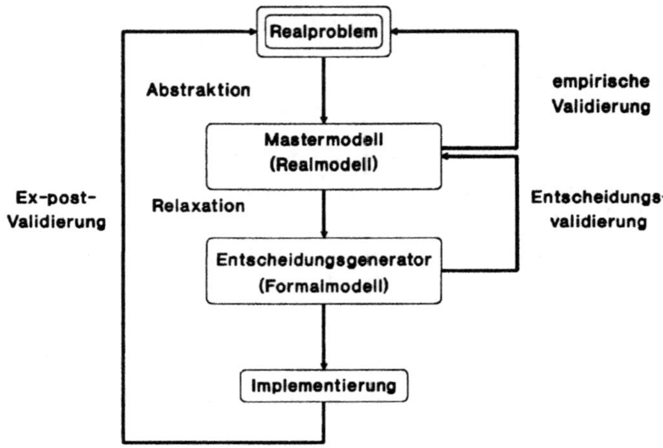

Abb. 1.1: Grobstruktur des Planungsprozesses

Dieser Vorgang sei als **Relaxation** bezeichnet, weil die Aufgabe, eine geeignete Entscheidung aufgrund des Realmodells zu finden, durch weitere Reduktion erleichtert (relaxiert) wird. Das Ergebnis der Relaxation ist ein "**Formalmodell**", denn in ihm wird – im allgemeinen unter Einsatz *formal-mathematischer* Methoden – eine Entscheidung gewonnen. Wir bezeichnen daher im folgenden das Formalmodell auch als **Entscheidungsgenerator**.

Die beiden Reduktionsschritte Abstraktion und Relaxation sind deutlich voneinander zu trennen. Während die Abstraktion den für die Lösung des Realproblems wichtigen Realitätsausschnitt herauspräpariert, erreicht die Relaxation eine Reduktion, die *allein aus Gründen einer formalen Lösbarkeit* vorgenommen wird. M.a.W. bei der Abstraktion geht es um die Herausarbeitung semantischer (inhaltlicher) Aspekte, während die Relaxation die Syntax, d.h. die (komplexe) sprachliche Darstellung, vereinfacht. Daß mit dieser (syntaktischen) Vereinfachung u.U. auch inhaltliche (semantische) Aspekte "über Bord gehen" können, liegt auf der Hand. Doch genau hier zeigt sich die Stärke der zweistufigen Vorgehensweise. Sie führt zu einer Zerlegung der komplexen **Validierungsaufgabe**. Während das Realmodell und damit der Abstraktionsvorgang am **Realproblem** überprüft (validiert) wird, dient das Realmodell seinerseits der Validierung des Formalmodells. Entsprechend seien diese Validierungen als **empirische Validierung** und als **Entscheidungsvalidierung** gekennzeichnet (s. Abb. 1.1).

Keine dieser Validierungen ist vollständig; nur gemeinsam machen sie einen Sinn. Die empirische Validierung besteht darin, daß man bestimmte Teile des Realmodells an der Realität überprüft. Es ist allerdings nicht möglich, das Modell als ganzes zu überprüfen, da das Zusammenwirken aller Teile, wie im folgenden noch deutlich werden wird, erst durch die im Formalmodell gewonnenen Entscheidungen erreicht wird. Gerade komplementär verhält es sich mit der Validierung des Formalmodells. Dasjenige Formalmodell gilt als hinreichend validiert, dessen Entscheidung hinsichtlich des Realmodells akzeptabel ist. D.h. man validiert die möglichen Formalmodelle – im Gegensatz zum Realmodell – lediglich über ihre Entscheidungen und spricht deswegen von Entscheidungsvalidierung.

Durch diese Entkopplung erhält man einen nicht unerheblichen Freiraum bei der Konstruktion formaler Entscheidungsmodelle. Es kommt nicht so sehr darauf an, daß diese Modelle die Realität bis ins Detail richtig beschreiben, sondern es ist wichtig, daß sie auf Entscheidungen führen, die hinsichtlich des eigentlich interessierenden Realmodells akzeptabel sind. Und je besser das Realmodell empirisch validiert ist, desto mehr Freiheit hat man bei der Konstruktion formaler Modelle. Dies ist eine generelle Eigenschaft handlungsorientierter Theorien, auf die in Kapitel 6 noch einzugehen sein wird. (Das Tandem Real-Formal-Modell wird besonders schön auch in sog. Mensch-Maschine-Systemen sichtbar. Während die Maschine Entscheidungen generiert, ist es Aufgabe des Menschen, diese Entscheidungen im Lichte eines komplexeren Sachverhalts zu beurteilen: Die Maschine aktiviert das umfassende passive Wissen des Menschen.)

In einer ersten Charakterisierung kann man die Abstraktion als einen Vorgang begreifen, bei dem eine **Komplexitätsreduktion** durch Aufgabe von Information erreicht wird. Eine solche Aufgabe von Information findet in der Relaxation nur *vorübergehend* statt, stets hat man im Realmodell als Orientierungspunkt die gesamte Information verfügbar, die man zur Lösung des anstehenden Problems nötig zu haben glaubt.

Empirische Validierung und Entscheidungsvalidierung sind **Ex-ante-Validierungen**, d.h. Modellüberprüfungen *bevor* eine Planung faktisch durchgeführt (implementiert) wird. Sie sind die eigentlich wesentlichen Validierungen. Eine Validierung *nach* einer Implementierung (sog. **Ex-post-Validierung**, vgl. Abb. 1.1) ist häufig nur noch von sehr eingeschränktem Nutzen.

Wir kommen auf das zentrale Problem der Validierung später (Abschn. 1.3) noch genauer zurück. Zuvor jedoch sollten die eingeführten Begriffe durch ein sehr einfaches Beispiel verdeutlicht werden.

1.1.2 Beispiel: Disposition eines Mehrprodukt-Lagers

Realproblem: Ein Lagerdisponent habe für etwa 1000 Produktarten ein Lager zu verwalten. Der Lagerraum sei beschränkt und die Nachfrage nach den einzelnen Artikeln stochastisch. Seine Aufgabe bestehe nun darin, unter Beachtung des beschränkten Lagerraumes und unter Aufrechterhaltung der Lieferbereitschaft, den Lagerbestand jedes Artikels zum "richtigen" Zeitpunkt mit der "richtigen" Menge wieder aufzufüllen. "Richtig" möge dabei heißen, daß unter den genannten Restriktionen die gesamten mit dem Vorgang des Bestellens und der Lagerung verbundenen Kosten minimal seien.

Der **Abstraktionsvorgang** möge nun auf das **Realmodell** (Mastermodell) führen. Er bestehe darin, daß der Disponent nach eingehender Analyse erkannt habe, daß lediglich die 500 umsatzstärksten seiner Artikel einer genaueren Bestellanalyse unterzogen werden sollten. Darüber hinaus ist er der Meinung, daß es wegen der geringen Schwankungen der Nachfrage ausreiche, sie für jeden Artikel als deterministisch und sogar konstant anzunehmen, worin der den Abstraktionsvorgang bestimmende Informationsverzicht zum Ausdruck kommt. Das Realmodell ist daher ein sog. **Mehrprodukt-Lagerhaltungsmodell** mit konstanter Nachfrage und beschränktem Lagerraum.

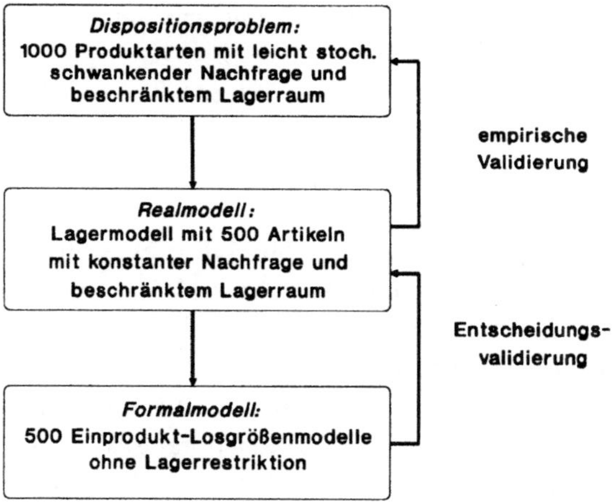

Abb. 1.2: Reduktionsschritte für das klassische Losgrößenmodell

Der sich anschließende Relaxationsvorgang führt nun auf ein **Formalmodell**, den sog. **Entscheidungsgenerator**. Dieses Modell erweist sich als das **klassische Losgrößenmodell**. Es bestimmt bei konstanter Nachfrage für einen einzigen Artikel ohne Lagerraumbeschränkung den kostenoptimalen Bestellzeitpunkt und die kostenoptimale Bestellmenge, die man auch als "**Losgröße**" bezeichnet (vgl. z.B. SCHNEEWEISS 1981). Die Relaxation besteht also darin, daß man sich von dem formal-mathematischen Problem einer Optimierung unter einer Nebenbedingung (nämlich der Lagerraumbeschränkung) befreit. Die Reduktionsschritte sind noch einmal in Analogie zu Abb. 1.1 in Abb. 1.2 zusammengefaßt.

Die **empirische Validierung** besteht insbesondere darin, daß man die im Modell benutzten Nachfrageraten der Lagerartikel sowie die verwendete Lagerraumbeschränkung mit den in der Realität vorliegenden Daten überprüft. Aufgabe der **Entscheidungsvalidierung** ist es dagegen, nach Wahl der Kostenparameter in den Einprodukt-Losgrößenmodellen die Einhaltung der im Realmodell gegebenen Lager-Restriktion zu überprüfen und zu gewährleisten.

1.1.3 Zyklen- und Steuerungsprozeß

Es dürfte klar sein, daß der in Abb. 1.1 dargestellte Basisvorgang einer sukzessiven Abfolge von Abstraktion und Relaxation in einem Planungsprozeß i.d.R. mehrmals durchlaufen wird. Dabei geschieht die Konstruktion des Realmodells i.a. nicht in *einem* Schritt, und auch zu einem Realmodell wird man häufig mehrere Formalmodelle konstruieren. Der Basisvorgang wird, sich immer wieder korrigierend, in vielfachen Schleifen durchlaufen, deren Gestalt sich fortlaufend verändert. Die Abfolge dieser Zyklen sei als **Zyklenprozeß** bezeichnet und der Prozeß, der diese Abfolge steuert, als **Steuerungsprozeß**. Er ist eine Folge von Metaentscheidungen, die immer wieder angestoßen werden, sobald eine Validierung nicht zur Zufriedenheit ausgefallen ist. Wann eine Validierung jedoch als akzeptabel bezeichnet werden kann, hängt wiederum ganz wesentlich von dem bis dahin realisierten Zyklenprozeß ab. Der Planungsprozeß stellt sich somit als interaktive Abfolge von Zyklen- und Steuerungsprozeß dar.

Daraus wird auch deutlich, daß wir es nicht mit einem einzigen Realmodell zu tun haben, sondern i.a. mit einer Folge unterschiedlicher Modelle. Wir werden aus diesem Grunde statt von einem

Realmodell auch von einem "**Mastermodell**" sprechen. Damit soll deutlich werden, daß dem Resultat des jeweiligen Abstraktionsvorganges eine zentrale Bedeutung innerhalb des Planungsprozesses zukommt, daß es sich aber bei diesem Modell nicht um die einzig mögliche Abbildung der Realität handelt, sondern um ein zwar wichtiges, aber dennoch nur intermediäres Ergebnis.

1.1.4 Die Träger des Planungsprozesses

Nach Darstellung der generellen Struktur des Planungsprozesses seien noch einige (prozeßbezogene) Rahmenbedingungen genannt, die für einen Planungsprozeß konstituierend sind. Hierbei geht es hauptsächlich um die Frage, von wem die vielen Metaentscheidungen getroffen werden, die im Rahmen des Steuerungsprozesses notwendig sind. Häufig zeigt sich, daß man drei Personengruppen unterscheiden kann:

- die Planungsgruppe,
- den Entscheidungsträger und
- die Betroffenen.

• Die **Planungsgruppe** ist für die strukturelle Gestaltung und den Fortgang der Planung verantwortlich. Sie setzt sich häufig aus Spezialisten von Stabsabteilungen zusammen, die bisweilen von externen Beratern unterstützt werden.

• Der **Entscheidungsträger** hat die Planungsfachleute mit den zur Planung notwendigen Informationen zu versorgen, die er sich jedoch seinerseits häufig von den durch die Planung betroffenen Personen zu verschaffen hat (vgl. Abb. 1.3). Darüber hinaus hat er Präferenzinformationen für sämtliche im Rahmen des Steuerungsprozesses notwendigen Entscheidungen bereitzustellen, und schließlich besteht seine Aufgabe darin, die endgültig zu realisierende (d.h. zu implementierende) Entscheidung zu treffen.

Der Entscheidungsträger ist häufig eine sehr komplex aufgebaute Gruppe von Planungsverantwortlichen. Sie kann sich prinzipiell aus der gesamten Führung einer Organisation zusammensetzen. Insofern können auch die Mehrpersonenentscheidungsprozesse, die innerhalb dieser Gruppe und in Interaktion mit den Planungsfachleuten und den Betroffenen ablaufen, äußerst komplex sein.

- Die **Betroffenen** sind genau genommen häufig zwei Personengruppen, und zwar diejenigen, die den Planentscheid umsetzen und diejenigen, die von dieser Umsetzung betroffen sind. Denkt man an Planungen innerhalb von Unternehmungen, so wird es sich meist um den ersten Typ handeln. Bei Absatzentscheidungen und vor allem bei Entscheidungen im Öffentlichen Bereich jedoch sind häufig die Betroffenen nicht nur die Beamten und Angestellten, die die Maßnahmen umsetzen, sondern vor allem die Personen, die von einer Maßnahme "erfaßt" sind, d.h. Gruppen von Bürgern.

  Die Betroffenen geben nicht nur – wie bereits erwähnt – Informationen an den Entscheidungsträger, sondern u.U. auch direkt (über Befragungen) an die Planungsfachleute (vgl. Abb. 1.3).

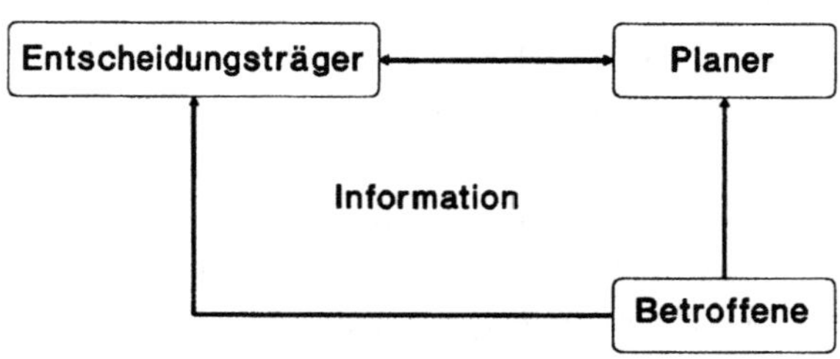

Abb. 1.3: Hauptinformationsflüsse zwischen Entscheidungsträger, Planer und Betroffenen

Planungsgruppe, Entscheidungsträger und Betroffene sind nicht nur in sich häufig sehr heterogene Gruppen, innerhalb derer komplexe Entscheidungsprozesse ablaufen, vielfach sind sie auch nicht streng voneinander trennbar, so daß eine Person prinzipiell allen drei Gruppen angehören kann. Ihre Aufgliederung geschieht hier hauptsächlich im Hinblick auf die unterschiedlichen Aufgaben, die innerhalb des Planungsprozesses erforderlich sind. Außerdem werden dadurch charakteristische Unterschiede in den Interessenlagen der beteiligten Gruppen sichtbar.

Nachdem die Grundzüge des Planungsprozesses geklärt sind, soll nun genauer auf die einzelnen Phasen eingegangen werden. Dazu betrachten wir zunächst den Vorgang der Abstraktion.

1.2 Abstraktion

Wir haben bereits festgestellt, daß der Vorgang der Abstraktion im wesentlichen ein systemanalytischer Vorgang ist, bei dem beide Systeme, das Objekt- und das Wertsystem, schrittweise in gegenseitiger Abhängigkeit voneinander zu erfassen sind. Ziel ist die Herleitung eines Mastermodells. Dabei handelt es sich nicht um ein vollständig spezifiziertes Modell in dem Sinne, daß Wertsystem und Entscheidungsfeld vollständig festgelegt seien: Beide Systeme sind in konsistenter Weise noch unvollständig. So ist im Entscheidungsfeld häufig die Alternativenmenge noch weitgehend unbekannt, sie wird ja gerade (zumindest teilweise) aus der Relaxationsanalyse erst gewonnen. Korrespondierend hierzu ist auch das Wertsystem unvollständig, denn zur vollständigen Festlegung von Präferenzen ist i.a. die Kenntnis möglicher Handlungsalternativen erforderlich. Von dem Wertsystem ist also allenfalls das Zielsystem bekannt, während die Bewertung der einzelnen Ziele, d.h. die Artenpräferenz (s. Bd. 1, insbesondere Kap. 4) noch nicht festgelegt ist.

1.2.1 Typen von Hypothesen

Bevor die Herleitung eines Mastermodells genauer betrachtet wird, seien noch einige Begriffsbildungen vorausgeschickt, die unsere Überlegungen erleichtern werden. Man kann ein Entscheidungsmodell als eine Menge von Hypothesen ansehen, die neben präskriptiven Forderungen und rein analytischen Hypothesen (logischen Aussagen) auch solche enthält, die empirisch gehaltvoll (d.h. prinzipiell empirisch überprüfbar) sind (vgl. auch Kap. 6). Diese Menge setzt sich aus zwei Teilmengen zusammen, von denen die eine das Objektsystem beschreibt und die andere das Wertsystem, also die Menge der Präferenzaussagen über das Objektsystem.

Bereits im Rahmen der Systemanalyse (Bd. 1, Abschn. 2.2.2) haben wir Hypothesen (Fakten) nach ihrem Bestimmtheitsgrad eingeteilt. Er spielt für die Erstellung eines Mastermodells eine herausragende Rolle. Folgerichtig sprechen wir von

- harten,
- soliden und
- vagen Hypothesen.

- **Harte Hypothesen** sind sämtliche "harten Tatsachenaussagen", die zur Lösung der anstehenden Planungsaufgabe von Bedeutung sein können. Sie können problemlos gemessen bzw. prognostiziert werden. Sie definieren häufig physische und institutionelle Rahmenbedingungen, wie etwa physikalische Eigenschaften oder Gesetzesvorschriften innerhalb des zu planenden Zeitraumes, unveränderliche ökonomische Rahmendaten oder unmißverständliche Vorgaben des Entscheidungsträgers.

- **Solide Hypothesen** sind empirische Aussagen, deren Datenbasis breit genug ist, um verläßliche Schätzungen und Prognosen abgeben zu können. So könnte man etwa hinreichend gesicherte Aussagen über die in einem Objektsystem ablaufenden stochastischen Prozesse oder über die Gestalt von Produktionsfunktionen als solide Hypothesen bezeichnen. Solide Hypothesen sind statistisch gesicherte Aussagen über bestimmte Teilaspekte des Objektsystems.

- **Vage Hypothesen** sind sämtliche Hypothesen, die weder hart noch solide sind. Sie spielen in vielen Situationen eine dominierende Rolle. Man denke etwa an Reaktionen auf bestimmte Planungsaktivitäten, über die man häufig nur höchst ungenaue Mutmaßungen anstellen kann; oder ganz allgemein an eine zeitlich stark veränderliche Umwelt, für die es gar nicht möglich ist, genügend Daten zu erfassen, um auf den Implementierungszeitpunkt bezogene verläßliche Aussagen treffen zu können. Mit einem Wort: **Vage Hypothesen** sind lediglich über *subjektive* Wahrscheinlichkeiten oder Zugehörigkeitsfunktionen (vgl. Bd. 1, Abschn. 2.2.2.2) festlegbare unbestimmte Aussagen. Sie sind nur "fixierbar" im Kontext der gesamten Planungsaufgabe. Eine solche Festlegung sei im folgenden als **Konsolidierung** bezeichnet. Sie hat nicht nur den engeren Realitätsbereich, auf den sich die vage Hypothese bezieht, zu beachten, sondern den gesamten Planungszusammenhang.

Eine Konsolidierung verwendet daher nicht nur die spärliche Information, die man vielleicht noch über den konkreten Realitätsausschnitt hat, sondern auch Information über andere Realitätsausschnitte, die mit dem betroffenen in Beziehung stehen. Eine Konsolidierung ist daher am Gesamtmodell zu validieren und nicht etwa an einem nur den Realitätsausschnitt betreffenden Kriterium. Insbesondere ist bei neu hinzukommender Information der Übergang zu einer neuen Konsolidierung nicht etwa über ein einfaches Bayes'sches Schätzverfahren (vgl. BAMBERG) zu bewerkstelligen, sondern erfordert eine u.U. grundsätzlich neue (subjektive) Einschätzung der Situation.

Die Abgrenzung von vagen und soliden Hypothesen wird nicht immer eindeutig erfolgen können. So wird man häufig zur Schätzung solider Hypothesen auf moderne multivariate statistische Analyseverfahren zurückgreifen müssen, in die neben der eigentlich interessierenden Hypothese auch andere mit ihr durch Korrelation verbundene Hypothesen einbezogen sind. Diese exploratorischen kausalanalytischen Verfahren (s. z.B. HOMBURG) umfassen somit neben der interessierenden empirischen Hypothese eine mehr oder weniger große Systemumgebung. Von einer vagen Hypothese im engeren Sinne wollen wir daher dann sprechen, wenn ein kausalanalytisches Verfahren nicht zu ihrer Bestimmung ausreicht, sondern das gesamte System miteinbezogen werden muß. Diese Konsolidierung gibt dann nicht notwendig ein von der Planung unabhängiges *Abbild* der vagen Hypothese, sondern ist ein Surrogat für die *Wirkung* dieser Hypothese hinsichtlich des Gesamtproblemzusammenhangs. (Wie vage Hypothesen zu konsolidieren und deren Konsolidierung in den Planungsprozeß einzubetten sind, darauf werden die Abschnitte 1.2.2 und 1.4.1 sowie Abb. 1.5 eine Antwort geben).

Neben dem Bestimmtheitsgrad spielt auch die **Problem-** bzw. **Prozeßbezogenheit** eine Rolle. Wie bereits in Abschnitt 1.1 erwähnt, sind Hypothesen problembezogen, wenn sie Aussagen über den zu planenden Sachverhalt treffen. Prozeßbezogen dagegen sind Hypothesen, wenn sie den zugehörigen Planungsprozeß gestalten. Entsprechend heißen Hypothesen **beschreibend**, wenn sie gegenwärtige und zukünftige Sachverhalte lediglich beschreibend erfassen. Sie heißen **gestaltend**, wenn sie aktiv in einen realen Sachverhalt eingreifen. Prozeßbezogene Hypothesen werden häufig gestaltend sein. Dabei ist es wichtig, sich klar zu machen, daß man in ein Problem auch in der Weise eingreifen kann, daß es obsolet wird. So kann man z.B. die Unsicherheit, wie viele Teilnehmer eine Tagung besuchen werden, dadurch weitgehend aus der Welt schaffen, daß man zum Zeitpunkt der Planung die Teilnahme bestimmter Personen erzwingt. Man greift gestaltend in ein System ein und befreit sich dadurch von der Notwendigkeit, bestimmte empirische Hypothesen zu erfassen. Wir kommen hierauf im Rahmen der Konsolidierung vager Hypothesen und allgemeiner in Kapitel

6 noch zurück.

Ein schönes Beispiel für den Umgang mit vagen Hypothesen gibt auch das auf Forrester (FORRESTER) zurückgehende **System Dynamics**. Dort werden vage Sachverhalte durch Funktionen (häufig lineare Gleichungen) dargestellt (konsolidiert) und im Rahmen des Gesamtsystems simulativ validiert. Hätte man eine solide Datenbasis und mithin solide statt vage Hypothesen, so wäre ökonometrischen Schätzungen gegenüber Konsolidierungen der Vorzug zu geben.

1.2.2 Herleitung eines Mastermodells

Nach diesen Vorbemerkungen kann nun die Herleitung eines Mastermodells etwas genauer beschrieben werden. Aufgrund unserer bisherigen Überlegungen sollte deutlich sein, daß sich das Mastermodell häufig über viele Zyklen hinweg in einem Abstraktionsprozeß fortschreitender Operationalisierung langsam herausschält. Hierbei werden sich die ersten Zyklen zunächst mit Rahmenbedingungen befassen. Es erscheint daher sinnvoll, den Abstraktionsvorgang in zwei Schritte zu unterteilen (vgl. Abb. 1.4):

(1) die Konzeptbildung und
(2) die Ausgestaltung.

(1) Die **Konzeptbildung** führt nicht nur auf ein Modell-, sondern auch auf ein Prozeßkonzept. Sie legt die Rahmenbedingungen der Planung fest. So wird man den Realitätsausschnitt, der in die Planung einzubeziehen ist, festlegen und bestimmte Zielvorstellungen entwickeln oder zumindest Negativabgrenzungen vornehmen. Hier werden erste harte Hypothesen, etwa in Form von Randbedingungen, erfaßt, aber auch schon manche wichtig erscheinende solide Hypothese kann einbezogen werden. Vieles jedoch wird zunächst noch sehr vage (d.h. "offen") bleiben. Parallel dazu wird man erste Vorstellungen über die Struktur der Entscheidungsprozesse,

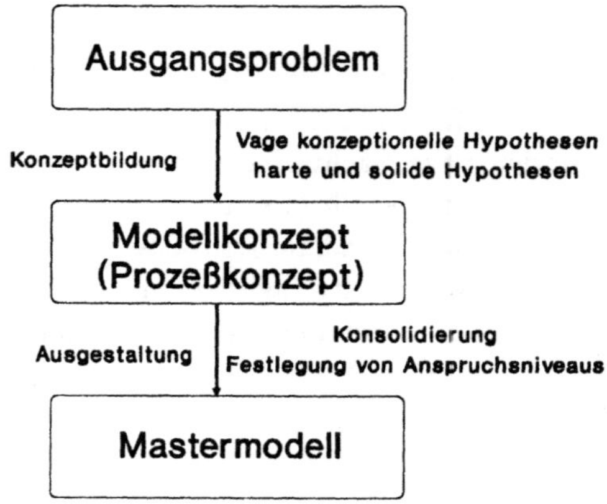

Abb. 1.4: Der Abstraktionsvorgang

die im Rahmen der Planung abzulaufen haben, entwickeln. D.h. man wird erste Überlegungen zur **Projektplanung** anstellen. Die Konzeptbildung läuft i.a. nicht in einem Schritt ab. Viele kleine Zyklen werden notwendig sein, um zu einem Konzept zu gelangen. Die meisten dieser Zyklen werden gar nicht explizit wahrgenommen und einige äußern sich in Aushandlungsprozessen (Diskursen) zwischen den Prozeßbeteiligten.

(2) Die **Ausgestaltung** (vgl. Abb. 1.4) bedeutet eine weitere Operationalisierung der in der Konzeptbildung entwickelten Vorstellungen. Hierbei sind zwei Aspekte von besonderer Bedeutung

(a) die Konsolidierung der vagen Hypothesen,
(b) die Festlegung von Anspruchsniveaus.

Ad (a): Wie wir wissen, ist die **Konsolidierung** vager Hypothesen notwendige Voraussetzung zur Herleitung eines Mastermodells. Vier Konsolidierungsmöglichkeiten wollen wir im folgenden betrachten:
- Operationalisierung und Informationsbeschaffung,

– Absicherung,
– Fixierung und
– Evasion.

- Die Konsolidierung vager Hypothesen durch **Operationalisierung** und Beschaffung weiterer **Informationen** ist die erste Maßnahme, die man ergreifen wird. Erst wenn dieser Weg nicht gangbar erscheint oder zu aufwendig ist, wird man auf die drei übrigen Maßnahmen zurückgreifen. Sie könnte man daher als die "eigentlichen Konsolidierungen" bezeichnen.

- Bei der **Absicherung** versucht man, ähnlich einer Minimax-Strategie, die Vagheit dadurch zu beseitigen, daß man auf die sichere Seite setzt, man sich also auf den schlechtest möglichen Fall einstellt. Hierbei geht man davon aus, daß nicht der Fall völliger Unbestimmtheit vorliegt, sondern zumindest so viel Information vorhanden ist, daß ein solcher schlechtest möglicher Fall erkennbar ist.

- Bei der **Fixierung** kommt die Eigenschaft zum Tragen, daß vage Hypothesen häufig stark involviert sind, also große Teile des gesamten Planungsystems beeinflussen. Eine Fixierung bedeutet eine Festlegung, die im Hinblick auf den gesamten Systemzusammenhang geschieht. Dabei können über logische Beziehungen vage Informationen konsistent aufeinander zugeführt werden. M.a.W. verschiedene vage Hypothesen können sich gegenseitig unterstützen. Die Möglichkeit und Notwendigkeit, den gesamten Modellzusammenhang zu nutzen, ist – wie bereits erwähnt – ein wesentliches Merkmal der Konsolidierung.

- Die **Evasion** nutzt die Tatsache, daß Planung u.U. einen zunächst als notwendig erachteten Informationsbedarf durch aktive Veränderung der Realität entbehrlich werden läßt (vgl. das "Tagungsbeispiel" am Ende von Abschnitt 1.2.1). Der Begriff ist sinnvoll, solange dies nicht zu einer völligen Veränderung des bestehenden Planungsproblems führt, also innerhalb der Konzeptausgestaltung stattfindet.

Konsolidierungen können u.U. von allen vier Möglichkeiten Gebrauch machen. Wichtig ist, daß es die Konsolidierungen sind, die neben der Informationsreduktion zu der im Abstraktionsvorgang angestrebten Komplexitätsreduktion des Realproblems führen.

Ad (b): Der zweite zentrale Aspekt im Rahmen der Ausgestaltung besteht in der Festlegung von **Anspruchsniveaus**. Ihre Fixierung ist unabdingbar. Sie erfolgt in der Weise, daß a-priori-Vorstellungen in die Konzeptbildung dadurch Eingang finden, daß über bestimmte das Wertsystem beschreibende (konsolidierte) Hypothesen Ansprüche an den Planungsprozeß und insbesondere den Planentscheid formuliert werden. Diese Anspruchsniveaus werden immer präziser, je weiter die Ausgestaltung fortschreitet.

Anspruchsniveaus sind für prozeß- und nicht-prozeßbezogene Hypothesen zu formulieren. Als prozeßbezogene Hypothesen können etwa zeitlicher und finanzieller Planungs- und Informationsbeschaffungsaufwand gelten sowie Hypothesen über die Akzeptanz des Planentscheids durch die Betroffenen. Problembezogene Hypothesen dagegen sind z.B. Ertragsmaße, Umweltverträglichkeit und Synergieeffekte mit anderen Projekten. Für prozeß- und problembezogene Kriterien werden simultan Anspruchsniveaus festgesetzt. Hier äußert sich in der Ausgestaltung (Operationalisierung) das schon im Modell- und Prozeßkonzept verankerte Zusammenwirken von Problem- und Prozeßaspekten. Dabei sind die Attribute, die für die Anspruchsniveaus anzugeben sind, sehr unterschiedlich. Gerade die prozeßbezogenen Attribute sind häufig quantitativ meßbar, und es wird oft nicht allzu schwer sein, Anspruchsniveaus zu fixieren, auch wenn man noch nicht weiß, welche Planentscheide, die ja häufig erst in der Relaxationsanalyse erzeugt werden, prinzipiell zu erwarten sind. Bei problembezogenen Attributen ist eine Festlegung i.d.R. schwerer. Sie sind oft nicht nur qualitativ, sondern resultieren lediglich aus konsolidierten vagen Hypothesen. Darüber hinaus gibt es häufig am Anfang eines Planungsprozesses wenig Anhaltspunkte für eine Fixierung.
Halten wir fest: Explizit werden problem- und prozeßbezogene

Präferenzinformationen in den Anspruchsniveaus modelliert, implizit in sämtlichen anderen Hypothesen. Weitere Präferenzinformation kann eingebracht werden, wenn durch die Relaxation Entscheidungen generiert werden.

Die Festlegung von Anspruchsniveaus braucht zwischen den Prozeßbeteiligten nicht einvernehmlich zu erfolgen. Es ist durchaus möglich, daß im Rahmen eines Aushandlungsprozesses unterschiedlich hohe Anspruchsniveaus (etwa als Reservationswerte (vgl. Bd. 1, Abb. 6.7)) fixiert werden. Wir kommen hierauf in Abschnitt 5.6 noch zurück.

Mit einer vorgenommenen Konsolidierung und einem Satz von Anspruchsniveaus und der Erfassung weiterer in der Ausgestaltung des Modellkonzepts benötigter harter und solider Hypothesen ist der Abstraktionsvorgang beendet, und es liegt ein Mastermodell vor. Damit ist es prinzipiell möglich, eine aus der Relaxation gewonnene Entscheidung am Mastermodell zu überprüfen. Sie führt auf Werte von Zielattributen des Mastermodells und löst dort zusammen mit anderen Entscheidungen i.d.R. einen multikriteriellen (und u.U. multipersonalen) Zielbildungsprozeß aus. Es kann die noch fehlende Präferenzinformation modelliert und eine Selektion vorgenommen werden (s. die folgenden Kapitel 2 und 3).

Damit ist die grundsätzliche Vorgehensweise der Abstraktionsanalyse beschrieben. Das Zusammenwirken der einzelnen Zyklen und der Gesamtablauf des Prozesses sind allerdings noch nicht deutlich. Hierzu ist zunächst eine zumindest kurze Erläuterung der Relaxationsanalyse erforderlich.

1.3 Vorläufige Überlegungen zum Relaxationsvorgang

Wie wir aus der Übersicht in Abschnitt 1.1 wissen, besteht der Relaxationsvorgang darin, daß ausgehend vom Mastermodell sukzessiv immer weitere Vereinfachungen eingeführt werden. Wie dies im einzelnen zu geschehen hat, ist ausführlich in Abschnitt 1.5 beschrieben. Als Ergebnis erhält man ein formal lösbares Entscheidungsmodell, dessen Lösungen am Mastermodell überprüft werden (Entscheidungsvalidierung). Gleichzeitig damit wird es möglich, weitere Präferenzinformationen in das Mastermodell einzubringen.

Die zentrale Frage, ob eine gefundene Entscheidung ein Anspruchsniveau einhält, wird durch die sog. **Planungs-** oder **Modellierungslücke** entschieden. Sie ist definiert durch

$$G^p := d(\overline{C}_p, C_p(a)), \quad p = 1, \ldots, \overline{p}$$

Hierbei bedeuten:

$\overline{C}_p$	das Anspruchsniveau des Attributs p und
$C_p(a)$	die Attributsausprägung für Alternative a;
$d(\cdot,\cdot)$	stellt eine Distanz dar, die für quantitative Attribute die einfache Differenz darstellt:
$G^p :=$	$\overline{C}_p - C_p(a)$.

Bei nicht-quantitativen Attributen hat man ein geeignetes Abstandsmaß festzulegen. U.U. wird man in üblicher Weise durch Punktevergabe (rating) "kardinalisieren" (vgl. Bd. 1, Abschn. 4.4).

Ist $G^p > 0$, so versucht man, die Modellierungslücke dadurch zu schließen, daß man weitere Entscheidungen innerhalb der Relaxationsanalyse generiert. Wie dies geschieht, wird ausführlich in Abschnitt 1.5 gezeigt. Dabei hat man eine Entscheidung zu finden, die sämtliche (partiellen) Modellierungslücken $G^p (p = 1, \ldots, \bar{p})$ schließt.

1.4 Der Planungsprozeß

1.4.1 Die formale Struktur des Planungsprozesses

Wie wir wissen, sind Abstraktion und Relaxation häufig mehrfach zu durchlaufen, d.h. es sind mehrere Konsolidierungen k, Anspruchsniveausetzungen j und Modellkonzepte i zu betrachten. Entsprechend erhält man auch mehrere Mastermodelle, die jetzt durch M_{ijk} unterschieden seien. Der **Zyklenprozeß** äußert sich darin, daß jede Veränderung von k, i und j Anlaß zu einem Zyklus gibt.

Diese Zyklen sind in Abb. 1.5 durch Schleifen dargestellt. Sie werden durch die Modellierungslücke angestoßen, die jetzt genauer durch $G_{ijk}(m)$ gekennzeichnet sei. $G_{ijk}(m)$ bezeichnet die Modellierungslücke, die bei Konzept i, Anspruchsniveausetzung j, Konsolidierung k und Modellklasse m (s. den folgenden Abschnitt) noch besteht. Wie sie zu schließen ist, durch Veränderung von k, j, i oder m oder durch mehrere Werte gleichzeitig, entscheidet der Steuerungsprozeß. Dies wird in Abb. 1.5 durch die Abfragen $k = k^*$, $i = i^*$, $j = j^*$ sowie $m = m^*$ angedeutet, wobei die gesternten Indizes jeweils die letzten Konkretisierungen angeben, die die Planenden im derzeitigen Stand des Prozesses durchführen wollen.

Abb. 1.5 stellt nur die "großen" Zyklen dar, die durch eine explizite Modellierungslücke angestoßen werden. Die kleinen, die lediglich innerhalb des Abstraktionsvorganges oder der Relaxation ablaufen, sind hier unterdrückt. Der Zyklenprozeß wird i.a. in der Weise durchlaufen, daß zunächst kurze Zyklen im oberen Bereich eine Rolle spielen, die sich dann bis zum Mastermodell ausdehnen, schließlich die Relaxation einbeziehen, sich dort u.U. eine Weile aufhalten, um dann wieder den Gesamtprozeß zu umfassen.

Es ist aber auch durchaus denkbar, daß ganz zu Anfang, um sich eine erste Vorstellung zu verschaffen, ein einfaches Modellkonzept mit einer sehr einfachen Konsolidierung und ganz niedrigen Anspruchsniveaus gebildet wird. Dies kann dann rasch zu einem

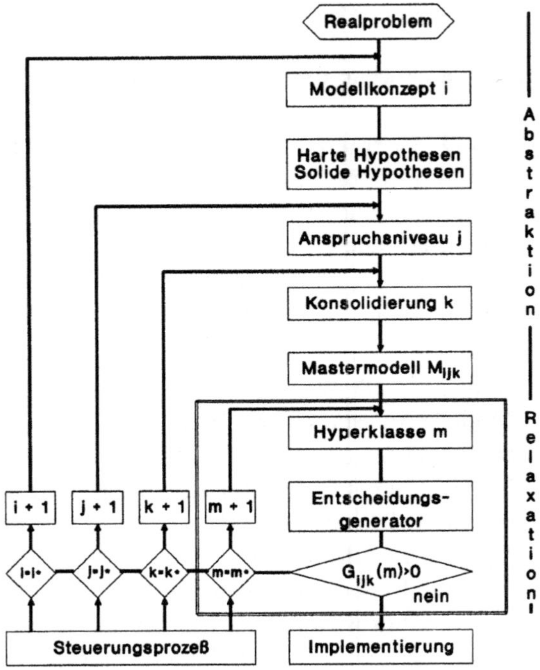

Abb. 1.5: Die Zyklen des Planungsprozesses

(vorläufigen) Planentscheid führen, der eine Vorstellung von der Marge gibt, in der mögliche Anspruchsniveaus festzulegen wären.

Die Auswahl der Zyklen stellt einen äußerst komplexen Entscheidungsprozeß dar. Man kann ihn auch als eine Folge von Validierungen ansehen. Es ist daher nützlich, sich die unterschiedlichen Validierungen und deren Zusammenspiel nochmals zu vergegenwärtigen.

1.4.2 Validierungen

Wie wir bisher gesehen haben, sind im gesamten Planungsprozeß folgende Validierungsschritte (immer wieder) zu durchlaufen:

(1) Konzeptvalidierung,
(2) Validierung solider Hypothesen,
(3) Entscheidungsvalidierung,
(4) Anspruchsniveauvalidierung.

Ad (1): Man startet mit einer (vorläufigen) **Konzeptvalidierung**. Sie besteht in der Überprüfung des ausgewählten Realitätsausschnittes hinsichtlich seiner prinzipiellen Eignung, das anstehende Problem zu lösen. Hierbei sind auch die involvierten Wertvorstellungen und damit das (eigene) Wertsystem zu überprüfen. Die Konzeptvalidierung besteht also darin, daß man zu der Überzeugung gelangt, daß das Planungskonzept die Möglichkeit eines Planerfolges nicht ausschließt. Da Konzeptrevisionen im Laufe des Prozesses immer noch möglich sind (i-Schleife der Abb. 1.5), ist der Start nicht ganz so kritisch. Spätere Konzeptvalidierungen finden meist bei wesentlich besserer Informationslage statt.

Ad (2): Mit Fortschreiten des Planungsprozesses sind insbesondere **solide Hypothesen** zu validieren. Dies geschieht in der Regel über statistische Kriterien. Strenggenommen ist diese Vorgehensweise nicht richtig, da nicht das Gütemaß eines statistischen Kriteriums interessiert, sondern das eines Gesamtkriteriums. Dieses Kriterium ist jedoch meist gar nicht bzw. noch nicht bekannt. Da aber solide Hypothesen i.d.R. nur schwach in den Gesamtzusammenhang involviert sind, sollte die Verwendung eines statistischen Kriteriums akzeptabel sein.

Ad (3): Mit der Relaxation wird die **Entscheidungsvalidierung** bedeutsam. Sie wird letztlich an der Modellierungslücke durchgeführt. Diese Lücke hängt jedoch nicht nur von der gefundenen Entscheidung, sondern auch von den Anspruchsniveaus ab, die man gesetzt hat, d.h. eine Entscheidungsvalidierung muß immer im Hinblick auf die gesetzten Anspruchsniveaus gesehen werden.

Ad (4): Die **Anspruchsniveauvalidierung** schließlich faßt sämtliche Validierungen zusammen. Alle anderen Validierungen sind nur vorbereitend. Sie hat die Frage zu klären, ob ein Entscheidungsträger mit den gewählten Anspruchsniveaus zufrieden sein soll. Dies ist der Fall, wenn sämtliche Modellierungslücken geschlossen sind und er außerdem keine Veranlassung sieht, die Anspruchsniveaus schärfer zu fassen. Sind jedoch die Modellierungslücken nicht geschlossen, so erhebt sich die Frage, ob die Anspruchsniveaus zu senken sind. Dies ist ein Problem insbesondere zwischen Entscheidungsträger und Planer. Der Planer muß dem Entscheidungsträger glaubhaft verdeutlichen, daß nicht mehr "herauszuholen" ist, d.h. daß er bei den gegebenen Umständen keine bessere Entscheidung finden kann.

Mit der Anspruchsniveauvalidierung wird der Gesamtprozeß validiert, da – wie wir wissen – Anspruchsniveaus für sämtliche auch den *Prozeß* validierende Kriterien zu formulieren sind. Geht man davon aus, daß **Rationalität** darin besteht, *den Entscheidungsträger bestmöglich zufrieden zu stellen*, so kann sich das Ziel aller Bemühungen nicht mehr lediglich darin erschöpfen, das anstehende Problem zu lösen, sondern umfassender, es ist die *Lösung des Problems und der zu ihr führende Prozeß* bestmöglich durchzuführen.

Die Anspruchsniveauvalidierung ist eine operationalisierte Konzeptvalidierung. Sie ist eine Ex-ante-Validierung des gesamten Planungsprozesses und definiert daher das, was unter "rational" zu verstehen ist. Abschnitt 1.8 wird uns Gelegenheit geben, hierüber vertieft nachzudenken.

1.5 Relaxation

1.5.1 Hauptmerkmale des Relaxationsprozesses

Bereits in Abschnitt 1.3 sind wir kurz auf den Relaxationsvorgang eingegangen. Wie wir ferner aus Abschnitt 1.1 wissen, ist er nur erforderlich, wenn Entscheidungsalternativen nicht von vornherein zur Verfügung stehen, sondern erst durch Modellvereinfachung gewonnen werden müssen. Mit Blick auf den Planungsprozeß (der Abb. 1.5) besagt dies, daß man sich durch den Relaxationsvorgang zumindest eine Teilkenntnis des Alternativenraumes des Mastermodells verschafft.

Der Relaxationsprozeß stellt eine fortschreitende Vereinfachung des Mastermodells dar. Diese Vereinfachung kann sich sowohl auf das Entscheidungsfeld als auch auf das Zielsystem beziehen. So kann z.B. das relaxierte Modell in seinem Zielsystem lediglich quantitative, speziell monetäre Ziele berücksichtigen, während das ursprüngliche Modell auch nicht-quantitative Ziele einbezieht. Auch kann das Ausgangsmodell nicht-deterministische Zusammenhänge enthalten, auf die im relaxierten Modell aus Gründen der *besseren mathematischen Manipulierbarkeit* verzichtet wird. Weitere Beispiele finden sich in Abb. 1.6

nicht-linear	→	linear
detailliert	→	aggregiert
umfassend	→	nicht-umfassend
nicht-quantitativ	→	quantitativ
dynamisch	→	statisch

Abb. 1.6: Relaxationsmöglichkeiten

Neben diesen ein Problem einschränkenden Relaxationen kann man bisweilen auch umgekehrt vorgehen und durch Problemerweiterung eine Lösung erreichen. Solche Erweiterungen, wie sie im Branch-and-Bound-Verfahren (vgl. Abschn. 1.5.3) üblich sind, seien als **Relaxationen im engeren Sinne** bezeichnet. So kann man bestimmte, die Lösung eines Problems erschwerende Bedingungen, wie z.B. Ganzzahligkeitsrestriktionen, aufgeben.

Entsprechend den vielen Möglichkeiten einer Relaxation gehen wir nicht davon aus, daß man von vornherein nur einen Weg beschreitet. Vielmehr wird man unterschiedliche Relaxationen vornehmen und damit auch unterschiedliche Aspekte des Mastermodells beleuchten.

Diese Relaxationen werden häufig nicht simultan erfolgen, sondern man wird sukzessiv vorgehen, so daß sich zwischen Mastermodell und Entscheidungsgeneratoren "Ober- und Untermodellketten" relaxierter Modelle herausbilden (s. Abb. 1.7). Man kann daher den gesamten Relaxationsprozeß auch als einen Suchvorgang ansehen, bei dem ein Pfad durch eine Hierarchie aufzufinden ist, an deren Spitze das Mastermodell steht und an deren Basis sich **Entscheidungsgeneratoren** befinden, d.h. Modelle, die letztlich einer formalen Lösung zugänglich sind. Hierbei sei nochmals betont, daß Entscheidungsgeneratoren nicht etwa nur Partialmodelle sind, sondern insofern einen Ersatz für das *gesamte* Mastermodell darstellen, als ihre Lösungen auch Lösungen des Mastermodells sind.

Hat man einen geeignet erscheinenden Entscheidungsgenerator gefunden, so wird seine Verwendbarkeit durch Entscheidungsvalidierung am Mastermodell überprüft. Fällt diese Überprüfung negativ aus, so ist weiter zu suchen, es ist also ein neuer Entscheidungsgenerator zu konstruieren. Hierbei hat man die Möglichkeit, in der engeren oder weiteren Nachbarschaft zu suchen.

Um diesen Vorgang etwas genauer zu erfassen, führen wir den Begriff der **Modellklasse** ein:
Modelle gehören derselben Klasse an, wenn sie dieselbe mathema-

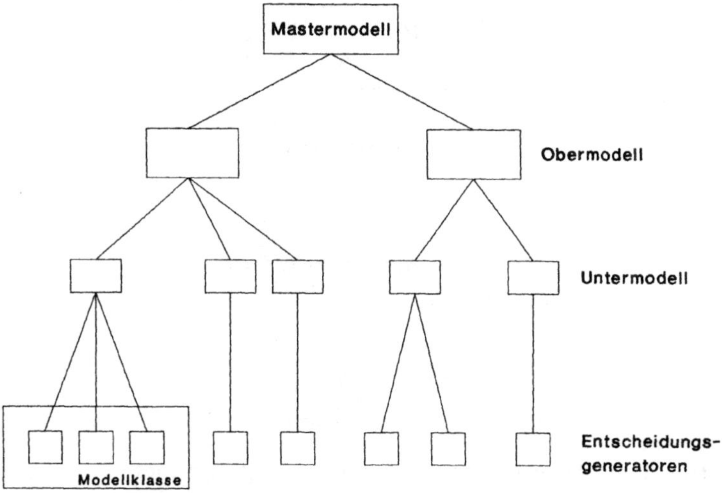

Abb. 1.7: Ober-Untermodell-Hierarchie

tische Struktur aufweisen und sich lediglich in den Ausprägungen ihrer Parameter unterscheiden (s.a. Abb. 1.7).
"Engere Nachbarschaft" besagt damit, daß man Modelle innerhalb derselben Modellklasse überprüft. Bei "weiterer Nachbarschaft" hat man die Modellklasse zu verlassen, man hat also zu Modellen überzugehen, die nicht durch bloße Parametervariation entstehen. Die folgenden Ausführungen werden diese noch sehr allgemeinen Bemerkungen weiter präzisieren.

Abb. 1.8 stellt die Suche nach einer geeigneten Modellklasse explizit dar. (Die Suche *innerhalb* einer Klasse wird durch "Auswahl eines Entscheidungsgenerators innerhalb m" zusammengefaßt.) Das Verfahren wird spätestens dann abgebrochen, wenn für das vorliegende Mastermodell M_{ijk} das Reservoir m^* an geeigneten Relaxationen erschöpft ist (s.a. Abschn. 5.4).

Zur Entscheidungsvalidierung dient die bereits in Abschnitt 1.3

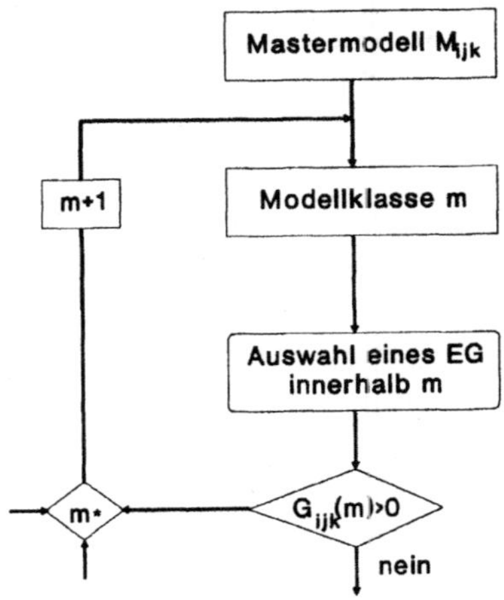

Abb. 1.8: Auswahl eines Entscheidungsgenerators

eingeführte Modellierungslücke

$$G_{ijk}(m) := \{G_{ijk}^1(m), \ldots, G_{ijk}^{\bar{p}}(m)\},$$

wobei die Indizes ijk das konkret vorliegende Mastermodell und m die zu modellierende und zu beurteilende Modellklasse markieren. $G_{ijk}^p(m)$ ist die partielle Modellierungslücke der hinsichtlich des Mastermodells besten Entscheidung der Modellklasse m.

Wie $G_{ijk}(m)$ konkret zu ermitteln ist, wird die folgende eingehendere Betrachtung des Relaxationsvorganges zeigen.

1.5.2 Beziehungen zwischen Mastermodell und Entscheidungsgenerator

In welcher Beziehung stehen Mastermodell und Entscheidungsgenerator? Zunächst ist klar, daß ein relaxiertes Modell nur dann ein

Entscheidungsgenerator sein kann, wenn zumindest ein Teil seiner Lösungen gleichzeitig Lösung des Mastermodelles ist, m.a.W. Lösungen des Entscheidungsgenerators müssen aus der Sicht des Mastermodells beurteilbar sein.

Um die Zusammenhänge noch klarer herauszuarbeiten, seien Mastermodell bzw. Entscheidungsgenerator formal definiert. Bezeichnen, wie üblich (vgl. Bd. 1, Kap. 2), A, Z und X Entscheidungs-, Zustands- und Ergebnisraum, so kann man folgende Definitionen einführen:

Mastermodell:	$MM := \{C^M, F^M\}$,
Kriterium des Mastermodells:	C^M,
Feld des Mastermodells:	$F^M := \{A^M, Z^M, X^M\}$,
Entscheidungsgenerator:	$EG := \{C^E, F^E\}$,
Krit. des Entscheidungsgenerators:	C^E,
Feld des Entscheidungsgenerators:	$F^E := \{A^E, Z^E, X^E\}$.

Es sei noch einmal daran erinnert, daß im Gegensatz zum Entscheidungsgenerator die Konstituenten des Mastermodells nicht vollständig bekannt zu sein brauchen.

Der Zusammenhang zwischen Mastermodell und Entscheidungsgenerator stellt sich formal folgendermaßen dar: Sei $a \in A^E$ eine (zulässige) Entscheidung des Entscheidungsgenerators, dann muß, wenn diese Entscheidung für das Mastermodell von Bedeutung sein soll, gleichzeitig gelten $a \in A_E^M$, mit $A_E^M := A^E \cap A^M \neq \emptyset$.

Abb. 1.9 stellt die Zusammenhänge noch einmal bildlich für den Fall dar, daß das Kriterium des Mastermodells aus den beiden Kriterien C^q und C^p besteht. Die im Entscheidungsgenerator gefundene Entscheidung $a \in A_E^M$ führt auf ein Ergebnis in dem durch den Entscheidungsgenerator eingeschränkten Ergebnisraum X_E^M. Im allgemeinen wird X_E^M lediglich eine Teilmenge von X^M sein: $X_E^M \subseteq X^M$. Entsprechend gilt für die effizienten Ränder, daß X_{Eeff}^M von X_{eff}^M dominiert wird, was den durch die Bildung des Entscheidungsgenerators häufig unvermeidlichen Optimalitätsverlust deutlich werden läßt.

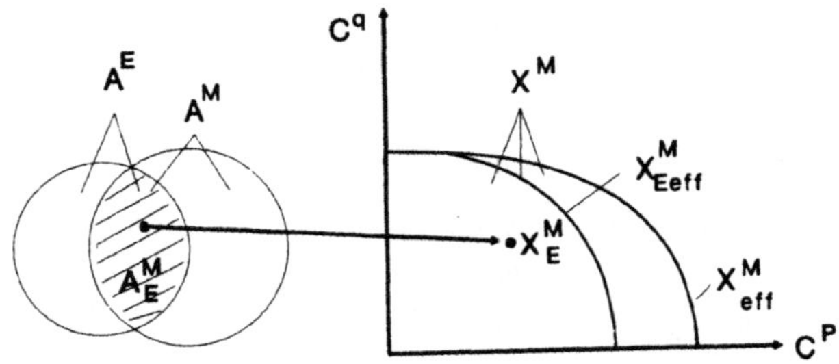

Abb. 1.9: Zusammenhang zwischen Mastermodell und Entscheidungsgenerator

Bisweilen kann die Relaxation auch dazu führen, daß $X_E^M \supset X^M$. Dies ist z.B. dann der Fall, wenn durch Weglassen von Restriktionen der Entscheidungsraum des Problems (d.h. des Mastermodells) vergrößert wird. Häufig läßt sich dann X_E^M relativ leicht charakterisieren, jedoch bleibt die Aufgabe, beste Lösungen bzgl. des Mastermodells zu finden. Wir kommen hierauf im Rahmen des Branch-and-Bound-Verfahrens in Abschnitt 1.5.3 noch genauer zu sprechen.

Wie kann man nun einen besten Entscheidungsgenerator im Hinblick auf ein Mastermodell konstruieren? Dazu geht man von der Überlegung aus, daß Optimallösungen eines Entscheidungsgenerators gleichzeitig Kandidaten zur Lösung des Mastermodells sind. Sei K die Menge aller zur Konkurrenz zugelassenen Entscheidungsgeneratoren und sei a^E die Optimallösung des jeweiligen Entscheidungsgenerators, d.h.

$$C^E(a^E) := \operatorname*{opt}_{a \in A^E} C^E(a),$$

so ist die hinsichtlich des Mastermodells beste Entscheidung a^* aus der Menge $\{a^E\}$ der Optimallösungen aller Entscheidungsgeneratoren auszuwählen:

$$C^M(a^*) := \underset{a \in \{a^E\}}{\text{opt}} C^M(a).$$

Hinsichtlich der zur Konkurrenz zugelassenen Menge K wollen wir (entsprechend Abb. 1.8) zweistufig vorgehen:

(1) Zunächst suchen wir den besten Entscheidungsgenerator *innerhalb* einer Modellklasse und sodann

(2) wird die beste Modellklasse ermittelt.

Ad (1): Die Auswahl aus einer Modellklasse läuft lediglich darauf hinaus, daß man die Optimallösung eines Modells als Funktion seiner Parameter (Attributsausprägungen) aufsucht und in einem zweiten Schritt diese Parameter so lange variiert, bis man im Hinblick auf das Mastermodell eine beste Lösung erhält. Die Parameter werden somit hinsichtlich des Mastermodells zu Auswahlgrößen, die eine (gewisse) Anpassung des Entscheidungsgenerators an das Mastermodell ermöglichen. Es ist daher angebracht, die Parametervariation auch als **Parameteranpassung** (des Entscheidungsgenerators an das Mastermodell) zu bezeichnen. Häufig werden gerade in betriebswirtschaftlichen Problemen **Kostenparameter** eine wichtige Rolle spielen. Es kommt dann darauf an, im Entscheidungsgenerator die Kostenparameter so zu wählen, daß die generierten Entscheidungen günstig im Hinblick auf das Mastermodell sind, also günstig hinsichtlich des eigentlich interessierenden Problems.

Als **Beispiel** hierzu betrachte man nochmals das Mehrproduktlager des Abschnitts 1.1.2. Dort besteht das Mastermodell in einem lagerraumbeschränkten Mehrprodukt-Lagerhaltungsmodell, während der Entscheidungsgenerator ein einfaches Einprodukt-Losgrößenmodell darstellt. Eine Parameteranpassung (zur Berücksichtigung der Lagerraumrestriktion) besteht daher in der Vergrößerung des Lagerkostensatzes, was wegen der "Verteuerung" der Lagerhaltung zur Folge hat, daß weniger eingelagert wird und somit der beschränkte Lagerraum ausreicht (vgl. SCHNEEWEISS

1989). Den anpaßbaren Parameter bezeichnet man auch als **Lenkkostenparameter** (SCHNEEWEISS 1978), worauf im Rahmen der Erörterung einiger Grundelemente einer entscheidungsorientierten Kostenrechnung in Abschnitt 3.4 noch genauer eingegangen wird.

Die Suche nach einem geeigneten Parametersatz kann sehr aufwendig sein, besonders dann, wenn man es mit einer Vielzahl ähnlicher Parameter zu tun hat. Man wird dann versuchen, den Parameterraum durch Plausibilitätsüberlegungen einzugrenzen. Darüber hinaus gelingt es häufig, wenigstens angenähert Beziehungen zwischen den Parametern herzustellen, so daß sich sogar die Dimension des Parameterraumes verringert (s. z.B. HEINRICH/SCHNEEWEISS).

Ad (2): Hat man die beste Lösung innerhalb einer Modellklasse gefunden, so wird man entsprechend Abb. 1.7 sukzessiv weitere Modellklassen zur Auswahl zulassen. In welcher Weise man hierbei vorzugehen hat, bleibt weitgehend dem Geschick des Planers überlassen. Wie bei jedem Suchprozeß ergeben sich mehrere Strategien. Man könnte zunächst zu Modellklassen übergehen, die noch eine weitgehende Ähnlichkeit mit der bereits untersuchten Modellklasse haben, man kann aber auch ein "Kontrastprogramm fahren" und durch eine extreme Relaxation die gegebenen Möglichkeiten ausloten. Das im folgenden Abschnitt zu besprechende Branch-and-Bound-Verfahren wird diesen Aspekt weiter beleuchten.

Insgesamt beachte man, daß hier ein hierarchisch strukturierter Suchprozeß vorgeschlagen wird. Das äußert sich darin, daß die Parameteranpassung nur unter Verwendung der Optimallösungen der einzelnen Entscheidungsgeneratoren durchgeführt wird und daß zum anderen lediglich Optimallösungen von Modellklassen verglichen werden. Eine solche Verfahrensweise ist nicht zwingend und könnte durchaus auch durchbrochen werden.

Bemerkung: Die (teilweise) Charakterisierung einer Modellklasse über die Menge ihrer Parameterwerte ist nicht ganz unproblematisch, da im Sinne der elementaren **Katastrophentheorie** für bestimmte Parameterwerte (die sog. Bifurkationsmenge) ein Modell durch Morphogenese sich stark verändern kann (vgl. FERSCHL). Für unsere Überlegungen ist jedoch eine solche Situation nicht hinderlich. Man hätte lediglich die für die Bifurkationsmenge typischen neuen Modelle als weitere Modellklasse(n) aufzufassen.

Wann nun ist ein Relaxationsprozeß beendet? Abb. 1.8 gibt hierauf eine Antwort. Es wird zunächst so lange gesucht, bis die Modellierungslücke geschlossen ist, oder bis die Menge der zur Relaxation zugelassenen Modellklassen erschöpft ist. In diesem letzteren Fall hat man die Relaxationsanalyse zu verlassen und wie in Abschnitt 1.4 beschrieben, in die Abstraktionsanalyse zurückzukehren, d.h. man hat das Mastermodell zu modifizieren. Eine solche Modifikation ist stets dann erforderlich, wenn man zur Lösung des anstehenden Problems weitere Informationen zu benötigen glaubt. Die Schließung der Modellierungslücke kann dabei durch ein neues Modellkonzept (i), eine neue Konsolidierung (k) und/oder eine Senkung von Anspruchsniveaus (j) erreicht werden.

Dieses Zusammenspiel von Relaxations- und Abstraktionsvorgang sei in Abschnitt 1.6 an einem kleinen Beispiel nochmals herausgearbeitet. Bevor dies jedoch geschieht, soll zunächst der Relaxationsvorgang mit dem Branch-and-Bound-Verfahren in Verbindung gebracht werden (Abschn. 1.5.3). Darüber hinaus ist es nützlich, anhand eines Beispiels (Abschn. 1.5.4) die Relaxationsanalyse weiter zu verdeutlichen.

1.5.3 Das Branch-and-Bound-Verfahren als spezielle Relaxationsanalyse

Mehrfach haben wir bereits angedeutet, daß das aus dem Operations Research bekannte **Branch-and-Bound-Verfahren** (s. z.B. DOMSCHKE/DREXL) als spezielle Relaxationsanalyse aufgefaßt werden kann. Dieses Verfahren wird besonders zur Lösung ganzzahliger Optimierungsprobleme verwandt. Es stellt jedoch ein sehr allgemeines Lösungsprinzip dar, so daß es hier in seinen Grundzügen beschrieben und in seiner Bedeutung für die allgemeine Relaxationsanalyse erörtert werden soll.

(1) Branch-and-Bound-Verfahren

Das Branch-and-Bound-Verfahren geht im Prinzip in zwei Schritten vor:

Schritt 1: Branching

Im Branching geschieht eine Zerlegung des Ausgangsmodells (P_0) in n Untermodelle ($P_1, \ldots, P_n$). Dabei ist (entsprechend Abschn. 1.5.2)

$$P_i := \{C_i, F_i\}, \quad i = 0, \ldots, n.$$

Schränkt man o.B.d.A. die Felder F_i auf die Ergebnisräume (man sagt auch Lösungsmengen) X_i ein, so kann man schreiben

$$P_i := \{C_i, X_i\}.$$

Eine **Zerlegung** ist nun dadurch definiert, daß

$$X_0 = \bigcup_{i=1}^{n} X_i \quad \text{und} \quad X_i \cap X_j = \emptyset \quad (i \neq j).$$

Man sagt, die Lösungsmenge X_0 des Ausgangsproblems P_0 werde durch die elementfremden Lösungsmengen der Unterprobleme P_i "ausgeschöpft". Zerlegt man diese Unterprobleme weiter, so erhält man einen **Lösungsbaum**, dessen Gestalt für $n = 2$ in Abb. 1.10 angedeutet ist.

Schritt 2: Bounding

Im Bounding gewinnt man Kriterien zur "Abarbeitung" des Lösungsbaumes; es werden Schranken (Bounds) berechnet, die angeben, ob ein Problem weiter zu untersuchen (d.h. zu verzweigen) ist. Hierbei sind obere und untere Schranken von Interesse.

Im Rahmen der von uns o.B.d.A. betrachteten Maximierungsprobleme besagt eine **untere Schranke** $\underline{C}$, daß die beste Lösung stets

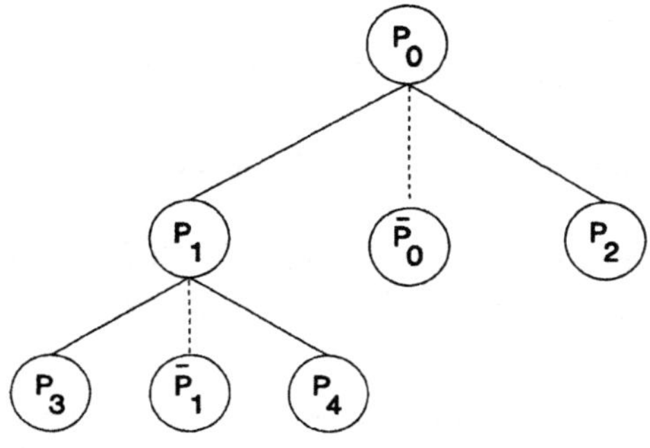

Abb. 1.10: Lösungsbaum des Branch-and-Bound-Verfahrens

besser als $\underline{C}$ sein muß. Jede (zulässige) Lösung von P_0 ist eine untere Schranke: $C_0^*(x) =: \underline{C}$. Es ist einsichtig, daß man versuchen wird, immer höhere untere Schranken zu finden.

Eine **obere Schranke** $\overline{C}$ besagt, daß ein Problem keine bessere Lösung als $\overline{C}$ haben kann. Man wird sich daher zur Ermittlung des Optimalwertes C_0^* (von P_0) bemühen, möglichst scharfe Schranken anzugeben. Obere Schranken erhält man dadurch, daß man das Problem P_i im engeren Sinne (i.e.S.) zu $\overline{P}_i$ relaxiert; m.a.W. man erweitert den Lösungsraum X_i zu $\overline{X}_i$ derart, daß

$$X_i \subseteq \overline{X}_i \qquad (i = 0, \dots, n).$$

Hierbei wird man durch Weglassen von Restriktionen (vgl. Abschn. 1.5.2) solche Relaxationen $\overline{P}_i$ erzeugen, deren Optimallösungen $\bar{x}_i$ leicht erhältlich sind. Da stets $C_i(x_i) \leq C_i(\bar{x}_i)$ mit $x_i \in X_i$, kann man $C_i(\bar{x}_i) =: \overline{C}_i$ als obere Schranke für P_i verwenden.

Diese Schranken können nun zur weiteren Abarbeitung des Baumes verwendet werden. Hierbei sagt man, ein Problem führe zum Abbruch (sei "ausgelotet"), braucht also nicht weiter verfolgt (verzweigt) zu werden, wenn folgendes gilt:

(1) $\overline{C}_i \leq \underline{C}$: Ein Abbruch ist selbstverständlich, da eine Weiterverfolgung nicht einmal das brächte, was einem durch $\underline{C}$ bereits

garantiert wird.

(2) Die Lösung von $\overline{P}_i$ ist gleichzeitig Lösung von P_0 (mit $\overline{C}_i > \underline{C}$), so daß die neue untere Schranke $\underline{C} = \overline{C}_i$ gefunden wurde. Eine Weiterverzweigung an diesem Knoten kann auf keinen besseren zulässigen Wert mehr führen.

(3) $\overline{P}_i$ besitzt keine Lösung. Dann hat natürlich P_i wegen $X_i \subseteq \overline{X}_i$ auch keine Lösung, und der Knoten braucht somit nicht weiter verfolgt zu werden.

Ist ein Knoten nicht ausgelotet, so wird er weiter untersucht, es werden also weitere Untermodelle konstruiert. Dabei ist allerdings noch festzulegen, welcher der noch nicht ausgeloteten Knoten als nächster für eine Verzweigung in Frage kommt. Hierzu gibt es mehrere **Reihenfolgeregeln**. Eine dieser Regeln besteht z.B. darin, daß man an dem Knoten mit der größten oberen Schranke weiterverzweigt, in der Hoffnung, daß der hier größte Spielraum für das Optimum auch tatsächlich den Optimalwert in sich birgt.

Nachdem Relaxation, Ausloten und Abarbeitungsreihenfolgen im Prinzip geklärt sind, bleibt noch die Frage nach der Art der Problemzerlegung. Hier wird man sinnvollerweise so vorgehen, daß Unterprobleme entstehen, deren Untersuchung einen möglichst hohen Informationsgewinn erwarten läßt; m.a.W. jedes der Unterprobleme sollte ein "ernsthafter Kandidat" für das Auffinden der Optimallösung (von P_0) sein.

(2) Zusammenhang mit der allgemeinen Relaxationsanalyse

Damit sei die kurze Einführung in das Branch-and- Bound-Verfahren abgeschlossen, und wir können uns der zentralen Frage nach dem Zusammenhang zwischen dem Branch-and- Bound-Verfahren und der zuvor in Abschnit 1.5.2 dargestellten Relaxationsanalyse zuwenden. Nach unseren bisherigen Überlegungen können wir hierzu folgendes feststellen: Das Branch-and-Bound-Verfahren gibt einen Satz von Regeln an, nach denen man eine Relaxationsanalyse durchführen könnte. Diese Regeln führen (nach hinreichend vielen Schritten) zum Optimum, solange es gelingt, durch Relaxation (i.e.S.) Schranken zu berechnen. Ist dies nicht möglich, so wird man nur suboptimal relaxieren können. Man kann also nicht mehr davon ausgehen, daß sich im relaxierten Modell noch das Optimum befindet.

Im übrigen kann man aber folgende Zusammenhänge erkennen. Wie in der Relaxationsanalyse sind die Untermodelle (des Branch-and-Bound) *keine* Partialmodelle, d.h. sie enthalten als Lösungen Entscheidungsalternativen für das Mastermodell. Dabei ist die Konstruktion von Schranken besonders interessant. Sie erlauben, noch bevor man die unterste Ebene der Entscheidungsgeneratoren erreicht hat, eine Vorauswahl innerhalb der Ober-Untermodell-Hierarchie. Auch die Festlegbarkeit einer Abarbeitungsreihenfolge ist bedeutsam, da sie eine Automatisierung des **Steuerungsprozesses** ermöglicht. Freilich, ein solcher nicht-interaktiver Automatismus dürfte nur bei hinreichend eingegrenzten Problemen durchführbar sein. Wir werden im Rahmen der Betrachtung von Expertensystemen in Abschnitt 5.4 nochmals auf diese Fragen zurückkommen.

Eine wichtige Bemerkung sei jedoch noch angefügt. Die geschilderte Vorgehensweise ist natürlich nicht auf die Relaxationsanalyse beschränkt. Auch im Rahmen der **Abstraktion** ist ein solches Vorgehen möglich. Insbesondere könnte man dort die Relaxation (i.e.S.) als Übergang zu "Grobmodellen" interpretieren, mit deren Hilfe man Abschätzungen und auch Anhaltspunkte für Anspruchsniveaus erhalten könnte.

1.5.4 Ein Beispiel zur Relaxationsanalyse: Kapazitätsabgleich bei Variantenfertigung

Der simultane Aufbau einer Ober-Untermodell-Hierarchie (vgl. Abb. 1.7) und die Suche nach einem Entscheidungsgenerator, wie sie im Rahmen des (klassischen) Branch-and-Bound-Verfahrens soeben vorgeführt wurde, ist nur ein Spezialfall. Er zeichnet sich insbesondere dadurch aus, daß der Entscheidungsgenerator nicht auf eine approximative, sondern eine optimale Lösung des Mastermodells führt.

Wir wollen uns jetzt den häufig realistischeren Fall einer auf suboptimale Lösungen führenden Relaxationsanalyse ansehen und gleichzeitig zeigen, welche Rolle hierbei Lösungsheuristiken spielen. Wir betrachten das Problem des Kapazitätsabgleichs bei Variantenfertigung, wie man es an Montagebändern häufig antrifft.

Die Fertigung unterschiedlicher Varianten (wir werden auch von Aufträgen sprechen) an einem ausgetakteten Fließband hat häufig zur Folge, daß bestimmte Stationen zeitweilig zu viel bzw. zu wenig ausgelastet sind. Es stellt sich daher die Frage nach der kurzfristigen Kapazitätsglättung. Ein solcher Kapazitätsabgleich kann prinzipiell angebots- bzw. nachfrageseitig durchgeführt werden. Hinsichtlich des Kapazitäsangebotes könnten hierzu externe oder bandinterne Springer eingesetzt werden. Externe Springer erhöhen insgesamt die Personalstärke, während interne Springer eine Station nur auf Kosten einer anderen verstärken können. Betrachtet man die Kapazitätsnachfrage, verkörpert durch die tägliche Auftragsreihenfolge, so ist es vor allem die Planung der Reihenfolge, die zur einer Glättung beitragen könnte.

Es habe sich nun gezeigt, daß ein Springereinsatz nicht möglich ist, so daß man Abhilfe nur in einer besseren Gestaltung der Reihenfolge sieht. Eine solche Entscheidung legt das Modellkonzept fest und ist Teil der **Abstraktionsanalyse** (vgl. Abb. 1.11). Die weitere Ausgestaltung zum Mastermodell liegt nun insbesondere in der Festlegung eines Zielkriteriums. Hierzu erscheint es angebracht, im Sinne einer kurzfristigen Kapazitätsglättung die Summe sämtlicher Überhänge zu minimieren. Was ist hierunter zu verstehen?

Könnte man jeden Auftrag an jeder Station genau in der Taktzeit bearbeiten, so entstünde kein Überhang. Ein Überhang ergibt

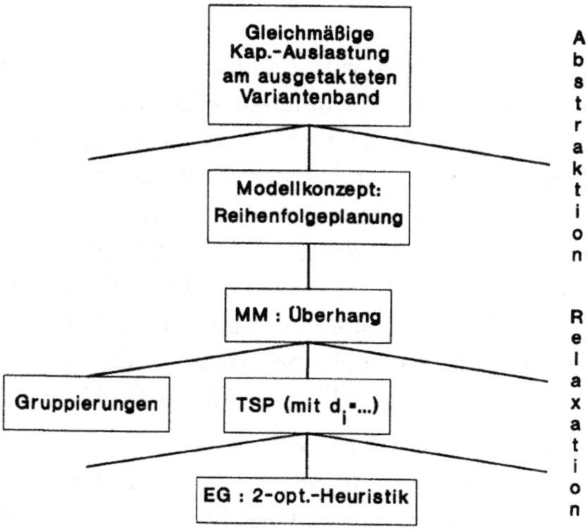

Abb. 1.11: Ausschnitt des Planungsprozesses zum "Kapazitätsabgleich bei Variantenfertigung"

sich nur dann, wenn eine Station bei einem Auftrag mehr als die Taktzeit benötigt. Diese Zusatzzeit sei als **Überhang** bezeichnet. Ein Hineinarbeiten in die Zeit der Folgestation ist unangenehm, da diese Station (sofern sie den vorhergehenden Auftrag bereits erledigt hat) ohne Arbeit ist (man sagt auch "ausgehungert" wird). Umgekehrt wird die Vorläuferstation blockiert, falls die betrachtete Station noch nicht zur Übernahme des Nachfolgeauftrages bereit ist.

Man kann sich nun vorstellen, daß der gesamte Überhang ein geeignetes Maß für die Güte des Kapazitätsabgleichs des Bandes ist. Er soll daher im folgenden als Kriterium Verwendung finden und bildet zusammen mit der (Alternativen)-Menge aller Auftragsreihenfolgen das Mastermodell. Damit ist die Abstraktionsanalyse bis auf die Festlegung von Anspruchsniveaus (zunächst) abgeschlossen, und wir können uns der eigentlich interessierenden Relaxationsanalyse zuwenden.

Eine **Relaxationsanalyse** wird dadurch erforderlich, daß das Problem, eine den Überhang minimierende Reihenfolge zu finden, ungeheuer komplex ist. Dazu macht man sich zunächst klar, daß man eine günstige Reihenfolge der Aufträge dann hätte, wenn sämtliche an den Stationen auftretenden Überhänge durch einen entsprechend angepaßten (geringeren) Zeitbedarf der vorangehenden Aufträge kompensiert werden könnte. Die kombinatorische Lösung einer solchen Aufgabe, die sämtliche Situationen und Aufträge simultan erfaßt, ist nicht praktikabel. Es bietet sich jedoch eine Reduktion auf ein Travelling Salesman Problem (TSP) an.

Ein Travelling Salesman Problem besteht darin, daß ein Handlungsreisender die kürzeste Rundreise sucht, in der eine bestimmte Anzahl von Orten genau einmal besucht und wieder verlassen werden muß. Identifiziert man mit den Orten die unterschiedlichen Aufträge und mit den Abständen einen (noch zu definierenden reduzierten Überhang zwischen zwei Aufträgen), so ist das TSP in der Tat in der Lage, als Ersatzproblem (Relaxation) des ursprünglichen Reihenfolgeproblems zu gelten. Ein Schönheitsfehler besteht lediglich darin, daß das TSP es mit Rundreisen zu tun hat, d.h. der Handlungsreisende muß stets wieder an seinen Ausgangsort zurückkehren. Das würde für das Reihenfolgeproblem bedeuten, daß der erste Auftrag einer Reihenfolge identisch ist mit dem letzten. Solche Rundreisen kann man jedoch dadurch leicht erzwingen, daß man einen fiktiven Auftrag einführt, der die Funktion des Anfangs- und Endknotens übernimmt und zu dem jeder andere Auftrag den Abstand 0 hat.

Zur Ermittlung des Abstands d_{ij} zweier Aufträge i und j geht man von folgender Überlegung aus: Der Abstand zweier Aufträge i und j läßt sich durch die Summe aller Überhänge definieren, die dann entsteht, wenn man Auftrag i unmittelbar nach Auftrag j auf das Fließband nimmt. Dabei überlegt man sich jedoch leicht, daß diese Summe nicht allein von den Aufträgen i und j abhängt, sondern ebenso auch von der Situation des Fließbandes bei Auflage von

i und j, d.h. von sämtlichen Aufträgen, die vor j auf das Band genommen wurden. Für das TSP bedeutet dies, daß sich zwischen zwei Orten kein Abstand mehr definieren ließe (denn der sollte ja nur von diesen beiden Orten abhängen). Das TSP erfordert daher die Definition eines reduzierten Abstandes.

Hierzu geht man von der Überlegung aus, daß sich an jeder Station $s(s = 1, \ldots, m)$ die Bearbeitungszeiten $BZ_{i,s}$ und $BZ_{j,s}$ der beiden Aufträge i und j innerhalb der Zeit zweier Takte ($2T$) kompensieren sollten. Der "Abstand" zweier Aufträge i und j ist daher umso größer, je größer $|BZ_{i,s} + BZ_{j,s} - 2T|$ ist. Man definiert daher als Distanzmaß

$$d_{ij} := \sum_{s=1}^{m} |BZ_{i,s} + BZ_{j,s} - 2T|.$$

Die Reduktion auf das durch das Abstandsmaß d_{ij} definierte TSP ist nicht die einzige Möglichkeit der Relaxation. Auch andere Abstandsmaße (z.B. euklidische Abstände) hätten verwendet werden können, wobei man sich immer noch in der Modellklasse der Travelling Salesman Probleme befände.

In der Praxis verwendet man häufig eine andere Vorgehensweise, die darin besteht, daß man Reihenfolgen nicht unter Verwendung eines TSP bildet, sondern die Menge der täglichen Aufträge in gleichartige Gruppen von Aufträgen zerlegt, die unter sich sehr unähnlich sind, wobei man "Unähnlichkeit" z.B. wieder durch das Abstandsmaß d_{ij} messen könnte (vgl. SCHNEEWEISS/SÖHNER). Diese Vorgehensweise wäre eine grundsätzlich andere Relaxation, die durch den Begriff "Gruppierungen" in Abb. 1.11 angedeutet ist. Sie würde man natürlich nicht mehr zur Modellklasse der TSP rechnen können.

Wir gehen nun davon aus, daß wir (zunächst) das durch d_{ij} definierte TSP weiter untersuchen. Prinzipiell wäre es möglich, die optimale Lösung, d.h. eine TSP-optimale Reihenfolge zu bestimmen. Hierzu könnte man wiederum das Branch-and-Bound-Verfahren verwenden. I.a. ist jedoch dieses Verfahren zu aufwendig, so daß

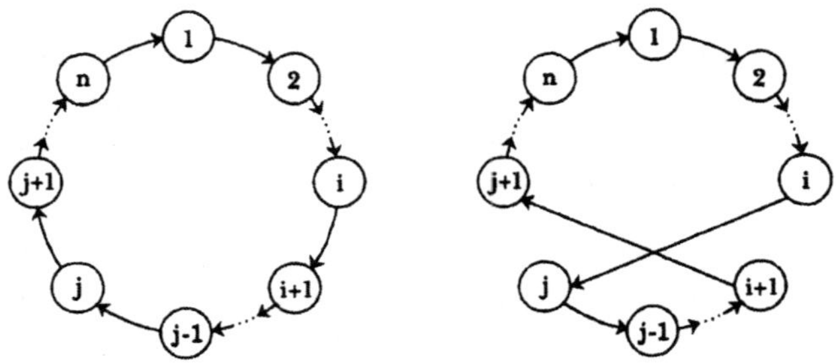

Abb. 1.12: Zum 2-opt-Verfahren

man stattdessen Heuristiken zu Hilfe nimmt. Für die Relaxationsanalyse bedeutet dies, daß es unter der TSP-Ebene noch eine weitere Ebene von Modellen gibt (vgl. Abb. 1.11). Konkret werden wir uns des im folgenden kurz erläuterten 2-opt-Verfahrens bedienen.

Das **2-opt-Verfahren** besteht darin, daß man von einer Rundreise ausgeht und diese dann durch Ersetzen jeweils zweier Strecken sukzessive verbessert. Hierbei kann man eine anfängliche Rundreise (Startlösung) z.B. dadurch erhalten, daß man von einem beliebigen Ort ausgeht und jeweils denjenigen Ort als nächsten besucht, der den geringsten Abstand hat. Es ist einsichtig, daß eine derart myopische Vorgehensweise i.d.R. erheblich verbessert werden kann.

Diese Verbesserung geschieht im 2-opt-Verfahren in der Weise, daß man sukzessive je zwei Wegstrecken vertauscht und überpüft, ob sich dadurch die Länge der Rundreise verringern läßt. Bricht man z.B. die beiden Wegstrecken $(i, i+1)$ und $(j, j+1)$ auf und ersetzt sie durch die zuvor nicht vorhandenen Verbindungen (i, j) und $(i+1, j+1)$ (vgl. Abb. 1.12), so wird der Ersatz dann durchgeführt, wenn (symmetrische Distanzen vorausgesetzt)

$$d_{ij} + d_{i+1,j+1} < d_{i,i+1} + d_{j,j+1}$$

gilt.

Die 2-opt-Heuristik ist nun in der Tat als Untermodell zum TSP anzusehen. Das spezielle Kriterium zur Auswahl der Ausgangslösung und der sukzessiven Verbesserungen sorgt für die Ermittlung einer bestimmten Lösung. Somit stellt das 2-opt-Verfahren einen Entscheidungsgenerator dar, dessen Lösung bzgl. des Überhangkriteriums des Mastermodells zu überprüfen ist (vgl. Abb. 1.11).

Da die Güte des 2-opt-Verfahrens hinsichtlich des TSP abgeschätzt werden kann (DOMSCHKE) ist noch zu überprüfen, ob auch die Lösungen bzgl. des Mastermodells akzeptabel sind. Erfreulicherweise läßt sich zeigen (SCHNEEWEISS/SÖHNER), daß die bzgl. des TSP günstigen Lösungen hinsichtlich des Überhangkriteriums eng beieinander liegen, was zumindest darauf hindeutet, daß das d_{ij}−Abstandskriterium und das Überhangkriterium hinsichtlich der TSP-besten Lösungen hoch korreliert sind, was vermuten läßt, daß das d_{ij}− Kriterium das Problem richtig erfaßt.

Man erkennt deutlich, daß es sich im TSP nicht um eine Approximation des Mastermodells handelt. Das Abstandskriterium d_{ij} und der Überhang müssen keineswegs auf ähnliche Werte führen. Es muß lediglich garantiert sein, daß das TSP auf einen Entscheidungsgenerator führt, dessen Lösungen günstig hinsichtlich des Überhangkriteriums sind. Man veranschauliche sich nochmals den gesamten Abstraktions- und Relaxationsvorgang anhand der Abb. 1.11. Welche Bedeutung hätten Anspruchsniveaus für das vorliegende Beispiel?

1.6 Zusammenspiel von Relaxation und Abstraktion

Um das Zusammenspiel von Relaxation und Abstraktion deutlich herauszuarbeiten, betrachten wir im folgenden ein formales Beispiel, das zur weiteren Veranschaulichung im übernächsten Abschnitt mit konkretem betriebswirtschaftlichen Inhalt angereichert wird.

1.6.1 Ein formales Beispiel zur Relaxations- und Abstraktionsanalyse

Wir gehen schrittweise vor:

Schritt 1:

(1a) Die **Abstraktionsanalyse** habe auf ein Mastermodell

$$M^{(1)} := \{C_p^M, C_q^M, F_q^M\}$$

mit Zielattributen C_p^M und C_q^M und zugehörigen Anspruchsniveaus $\overline{C}_p^M$ und $\overline{C}_q^M$ geführt. Man stelle sich z.B. vor, C_q^M sei ein quantitatives und C_p^M ein nicht-quantitatives Zielkriterium. Ferner sei F_q^M ein Entscheidungsfeld, das besonders sorgfältig die quantitativen Aspekte des vorliegenden Problems herausarbeitet. Es möge sich herausstellen, daß für dieses Mastermodell keine oder nur höchst unbefriedigende Entscheidungsalternativen existieren, so daß eine Relaxationsanalyse vorzunehmen ist.

(1b) Die **Relaxation** bestehe darin, daß man das Mehrfachziel $\{C_p^M, C_q^M\}$ durch das einfache Ziel C_q^M ersetzt und das Feld weiter vereinfacht. Als Ergebnis der Relaxationsanalyse erhalte man den besten Entscheidungsgenerator

$$EG(1) := \{C_q^M, F_q^E\},$$

wobei durch Parameteranpassung versucht worden sei, nicht nur das explizit berücksichtigte quantitative Zielkriterium C_q^M zu erfüllen, sondern auch das nicht-quantitative Kriterium C_p^M. Wir nehmen nun an, der Entscheidungsgenerator sei trotz der Parameteranpassung nicht in der Lage, die Modellierungslücke zu schließen, d.h.

$$G_{1q} = \overline{C}_q^M - C_q^M(a^*) > 0$$

und/oder

$$G_{1p} = d(\overline{C}_p^M, C_p^M(a^*)) > 0.$$

Damit ist (entsprechend Abb. 1.5) ein Rücksprung in die Abstraktionsanalyse erforderlich.

Schritt 2:

(2a) Die Abstraktionsanalyse führe nun nicht dazu, die Anspruchsniveaus zu senken, sondern zunächst versucht man, ein neues Modellkonzept zu entwickeln. Dabei gehe man (evtl. geleitet von den Werten der partiellen Modellierungslücke) von der Überlegung aus, diesmal den Akzent auf den nicht-quantitativen Aspekt zu legen. Dadurch hofft man (in dialektischer Weise) die gesamte Weite des Problems auszuleuchten. Hierbei zeige sich, daß eine weitere Operationalisierung des qualitativen Zieles C_p^M erforderlich ist, so daß man C_p^M durch seine Operationalisierungen $C_{p_1}^M$ und $C_{p_2}^M$ mit den Anspruchsniveaus $\overline{C}_{p_1}^M$ und $\overline{C}_{p_2}^M$ und zugehörigem Feld F_p^M ersetzt:

$$M(2) := \{C_q^M, C_{p_1}^M, C_{p_2}^M, F_p^M\}.$$

(2b) Auch hier sei wieder eine Relaxation erforderlich, die auf den Entscheidungsgenerator

$$EG(2) := \{C_{p_1}^E, C_{p_2}^E, F_p^E\},$$

führe, dessen Modellierungslücke (innerhalb der Relaxationsanalyse) wiederum nicht schließbar sei, d.h.

$$\begin{aligned} G_{2q} &= \overline{C}_q^M - C_q^M(a^*) > 0, \\ G_{2p_1} &= \overline{C}_{p_1}^M - C_{p_1}^M(a^*) > 0 \quad \text{und/oder} \\ G_{2p_2} &= \overline{C}_{p_2}^M - C_{p_2}^M(a^*) > 0. \end{aligned}$$

Damit ist wieder ein Rücksprung in die Abstraktionsanalyse notwendig.

Schritt 3:

(3a) In einem dritten Schritt versucht man nun, ein Modellkonzept zu entwerfen, das einen Kompromiß darstellt und beide Problemaspekte durch ein Feld $F_{p,q}^M$ ausgewogen beschreibt. Man erhält damit das neue Mastermodell

$$M(3) := \{C_q^M, C_{p_1}^M, C_{p_2}^M, F_{p,q}^M\},$$

das wiederum zu relaxieren ist.

(3b) Die Relaxation möge auf den Entscheidungsgenerator

$$EG(3) := \{C_p^E, C_{p_1}^E, C_{p_2}^E, F_{p,q}^E\}$$

führen, für den wiederum die Modellierungslücke nicht schließbar sei, so daß ein Rücksprung erforderlich ist.

Schritt 4:

Jetzt jedoch seien die Planenden zu der Überzeugung gekommen, daß das Modellkonzept nicht geändert werden solle (und ebenfalls nicht die Konsolidierung der auftretenden vagen Hypothesen). Die Konsequenz ist eine Senkung der Anspruchsniveaus. Eine solche Senkung könnte so geschehen, daß alle Modellierungslücken gerade geschlossen werden. Es ist jedoch auch möglich, eine Lücke stärker als notwendig zu schließen, was zur Folge haben könnte, daß andere Lücken automatisch verschwinden, ohne daß die zugehörigen Anspruchsniveaus gesenkt werden. Wie hier vorzugehen ist, ist eine Frage der Mehrzielanalyse (vgl. Bd. 1, Abschn. 7.4.1).

Versteht man die Anspruchsniveaus als Reservationspunkte innerhalb eines im Rahmen des Planungsprozesses sich abspielenden Aushandlungsprozesses zwischen verschiedenen Interessengruppen, so könnte deren Senkung ähnlich geschehen wie in dem Aushandlungsbeispiel des Abschnitts 5.6.

Mit Schritt 4 ist der Modellbildungsprozeß zu einer Entscheidung gelangt, die nunmehr zu implementieren ist.

1.6.2 Inhaltliche Verdeutlichung des formalen Beispiels aus Abschnitt 1.6.1

Das soeben vorgeführte Beispiel kann man weiter mit Leben erfüllen, indem man ihm folgende Interpretation zugrunde legt: Bei dem vorliegenden Planungsproblem möge es darum gehen, einen PKW zu konstruieren, der nicht zu teuer (C_q), gleichzeitig jedoch umweltfreundlich (C_p) ist.

Die Planung konzentriere sich zunächst ganz auf das monetäre Ziel C_q und führe auf eine Konstruktion, die zwar sehr billig, aber nicht umweltfreundlich ist, d.h. es klafft eine Planungslücke hinsichtlich des "Umweltzieles" C_p. (Eine evtl. notwendige Relaxation könnte man so interpretieren, daß zur Berechnung bestimmter Konstruktionselemente eine weitere Modellvereinfachung vorgenommen wird. Sie könnte z.B. darin bestehen, daß man bestimmte technische Zusammenhänge vereinfacht darstellt.)

Aufgrund des nicht erfüllten Anspruchsniveaus des Umweltzieles konzentriere man sich nunmehr auf die Konstruktion eines PKW's mit geringer Umweltbelastung. Dazu ist es allerdings erforderlich, daß man das zunächst pauschale Umweltziel weiter operationalisiert und z.B. mit dem Kriterium C_{p_1} die Schwefeldioxydbelastung und mit C_{p_2} die Stickoxydbelastung mißt. Das Resultat sei ein hervorragendes "Katalysatorauto", das jedoch viel zu teuer ist. Wieder wird diese Lösung verworfen (Verletzung des Anspruchsniveaus C_q^M), und man versucht einen Kompromiß mit der Konstruktion eines nicht ganz so teuren, aber die Umweltbelastung nicht vollständig beseitigenden Katalysatorautos. Dieser Kompromiß werde akzeptiert, evtl. unter Senkung der ursprünglichen Anspruchsniveaus.

1.7 Der gesamte Planungsprozeß

1.7.1 Die Einbeziehung der Implementierung

Nach der ausführlichen Erörterung des Relaxationsvorganges und der beispielhaften Darstellung des Zusammenspiels von Relaxation und Abstraktion führen wir uns mit Abb. 1.13 nochmals den gesamten Planungsprozeß vor Augen. Gegenüber Abb. 1.5 sei jetzt noch der Implementierungsprozeß in die Betrachtung einbezogen: Mit der Ausführung des getroffenen Planentscheids tritt die Planung in die Phase der Realisierung und sämtliche Ex-ante-Validierungen sind am Erfolg der Planung, d.h. ex post zu überprüfen. Daß eine solche **Kontrolle** häufig nur noch von geringem Wert ist, darauf wurde bereits in Abschnitt 1.1 hingewiesen. Sinnvoll ist sie jedoch auf jeden Fall dann, wenn dieselbe oder ähnliche Problemstellungen sich wiederholen.

Häufig gibt es allerdings noch die Möglichkeit, vor der eigentlichen Implementierung eine **Pilot-**, **Teil-** oder **Parallelimplementierung** durchzuführen. Diese noch nicht endgültigen sog. **Prä-Implementierungen** dienen nochmals der Überprüfung des Planentscheids. Eine solche Überprüfung, die eine Zwischenstellung zwischen Ex-ante- und Ex-post-Validierung einnimmt, sei als **Prä-ex-post-Validierung** oder als **Planvalidierung** bezeichnet. Wieder dient eine Planungslücke als Validierungskriterium. Sie sei mit $G^e_{i^*j^*k^*}(m^*)$ bezeichnet (in Abb. 1.13 abgekürzt mit $G^e_{i^*j^*k^*}$), wobei die gesternten Indizes deutlich machen, daß der (zum Mastermodell $M_{i^*j^*k^*}$ und zum Entscheidungsgenerator m^* gehörige) Planentscheid überprüft wird.

Was kann nun dazu führen, daß trotz erfolgreicher Ex-ante-Überprüfungen der Planentscheid immer noch unbefriedigend ist? Zwei besonders wichtig erscheinende Gründe seien angeführt:
- nicht-ausreichende **Informationsbeschaffung**,
- ungenügende **Informationsverarbeitung**.

Beide Aspekte hängen eng miteinander zusammen. Wie wir wis-

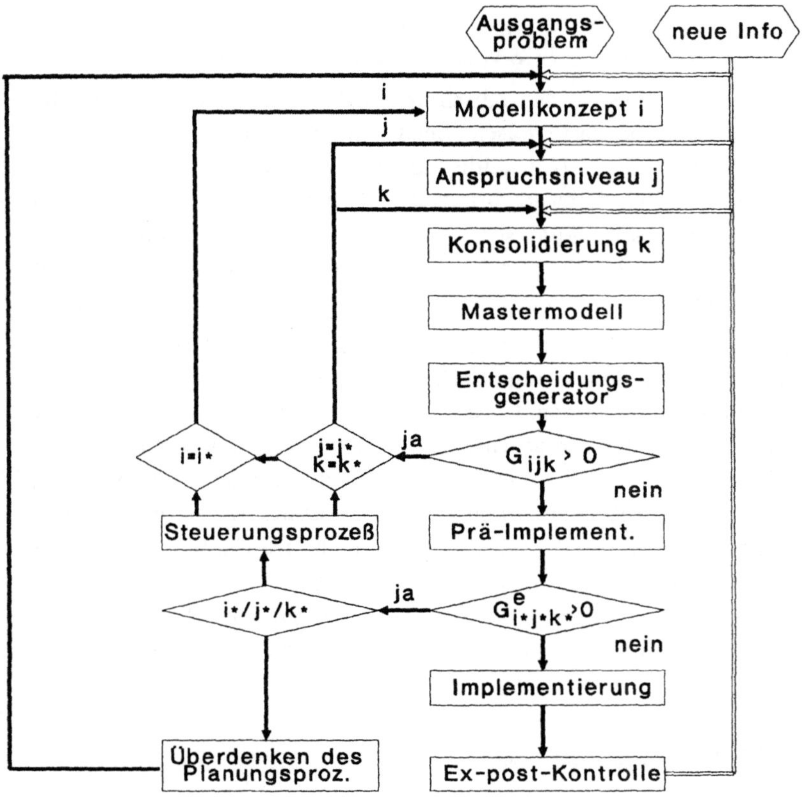

Abb. 1.13: Der vollständige Planungsprozeß

sen, sind sämtliche empirischen Hypothesen auf den **Implementierungszeitraum** zu projizieren. Dies setzt voraus, daß

1. ausreichendes Datenmaterial zur Verfügung steht und

2. dieses Material richtig eingeschätzt und für den Implementierungszeitraum richtig verarbeitet wird.

In der Sprechweise des Abschnitts 1.2.1 könnte man sagen, die Planvalidierung deckt falsche Schätzungen solider Hypothesen auf und erkennt falsche Konsolidierungen. Es ist daher nur konsequent, wenn man bei Nichtakzeptanz des Planentscheids ($G^e_{i^*j^*k^*} > 0$) die in der Ex-ante-Analyse (schließlich) festgelegten Werte i^*, j^*, k^* erhöht und nochmals (mit durch die Validierung gewonnener zusätzlicher Information) neue Schleifen durchläuft (vgl. Abb. 1.13).

Die Informationsbeschaffung ist für den gesamten Planungsprozeß von zentraler Bedeutung. So kann man insbesondere bei Planungen stark innovativen Charakters Pilotimplementierungen nicht nur kurz vor der eigentlichen Implementierung einsetzen, sondern schon in einem sehr frühen Stadium. Dadurch wird man frühzeitig auf wichtige Rahmenbedingungen aufmerksam. Es ist verständlich, daß mit der Informationsbeschaffung auch ihre Kosten von wesentlicher Bedeutung sind. Sie führen unter Beachtung eines vorgegebenen Kosten(anspruchs)niveaus auf eine partielle Planungslücke, die mit den übrigen partiellen Lücken in Einklang zu bringen ist.

1.7.2 Der Gesamtprozeß

Wie wir wissen, ist der gesamte Planungsprozeß eine Aufeinanderfolge von Zyklen, die durch die Modellierungslücken G und G^e immer wieder "angestoßen" werden. Die Frage jedoch, welcher Zyklus jeweils den Prozeß fortsetzt, hängt wesentlich auch von den Einsichten ab, die Planer und Entscheidungsträger im Laufe des Prozesses gewonnen haben. Entscheidend ist dabei, daß der Prozeß prinzipiell abgebrochen werden kann. Bevor dies allerdings geschieht, ist zu klären, ob evtl. der Planungsprozeß selbst zu ändern ist, was auch einschließt, daß man personelle Konsequenzen aus dessen bisherigem Verlauf zieht (vgl. Abb. 1.13, "Überdenken des Planungsprozesses").

Generell kann der Planungsprozeß als **Lernprozeß** interpretiert werden. Zu diesem Lernprozeß kann auch (zwischenzeitlich) die Konstruktion von extrem vereinfachten Modellen gehören, die lediglich dazu dienen, das vorliegende Problem zu verstehen (vgl. SCHMIDT). Derartige Modelle stellen Zwischenstufen im Abstraktionsprozeß dar. U.U. können sie nachträglich durch Anreicherung mit konkreten Fakten die Konstruktion eines Mastermodells erleichtern. Darüber hinaus dienen sie wegen ihrer Einfachheit oft als **Argumentationshilfe** im Entscheidungsprozeß (vgl. auch das nachfolgende Beispiel). Bekanntlich kann man große Theoriengebäude (etwa der Volkswirtschaftslehre) als derartige Zwischenstufen ansehen. Wir werden später, in Kapitel 6, von **Theoriepotentialen** sprechen.

Aber auch in der Kommunikation zwischen Entscheidungsanalytiker und Entscheidungsträger mag es nützlich sein, wenn der Analytiker stets ein **vereinfachtes Modell** zur Hand hat, das dem Entscheidungsträger die Angabe weiterer Sach- und Präferenzinformation erleichtert. Nicht auf einfache Lösungen kommt es daher an, sondern auf (u.U. sehr komplexe) Lösungen, die sich jedoch einsichtig machen lassen: So fahren die meisten von uns einen PKW, ohne daß wir über dessen Funktionsweise genau im Bilde sind.

In Band 1, Abb. 1.1 hatten wir die Bewertung von Planungslücken **Kosten/Nutzen-Analyse** genannt und mit der Nutzwertanalyse und vor allem mit der Multi-Attributiven Nutzentheorie (MAUT) Verfahren kennengelernt, wie man ganz allgemein eine mehrdimensionale Modellierungslücke zu bewerten hätte. Insbesondere stellen die in Band 1, Abschnitt 7.4 besprochenen sog. interaktiven Verfahren Algorithmen bereit, die den Prozeß der sukzessiven Anspruchsniveauveränderung unterstützen (vgl. hierzu auch den Aushandlungsprozeß der Abschnitte 5.5 und 5.6). Darüber hinaus haben wir mit den sog. Outranking-Verfahren aus Band 1, Abschnitt 7.5, multikriterielle Entscheidungsanalysemethoden kennengelernt, die nicht – wie etwa MAUT – auf eine schwache Ordnung der Planalternativen führen. Vielmehr konnten wir eine mögliche Unvergleichbarkeit explizit berücksichtigen und eine Konfliktanalyse durchführen.

Mit diesen letzten Bemerkungen wird der Zusammenhang mit den einleitenden Erörterungen aus Band 1, Kapitel 1 nochmals deutlich. Während Band 1, Abb. 1.1 den vollständigen Ablauf des Planungsprozesses darstellt, zeigt Abb. 1.13 lediglich einen allgemeinen Zyklus, und der Prozeß kommt erst durch Aneinanderfügen unterschiedlicher Zyklen zustande. Diese Zyklen allerdings werden sehr viel genauer als in Band 1, Abb. 1.1 beschrieben.

Eine etwas andere Darstellung werden wir in den von der angewandten Informatik entwickelten Expertensystemen vorfinden (vgl. Abschn. 5.4). Dort steht stärker die Darstellung konkreter Problemlösungsmechanismen im Vordergrund, ohne daß wie hier die Interaktion des Entscheidungsträgers mit dem System (und d.h. mit dem Entscheidungsanalytiker) genauer beschrieben würde. Insbesondere wird der über Bewertungen gelenkte Steuerungsprozeß nicht explizit ersichtlich.

1.7.3 Beispiel: Arbeitszeitflexibilisierung

Zur Illustration wichtiger Aspekte des gesamten Planungsprozesses greifen wir das in Band 1, Kapitel 1 bereits geschilderte Beispiel der Einführung flexibler Arbeitszeiten wieder auf. Es wird dazu dienen, den in diesem Kapitel ausführlich dargestellten Planungsprozeß nochmals zu veranschaulichen und zu konkretisieren.

Von besonderem Interesse werden die Personengruppen sein, die an dem Planungsprozeß beteiligt sind. Ferner ist zu klären, welcher Natur das Mastermodell ist, und wie es zu konsolidieren und zu validieren ist. Ganz allgemein ist der Charakter der Entscheidungen zu analysieren, die im Ablauf des Prozesses immer wieder zu treffen sind. Welche Rolle spielen Anspruchsniveaus und Planrevisionen?

Und schließlich: Welche Gestalt nimmt eine Implementierung im vorliegenden Fall an?

Ausgangspunkt sei die "Planungsaufgabe", eine von den Tarifparteien vereinbarte Arbeitszeitverkürzung in eine konkrete Betriebsvereinbarung umzusetzen. Dem Unternehmen ist damit (abstrakt) die Aufgabe gestellt, mögliche Betriebsvereinbarungen auszuarbeiten und daraus eine geeignete auszuwählen.

Entsprechend den unterschiedlichen Interessen von Arbeitnehmern und Arbeitgebern wird es sich als zweckmäßig erweisen, den gesamten Prozeß aus zwei interaktiven Planungsprozessen aufzubauen, die wir Arbeitgeber- und Arbeitnehmerprozeß nennen wollen. Nach bestimmten Zeitabständen "begegnen" sich beide Prozesse in Verhandlungen, tauschen dort Informationen und Einschätzungen über mögliche Entwicklungen der Unternehmung aus und decken in Form von Lösungsvorschlägen (für mögliche Betriebsvereinbarungen) wenigstens partiell ihre Wertsysteme auf. Diese Begegnungen dürften in der Regel auf sämtliche großen Schleifen der jeweiligen Planungsprozesse Auswirkungen haben. Insbesondere in frühen Stadien der Prozesse werden sich Modellkonzepte interaktiv verändern. Später wird man aufgrund des Informationsaustausches Konsolidierungen neu festsetzen und Anspruchsniveaus modifizieren. Schauen wir uns daher Arbeitgeber (AG-) und Arbeitnehmer (AN-)Prozeß getrennt an.

(1) Arbeitgeber-Prozeß

Wir beschreiben zunächst einige Charakteristika des AG-Prozesses. Aus Sicht dieses Prozesses haben wir drei Beteiligte:

1. die Geschäftsleitung als Entscheidungsträger,
2. die Planungsabteilung (unterstützt durch den zugehörigen Arbeitnehmerverband) als Planungsanalytiker,
3. das untere Management und die Mitarbeiter als Betroffene, wobei besonders die "Meisterebene" als "ausführendes Organ" innerhalb des AG-Prozesses zu beachten ist.

Ausgangspunkt des AG-Prozesses möge der Wunsch sein, durch die

Arbeitszeitverkürzung eine möglichst geringe Kapazitätseinbuße zu erfahren, was man durch Arbeitszeitflexibilisierung zu erreichen hofft. In den ersten Zyklen des Prozesses wird man zunächst noch im Rahmen der Abstraktionsanalyse unterschiedlichste Modellkonzepte in Betracht ziehen. Von diesen Konzepten wird man nur wenige genauer untersuchen, weil sie

1. den eigenen Anspruchsniveaus nicht genügen oder
2. keine Aussicht auf Durchsetzbarkeit (gegenüber dem Betriebsrat) haben.

Somit gelangt man zu unterschiedlichsten Mastermodellen, in denen man i.a. verschiedene Annahmen d.h. Konsolidierungen über zukünftige Entwicklungen wird treffen müssen, für die man wegen der Komplexität des Sachverhalts eine Relaxationsanalyse durchführt. M.a.W. man wird relativ früh durch Relaxation einen Entscheidungsgenerator konstruieren und sich (durch die Planungsabteilung) Lösungsvorschläge für unterschiedlichste Optionen erarbeiten. Das Ergebnis ist eine Fülle von möglichen Betriebsvereinbarungen, deren Stärken und Schwächen zu analysieren sind. Wenigstens hinsichtlich bestimmter Modellierungskonzepte sollte man innerhalb der zugelassenen Modellhyperklasse versuchen, über ein Mehrzielanalyseverfahren (s. Bd. 1, Kap. 7) zu einer Präferenzordnung möglicher Betriebsvereinbarungen zu gelangen. Hier kann der Entscheidungsanalytiker dazu beitragen, das Wertsystem des AG-Prozesses zu entwickeln. Dabei sollten z.B. Akzeptanzaspekte mit Blick auf die Meisterebene und der Aufwand für das Arbeitszeit-Management nicht außer Betracht bleiben. Aber auch den AN-Prozeß sollte man bis zu einem gewissen Grad berücksichtigen (vgl. auch Abschn. 5.5). Derartige Analysen führen dann u.U. zu prozeßinternen Modifikationen von Anspruchsniveaus, aber auch zum Verwerfen bestimmter Flexibilisierungsoptionen. Häufig wird man davon ausgehen können, daß sich der Entscheidungsträger des AG- Prozesses als Team versteht (vgl. Bd. 1, Kap. 6), so daß man ihn zumindest näherungsweise als eine Person auffassen kann.

(2) Der Arbeitnehmer-Prozeß

Die Beteiligten des AN-Prozesses setzen sich zusammen aus

1. dem Betriebsrat und der Betriebsversammlung als Entscheidungsträger,
2. der zugehörigen Gewerkschaft als Planungsberater,
3. den Mitarbeitern und dem Arbeitgeber als Betroffenen.

Hierbei dürfte das Verhältnis zwischen Entscheidungsträger und Planungsanalytiker wesentlich komplexer sein als sonst üblich, da die Gewerkschaft hinsichtlich ihrer "Planungsunterstützung" ganz wesentlich auch außerbetriebliche Aspekte im Auge haben muß und insofern nicht nur in einer "dienenden" Funktion gegenüber dem Entscheidungsträger auftritt (s. z.B. WILD).

Ausgangspunkt des AN-Prozesses möge der Wunsch sein, die wöchentliche Arbeitszeit über das Jahr gleichmäßig jeweils am Freitag zu reduzieren und Brückentage (d.h. Arbeitstage zwischen Feiertagen) als arbeitsfreie Tage zu etablieren. Jede Art von Flexibilisierung möge zunächst außer Betracht bleiben. Wir gehen davon aus, daß der AN-Prozeß eine eher passive Rolle spielt. Er werde nur "inkremental" über die jeweilige Forderung hinaus entwickelt. So könnte man sich z.B. mit obiger Maximalforderung in die Verhandlungen begeben und nur minimale Abstriche "vorkalkuliert" haben: Etwa

- Aufgabe der Forderung nach Arbeitsbefreiung an bestimmten Brückentagen,
- gleichmäßige Verteilung der Arbeitszeitverkürzung über *alle* Tage der Woche,
- leichte saisonale Wochenarbeitszeitflexibilisierung.

Da davon ausgegangen werden kann, daß die Arbeitgeber ihr Interesse am Fortbestand der Unternehmung in den Aushandlungen zum Ausdruck bringen werden, scheint es im Arbeitnehmerprozeß nicht erforderlich, in einer Relaxation komplizierte Arbeitszeitflexibilisierungen zu generieren und hinsichtlich vieler Kriterien zu bewerten. Vielmehr kommt es darauf an, die vom Arbeitgeber-Prozeß vorgeschlagenen Vereinbarungen im Lichte unterschiedlicher Arbeitnehmerinteressen zu bewerten.

(3) Der Gesamtprozeß

Wie bereits angedeutet, besteht der Gesamtprozeß in einer Folge von Aushandlungen. Durch sie werden die Anspruchsniveaus in den Teilprozessen immer wieder neu gesetzt, wodurch über die Planungslücken die Zyklenprozesse aktiviert werden. D.h., es werden neue Modellklassen und auch neue Konzepte in Betracht gezogen. Da durchgängig mehrere Kriterien von beiden Parteien zu berücksichtigen sind, könnte man sich durchaus vorstellen, daß ähnlich wie im Aushandlungsbeispiel des Abschnitts 5.6 ein für beide Seiten vorteilhafter Kompromiß gefunden wird.

Dieser Kompromiß besteht als Ergebnis des Planungsprozesses in einer Betriebsvereinbarung, die im Sinne unserer Prozeßrationalität auf ein bestimmtes Maß "relativer Zufriedenheit" aller Beteiligten führt. Das Wirksamwerden der Betriebsvereinbarung ist schließlich als "Implementierung" zu interpretieren.

1.8 Das Rationalitätsproblem

Nach dem vorangegangenen Beispiel, in dem noch einmal die Rolle system- und vor allem entscheidungstheoretischer Konzepte deutlich wurde, sei abschließend erneut die Frage nach der Rationalität derartiger Planungsprozesse gestellt. Mit dieser Frage hatten wir uns ausführlich in Band 1 immer wieder auseinandergesetzt. Sie stellte sich dort aus der Sicht einer normativen Entscheidungstheorie. Bereits in Band 1, Abschnitt 3.1 hatten wir darauf hingewiesen, daß unsere Bemühungen nicht so sehr in der Untersuchung einer normativen oder deskriptiven, sondern eher in der Entwicklung einer präskriptiven Entscheidungstheorie liegen.

Wir hatten dort eine vorläufige Charakterisierung einer präskriptiven Entscheidungstheorie gegeben. Jetzt, nachdem wir wissen, was man unter einer normativen Entscheidungstheorie zu verstehen hat, wird uns eine Charakterisierung einfacher fallen. In der Tat ist die in diesem Kapitel vorgestellte Theorie des Planungsprozesses nichts anderes als eine **präskriptive Entscheidungstheorie**. Sie ist präskriptiv insofern, als das Procedere vorgeschrieben wird, anhand dessen man zu einer Lösung gelangen könnte. Dabei liegt nicht – wie in der normativen Theorie – ein Entscheidungsmodell mit seinem Objekt- und Wertsystem eindeutig definiert vor, im Gegenteil: das Entscheidungsproblem entwickelt sich erst in einem langen, evolutorischen Prozeß der konvergierenden Erforschung und Modellierung von Objekt- und Wertsystem. Normatives Verhalten wird lediglich in den sich während der Evolution jeweils ergebenden innerprozessualen, klar definierten Entscheidungsproblemen gefordert sowie für die allgemeine Struktur des Prozesses als Ganzes. Insofern stellt sich die Frage nach rationalem Verhalten (abgesehen von der innerprozessualen Rationalität) auf einer Metaebene. Verhalten sich Entscheidungsträger, die das Schema der Abb. 1.13 befolgen, rational? Die Antwort hierauf wurde bereits am Ende des Abschnitts 1.4.2 gegeben. *Rationalität liegt vor, wenn der Entscheidungsträger im Einvernehmen mit dem Entscheidungsanalytiker die ihm durch den Entscheidungsprozeß gegebenen Möglichkeiten ausgeschöpft hat.* Die Möglichkeiten sind ausgeschöpft, wenn der Entscheidungsträger ein Zufriedenheitsniveau erreicht hat, das ihm im Laufe der Erkundung seiner Gesamtsituation in Anbetracht sämtlicher seiner Ressourcen als nicht mehr verbesserungsfähig erscheint. Hierbei beachte man, daß nicht notwendig bestimmte *Verbesserungen* des Planentscheids zu erreichen sind, sondern es hat insgesamt der *Prozeß* auf ein Niveau höchster Zufriedenheit zu führen.

Wie wir wissen, kann dieses Niveau häufig nur duch sukzessive Abstriche an ursprünglichen Anspruchsniveaus erreicht werden, ein Vorgang, bei dem der Entscheidungsanalytiker eine maßgebliche

Rolle spielt. Von ihm wird der Entscheidungsträger Fairness erwarten müssen. Geht man jedoch davon aus, daß der Entscheidungsanalytiker nur einmalig tätig ist, und er u.U. Vorteile daraus ziehen könnte, daß er den Entscheidungsträger betrügt, etwa in der Weise, daß er sich nicht um weitere Alternativen bemüht, so wird man Rationalität unversehens mit ethischen Normen in Verbindung bringen müssen: *Entscheidungsträger und -analytiker handeln dann rational, wenn unter Beachtung ethischer Normen in Anbetracht der gegebenen Umstände der Entscheidungsträger ein höchstes Maß an Zufriedenheit erreicht.*

Mit diesen Überlegungen treten wir bereits in eine Diskussion ein, die wir zusammen mit einigen wissenschaftstheoretischen Anmerkungen erst im letzten Kapitel weiter entfalten wollen. Es sollte jedoch deutlich geworden sein, daß der Entscheidungsanalytiker eine wesentliche Rolle spielt. Er lenkt den Entscheidungträger durch den Entscheidungsprozeß und beraubt ihn daher ("zu dessen Wohl") gewisser Entscheidungsfreiheit. Insofern handelt es sich hierbei um eine präskriptive Entscheidungstheorie, die deutlich von einer rein deskriptiven Entscheidungstheorie zu unterscheiden ist. Dort geht es darum, das Entscheidungsverhalten von Entscheidungsträgern in bestimmten Situationen lediglich zu beschreiben (KIRSCH), wobei insbesondere bei Individualentscheidungen die psychologischen und bei Gruppenentscheidungen die gruppendynamischen und andere soziologischen Aspekte aufzudecken sind. Es dürfte einsichtig sein, daß eine solche Theorie nicht ausreicht, um Entscheidungsträgern Planungshilfen zu geben. Dennoch kommt eine präskriptive Entscheidungstheorie ohne Kenntnis des tatsächlichen Entscheidungsverhaltens nicht aus. Vier Aspekte seien hier nochmals besonders herausgestellt:

1. Entscheidungsanalytiker und Entscheidungsträger haben das tatsächliche Verhalten der durch die Planung Betroffenen zu kennen und zu berücksichtigen.
2. Die "Handhabung" (KIRSCH) des Planungsprozesses, d.h. die zu dessen Durchsetzung erforderlichen Führungstätigkeiten ha-

ben das tatsächliche Entscheidungsverhalten aller Beteiligten ins Kalkül zu ziehen.

3. Die im Planungsprozeß auftretenden entscheidungsanalytischen Prozesse der Erhebung und Verarbeitung von Präferenzinformation haben beschränkt normativ-rationales Verhalten miteinzubeziehen (vgl. insbesondere die Diskussion in Bd. 1, Abschnitt 7.6) und schließlich
4. tatsächliches Entscheidungsverhalten (anderer) in analogen Situationen kann als Anhaltspunkt für eigenes Verhalten dienen.

Wir werden in Kapitel 6 diese Überlegungen in einem umfassenderen Zusammenhang wieder aufgreifen. Zuvor jedoch werden insbesondere die Kapitel 2 und 3 dazu dienen, die bisher in weiten Bereichen abstrakt gehaltene Darstellung mit Leben zu erfüllen. Insbesondere kommt es darauf an, parallel zum Wertsystem das Objektsystem zu gestalten und wiederholt den Nachweis für die Fruchtbarkeit einer Trennung von Abstraktions- und Relaxationsanalyse zu erbringen. Kapitel 5 wird sodann, insbesondere in seinem Abschnitt 5.4, den Planungsprozeß aus dem Blickwinkel der Theorie der Expertensysteme betrachten, was einem tieferen Verständnis des Planungsvorganges (und im Gegenzug auch der Expertensysteme) dienlich sein wird.

Kapitel 2

Modellstrukturierungen

Das vorhergehende Kapitel befaßte sich mit der Strukturierung des Prozesses der Planung. Insbesondere war eine Zerlegung in einen Abstraktions- und einen Relaxationsvorgang von großer Bedeutung. Noch sehr allgemein wurde der Frage nachgegangen, welche Möglichkeiten es gibt, komplexe Probleme modellhaft zu erfassen und so weit zu vereinfachen, daß letztlich die Ermittlung eines Planentscheids möglich wird.

Vereinfachungen sind dabei nicht nur im Rahmen der Relaxation, sondern auch der Abstraktion möglich. So wird man gerade in den ersten Zyklen der Abstraktion auf manches zunächst unwichtige Detail verzichten. Motivation hierfür ist nicht, wie in der Relaxation, das Bemühen, die formale Handhabbarkeit des vorliegenden Entscheidungsproblemes zu erleichtern, sondern den Aufwand der Informationsbeschaffung und -aufbereitung zu verringern. Besonders interessant ist hierbei, daß im Abstraktionsvorgang eine Problemstrukturierung nicht nur dazu führt, das vorliegende Problem besser oder überhaupt erst zu verstehen und informationstechnisch zu erfassen, sondern daß die zunächst im Modell vorgenommene Problemstrukturierung zu einer entsprechenden Strukturierung des Realproblems Anlaß geben kann.

Neben den vielen bereits in Kapitel 1 aufgeführten Abstraktions- und Relaxationsmöglichkeiten kann man zwei wesentliche, ein Pro-

blem vereinfachende Strukturierungen unterscheiden:
- die Dekomposition und
- die Hierarchisierung.

Die **Dekomposition** zerlegt ein komplexes Problem in leichter handhabbare Teilprobleme, während die **Hierarchisierung** zu einer sukzessiv immer detaillierteren hierarchisch strukturierten Planung führt. Oft werden Dekomposition und Hierarchisierung simultan eingesetzt: So können (dekomponierte) Teilprobleme hierarchisch geplant werden, und auf den Hierarchieebenen einer hierarchischen Planung kann man Dekompositionen vornehmen.

Im Zentrum der folgenden Überlegungen wird in Abschnitt 2.2 die hierarchische Planung stehen, während die Dekomposition nur relativ kurz in Abschnitt 2.1 besprochen werden soll. Eine wichtige Dekomposition besteht in der zeitlichen Zerlegung eines Planungsproblems in Teilperioden. Wegen ihrer Bedeutung und ihres besonderen Zusammenhanges mit der hierarchischen Planung werden wir ihr (mit Kap. 4) ein eigenes Kapitel widmen.

2.1 Dekomposition

2.1.1 Allgemeine Überlegungen

Die Zerlegung in Teilaufgaben bietet sich häufig dann an, wenn ein Problem in mehrere nur wenig miteinander zusammenhängende Teilprobleme zerfällt. Aus unseren systemanalytischen Überlegungen (Bd. 1, Kap. 2) wissen wir, daß sich eine solche Zerlegung nicht nur auf die Objekte (Elemente) eines Systems, sondern auch auf die Menge aller Attributsausprägungen beziehen kann, d.h. es ist häufig angebracht, bestimmte einer Objektmenge zugeordnete Attribute getrennt zu untersuchen. Man löst dann jedes Teilproblem für sich und berücksichtigt im Nachhinein mögliche Abhängigkeiten.

Solche Abhängigkeiten können "Input-Output-Kopplungen" sein, bei denen der Output des einen Teilsystems Input eines oder mehrerer anderer ist. Häufig wird eine Kopplung allein durch die Existenz bestimmter, von sämtlichen Teilsystemen gemeinsam einzuhaltender linearer Restriktionen bewirkt. Wir sprechen dann von **schwacher Kopplung** (vgl. Abb. 2.1). Eine **starke Kopplung** hingegen liegt vor, wenn die gemeinsamen Restriktionen nichtlinear sind oder wenn Entscheidungsgrößen des einen Teilproblems nur gemeinsam mit denen eines oder mehrerer anderer Teilprobleme bewertet werden können.

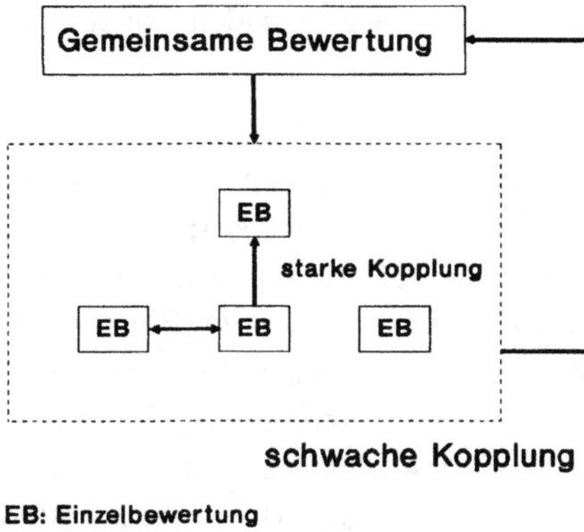

Abb. 2.1: Input-Output-Kopplung, schwache und starke Kopplung

Hierzu einige weitere Erläuterungen:
In Erweiterung des **Beispiels** aus Abschnitt 1.1.2 mögen in einem Lager mehrere Artikel bewirtschaftet werden. Disponiert man jeden Artikel einzeln, so liegt eine vollständige Dekomposition vor. Sind jedoch gemeinsame Restriktionen (z.B. die Lagerraumkapazität) zu berücksichtigen, so hat man es mit einer schwachen Kopplung zu tun. Eine solche Kopplung läßt sich nach

Lösung der Einzelprobleme durch eine Kostenparameteranpassung berücksichtigen (s. Abschn. 1.5.2). Sind jedoch z.B. zwei Artikel in der Weise verbunden, daß die Bestellung des einen nur erfolgen kann, wenn der andere gleichzeitig bestellt wird (z.B. wegen der Notwendigkeit gemeinschaftlichen Transports oder der Gewährung eines Mengenrabatts), so liegt eine starke Kopplung vor. M.a.W., die Abhängigkeiten schlagen sich in gemeinsamen Kostentermen einer Zielfunktion nieder.

Welches sind nun konkret die Überlegungen, die zu einer Dekomposition führen? Hinsichtlich der **Relaxation** kann diese Frage sehr einfach beantwortet werden: Ein Problem wird zerlegt, um es leichter oder überhaupt erst einer formalen Lösung zugänglich zu machen.

In bezug auf die **Abstraktion** jedoch kann man mehrere Aspekte unterscheiden. So kann die Dekomposition eines komplexen Problems dazu führen, daß man einer Organisation eine Struktur aufprägt, die einzelne Teilaufgaben unterschiedlichen Verantwortungsbereichen zuordnet. Auf den ersten Blick könnte dies wegen möglicher Abstimmungsschwierigkeiten zwischen den Abteilungen zu einer Verschlechterung der Planung führen. Es ist jedoch zu bedenken, daß durch eine Dekomposition (und damit durch eine Verantwortungsdelegation) die Motivation und das Verantwortungsbewußtsein zur Lösung der Teilaufgabe meist erheblich verstärkt wird. Auch wird es möglich, zumindest ad-hoc-Aspekte zu berücksichtigen, die in einer Globalplanung übersehen würden. Darüber hinaus bestehen bessere Kontrollmöglichkeiten. Von besonderer Bedeutung ist auch die häufig verbesserte Möglichkeit, vor Ort Informationen zu beschaffen und vor allem sie richtig zu beurteilen. Als weiterer Beweggrund zur Problemzerlegung sei die Notwendigkeit genannt, im Sinne einer **"Modularisierung"** bestimmte Tätigkeiten von einer Fragestellung zu trennen, um sie auch für andere verfügbar zu haben. Als Beispiel hierfür könnte die Erstellung von Absatzprognosen gelten, die i.a. für mehrere Zwecke zur Verfügung stehen müssen und daher nicht zu stark auf lediglich eine Fragestellung abgestimmt sein sollten.

Halten wir noch einmal fest: Dekomposition ist ein spezielles Abstraktions- und/oder Relaxationsverfahren. Das vorliegende Planungsproblem wird durch eine (separierende) Komplexitätsreduktion handhabbarer gemacht.

Hinsichtlich des Wertsystems bedeutet dies, daß eine Zielzerlegung (vgl. Bd. 1, Abschn. 2.3.3) vorzunehmen ist, was, wie wir aus Band 1, Kapitel 4 wissen, im Rahmen der nachfolgenden Wertsynthese die Lösung eines multikriteriellen Entscheidungsproblems impliziert (vgl. auch das "Katalysatorbeispiel" aus Abschnitt 1.6.2). Häufig kann jedoch eine Synthese nicht unmittelbar durchgeführt werden, da die Teilprobleme noch weiteren Reduktionsschritten unterworfen werden. Erst wenn man zu einem handhabbaren Teilmodell gelangt ist und eine Lösung gefunden hat, kann die Synthese einsetzen (vgl. Abb. 2.2).

Sie besteht zunächst darin, die gefundene auf ein vereinfachtes Teilproblem eingeschränkte Lösung den ursprünglichen Gegebenheiten anzupassen, sie also durch Details anzureichern, so daß sie durch diese "Rekonstruktion" (vgl. Abb. 2.2) tatsächlich auch als Lösung des Teilproblems gelten kann. Der zweite Schritt, die eigentliche Synthese, verlangt schließlich die Rekombination der Teillösungen, was, wie bereits erwähnt, die Lösung eines multikriteriellen Entscheidungsproblems erfordert. Löst man dieses Problem lediglich durch Parameteranpassung (vgl. Abschn. 1.5.2), so geht man davon aus, daß für das Ausgangsproblem (zumindest approximativ) eine Präferenzfunktion existiert (vgl. Bd. 1, Abschn. 7.1).

Insgesamt sollte deutlich sein, daß sowohl die Dekomposition als auch die Komplexitätsreduktion der Teilprobleme Abstraktions- und Relaxationsschritte enthalten können. Dabei sind im Sinne des (im Kapitel 1 dargestellten) Planungsprozesses Abstraktionsschritte stets vor den zugehörigen Relaxationsschritten durchzuführen, was ein neues Licht auf den in Abb. 1.13 dargestellten Planungsprozeß wirft. Abb. 1.13 kann nicht nur verstanden werden

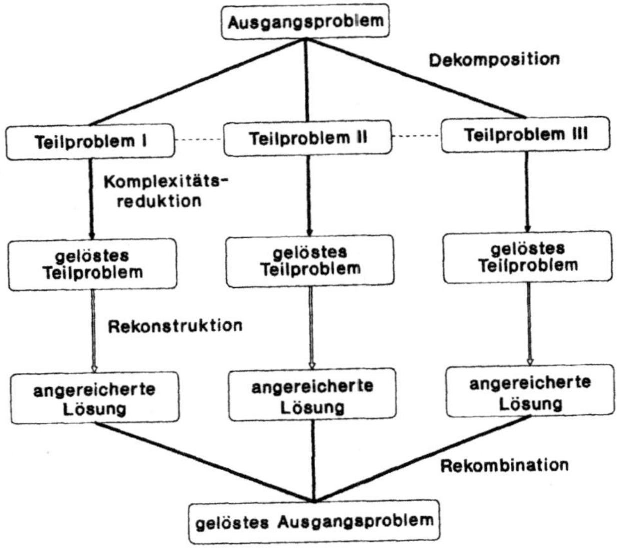

Abb. 2.2: Dekomposition und Synthese komplexer Planungsaufgaben

als zusammengefaßte Darstellung des gesamten Planungsprozesses, sondern als Darstellung eines Teilprozesses, der erst durch vielfältige Kombination mit weiteren Teilprozessen zum Gesamtprozeß zusammenzusetzen ist. Das folgende Beispiel möge die Zusammenhänge etwas verdeutlichen.

Beispiel: Disposition eines Mehrproduktlagers
Wir greifen das Beispiel aus Abschnitt 1.1.2 wieder auf. Wir betrachten die Disposition eines durch Kapazitätsrestriktionen beschränkten Mehrproduktlagers mit stochastisch instationärer Nachfrage; genauer: die im Lager zu bewirtschaftenden Artikel mögen saisonale und trendförmige Nachfrageverläufe aufweisen, die durch Zufallsstörungen überlagert sind.

Strenggenommen ist ein solches Problem nur dynamisch unter Einsatz der flexiblen Planung zu bewältigen. Da jedoch dynamische Probleme erst im nächsten Kapitel behandelt werden, wird dieser Aspekt hier nicht besonders hervorgehoben (siehe jedoch SCHNEEWEISS 1988b).

Der erste Schritt zur **Komplexitätsreduktion** (vgl. Abb. 2.3) bestehe in einer Abstraktion, die auf zwei unterschiedliche Dekompositionen führt:

(1) Der Planer möge im Rahmen des Abstraktionsvorganges zu der Überzeugung gelangen, daß vorhandene starke Kopplungen zwischen den Artikeln so unbedeutend sind, daß sie zumindest in einem ersten Plandurchgang vernachlässigt werden können.

(2) Die Ermittlung der Wahrscheinlichkeitsverteilungen der stochastischen Nachfrage (d.h. deren quadratoptimale Schätzung) werde unabhängig von der Lagerdisposition durchgeführt.

Die Dekomposition in durch die Restriktionen schwach gekoppelte stochastische Einprodukt-Lagerhaltungsprobleme stellt eine Separation der Objektemenge (d.h. der Menge unterschiedlicher Artikel) dar. Die Trennung von Schätzung und Lagerdisposition hingegen bezieht sich auf die Zerlegung der Attributemenge jeweils eines Objekts. Eine solche Separation ist strenggenommen nur unter ganz bestimmten Bedingungen (i.w. Linearität des Systems und quadratisches Kostenkriterium, SCHNEEWEISS 1977) ohne Optimalitätsverlust möglich. Separiert man dennoch, so spielen die weiter oben aufgeführten Argumente wie z.B. Modularisierung und bessere Informationsbeurteilung eine wichtige Rolle (s.a. KÄSSMANN/KÜHN/SCHNEEWEISS). Die hier auftretenden Probleme hängen eng mit der in Abschnitt 1.4.2 (2) angesprochenen Frage nach der Verwendbarkeit statistischer Validierungskriterien zur Überprüfung solider Hypothesen zusammen.

In einem zweiten Schritt führt man eine weitere Dekomposition durch, die darin besteht, daß man auf die noch vorhandene schwache Kopplung verzichtet. Dieser Schritt ist als eine Dekomposition im Rahmen der Relaxation zu verstehen. Die vorliegenden

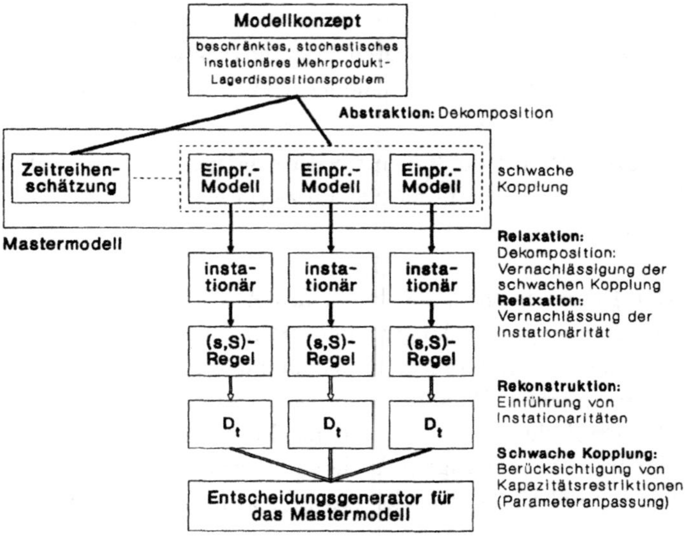

Abb. 2.3: Dekomposition zur Gewinnung eines Entscheidungsgenerators

Modelle sind jetzt instationäre stochastische Einproduktmodelle. Auch sie sind einer mathematischen Behandlung nicht zugänglich, so daß man sie einem weiteren Relaxationsschritt zu unterwerfen hat. Dies führt dazu, daß man **in einem dritten Schritt** aus den Zeitreihenschätzungen Prognosen und Prognosefehler bildet und die Zeitreihen in einen deterministischen instationären und einen stochastisch stationären Anteil zerlegt. Unter Verwendung des stationären Anteils ist es nun möglich, **in einem vierten Schritt** die nunmehr stationären Einprodukt-Lagerhaltungsmodelle zu lösen. Man erhält eine sog. Bestellpunkt(s)-Bestellgrenzen(S)-Politik, die man auch als (s, S)-Regel bezeichnet. Diese Einprodukt-Lager-Dispositionsregel besagt, daß man den Lagerbestand auf den Bestellpunkt absinken läßt und sodann bis zur Bestellgrenze auffüllt.

Damit ist die Reduktionsanalyse abgeschlossen. Als Ergebnis erhält man eine Lösung, in der stochastische und deterministische Aspekte getrennt sind. Die stochastischen Aspekte repräsentiert der Bestellpunkt s, den man auch als Sicherheitsbestand interpretieren kann. In die Bestellmenge $D := S - s$ lassen sich nun die deterministischen Aspekte des ursprünglichen Lagerhaltungsproblems einbringen. Auf sie möge sich der folgende **Synthesevorgang** konzentrieren. Zwei durch Relaxation zunächst vernachlässigte Eigenschaften sind zu berücksichtigen:

1. Wiedereinbringung der Instationarität,
2. Berücksichtigung der Restriktionen.

Die Einführung der Instationarität geschieht in der Weise, daß man über instationäre Lagerhaltungsmodelle unter Verwendung der Nachfrageprognosen eine zeitlich veränderliche Bestellmenge D_t berechnet und somit zu einer von der Zeit abhängigen Bestellgrenze $S_t := s + D_t$ gelangt. Die Berücksichtigung der (ursprünglich) relaxierten Kapazitätsrestriktionen, d.h. der schwachen Kopplung, erfolgt über Parameteranpassung (vgl. Abschn. 1.5.2), indem man die in den instationären deterministischen Modellen auftretenden Kostenparameter als Lenkkosten auffaßt und sie so lange variiert, bis die Restriktionen eingehalten werden (SCHNEEWEISS 1981).

Damit sind die durch Relaxation vernachlässigten Konstituenten des Mastermodells wieder eingebracht und die gefundene Lösung kann als Approximation verwendet werden.

2.1.2 Lineare Dekomposition und Verrechnungspreise

Nach den vorstehenden vergleichsweise allgemeinen Überlegungen zur Dekomposition sei auf ein Verfahren eingegangen, das man zur Lösung großer Linearer Programme einsetzt. Hierbei wird Dekomposition als Hilfsmittel zur formalen Manipulation verwendet und ist daher der Relaxationsphase zuzurechnen. Es zeigt sich jedoch, daß über den formalen Aspekt hinaus auch eine realproblembezogene Interpretation möglich ist, die zu betrachtende lineare Dekomposition also auch in der Abstraktionsphase eine wichtige Rolle spielen kann. Es wird diese Interpretation sein, die wir im folgenden verwenden wollen.

Wir betrachten eine Unternehmung, die aus mehreren (N) Abteilungen besteht, die weitgehend voneinander unabhängig sind. Lediglich bei einigen Ressourcen bestehe eine schwache Kopplung. Nimmt man Linearität hinsichtlich des Wert- und Objektsystems an (vgl. Bd. 1, Abschn. 2.3), so kann man das folgende "korporative" Modell aufstellen:

(2.1)

$$DB = \sum_{r=1}^{N} \sum_{j=1}^{n_r} d_j^r x_j \Longrightarrow \max$$

unter den Nebenbedingungen

$$\sum_j c_{ij} x_j \leq C_i, \quad i = 1, \ldots, m.$$

Beschränkt man sich auf eine produktionstheoretische Interpretation, so beschreibt (2.1) z.B. ein mittelfristiges einperiodiges Produktionsprogramm (SCHNEEWEISS 1989) mit zu maximierendem Gesamtdeckungsbeitrag DB, Produktionskoeffizienten c_{ij}, Stückdeckungsbeiträgen d_j^r und Output x_j. Die schwache Kopplung wird durch die m gemeinsamen Restriktionen $\sum c_{ij} x_i \leq C_i$ beschrieben. Eine starke Kopplung liegt nicht vor, da die Restriktionen linear sind und die Deckungsbeiträge der einzelnen Abteilungen

$$\sum_{j=1}^{n_r} d_j^r x_j \quad (r = 1, \ldots, N)$$

sich in der Zielfunktion isolieren lassen.

Die Abteilungsstruktur der Unternehmung wird sichtbar, wenn man die Restriktionen $\sum c_{ij} x_j \leq C_i$ spezifiziert und die Beschränkungen innerhalb einer Abteilung mit

$$\sum_{j=1}^{n_r} a_{ij}^r x_j \leq C_i^r \quad (r = 1, \ldots, N)$$

(zu Abteilung r gehörige Ressourcen i)

bezeichnet, während die abteilungübergreifenden Restriktionen durch

$$\sum a_{ij} x_j \leq C_i \quad \text{(übergreifende Ressource } i\text{)}$$

formuliert seien. Noch deutlicher erkennt man die Abteilungsstruktur der Unternehmung an der Blockdiagonalgestalt der Restriktionenmatrix in Abb. 2.4.

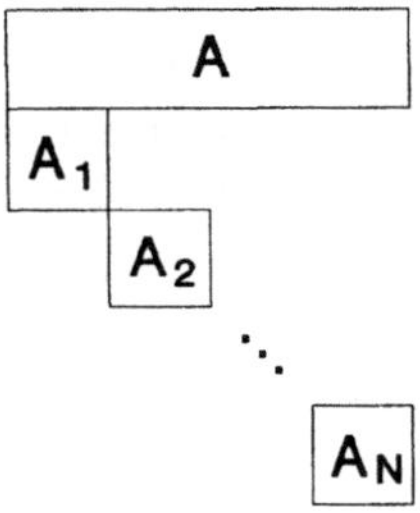

Abb. 2.4: Blockdiagonalgestalt der Restriktionenmatrix

Gäbe es die gemeinsamen Restriktionen nicht, so würde das gesamte Planungsproblem in die N "Abteilungsprobleme" zerfallen. Lediglich die schwache Kopplung über die Matrix A der allgemeinen Produktionskoeffizienten erfordert eine Abstimmung.

Zur Bewältigung einer solchen Aufgabe kann man nun so vorgehen, daß man analog zum Losgrößenfall der Abb. 2.2 jeder Abteilung zunächst gestattet, ohne Rücksicht auf die übrigen Abteilungen ihr optimales Produktionsprogramm zu bestimmen. Dieses Programm wird nun von der Zentrale zur Kenntnis genommen, und es wird überprüft, ob die gemeinsamen Ressourcen ausreichen. Ist dies der Fall, so liegt gar keine schwache Kopplung vor. Andernfalls, und dies ist der für uns interessante Sachverhalt, hat die Zentrale die Abteilungen in der Weise zu beeinflussen, daß die gemeinsamen Restriktionen eingehalten werden und gegenüber dem kopplungsfreien Zustand ein möglichst geringer Optimalitätsverlust hinzunehmen ist.

Eine solche Beeinflussung kann durch Parameteranpassung vorgenommen werden. Konkret geschieht dies dadurch, daß die Zentrale die Parameter der Zielfunktion der Abteilungen beeinflußt. Dabei beachte man, daß man die ursprünglich im Rahmen der Relaxationsanalyse eingeführte Parameteranpassung auch im Rahmen des Abstraktionsvorganges einsetzen kann.

Da die Parameter der Zielfunktion der Abteilungen Stückdeckungsbeiträge (d_j^r) und über die Stückkosten (interne) Verrechnungspreise enthalten, spricht man auch von **pretialer Lenkung** (SCHMALENBACH 1947). Im Rahmen des Planungsprozesses des Kapitels 1 kann man sich die Vorgehensweise nochmals folgendermaßen veranschaulichen: Das Mastermodell ist gegeben durch (2.1). Der Entscheidungsgenerator ist das durch die Restriktionenmatrix der Abb. 2.4 gegebene Modell, ohne die durch die Matrix A beschriebenen gemeinsamen Restriktionen. Zeigt die Entscheidungsvalidierung, daß die Lösungen des Entscheidungsgenerators für das Mastermodell nicht akzeptabel sind, so ist eine Parameteranpassung in der Weise vorzunehmen, daß die Zielfunktionskoeffizienten durch veränderte Werte $d_j^{r\prime}$ zu ersetzen sind. Die sich damit ergebenden Lösungen x_j sind sodann im Rahmen der Entscheidungsvalidierung wieder in die Zielfunktion $\sum\sum d_j^r x_j$ und die Restriktionen $\sum c_{ij} x_j \leq C_i$ einzusetzen. Der gesamte Vorgang ist so lange zu wiederholen, bis eine akzeptable Lösung gefunden ist.

Tatsächlich kann man zeigen, daß die vorgenommene Dekomposition nicht auf eine suboptimale Lösung des Mastermodells führt. Eine wesentliche Leistung eines Dekompositionsalgorithmus besteht nun darin, den Vorgang der Parameteranpassung bestmöglich zu strukturieren, andernfalls bestünde die Gefahr, daß man "blind herumprobiert". Ein solches Verfahren ist der Dantzig-Wolfe-Algorithmus (DANTZIG/WOLFE). Wir werden ihn hier nicht in seinen technischen Einzelheiten besprechen, sondern an einem Beispiel verständlich machen, wie die Parameteranpassung schrittweise erfolgen könnte, wie also die Zentrale die Abteilungen dazu bringen kann, sich korporativ optimal zu verhalten.

Beispiel zur Parameteranpassung im Dantzig-Wolfe-Algorithmus

Betrachtet werde das folgende Produktionsprogramm

$$\begin{aligned} DB = d_1^x x_1 + d_2^x x_2 + d_1^y y_1 + d_2^y y_2 + d_3^y y_3 &\Longrightarrow \max \\ c_1^x x_1 + c_2^x x_2 + c_1^y y_1 + c_2^y y_2 + c_3^y y_3 &\leq C \\ a_{11} x_1 + a_{12} x_2 &\leq A_1 \\ a_{21} x_2 + a_{22} x_2 &\leq A_2 \\ b_1 y_1 + b_2 y_2 + b_3 y_3 &\leq B \\ x_j, y_j &\geq 0 \end{aligned}$$

mit den Stückdeckungsbeiträgen d_j^x $(j = 1, 2)$ und d_j^y $(j = 1, 2, 3)$, den Produktionskoeffizienten c_1^x, c_2^x, c_1^y, c_2^y, c_3^y, a_{11}, a_{12}, a_{21}, a_{22}, b_1, b_2, b_3 und den Kapazitätsrestriktionen (A_1, A_2), B und C. Deutlich erkennt man die durch die Produktionsvariablen x_j $(j = 1, 2)$ und y_j $(j = 1, 2, 3)$ charakterisierten beiden Abteilungen (A und B) sowie die durch die Ressource C definierte gemeinsame Restriktion.

Ausgangspunkt sind die beiden Linearen Programme

$$\begin{aligned} DB^A = d_1^x x_1 + d_2^x x_2 &\Longrightarrow \max \\ a_{11} x_1 + a_{12} x_2 &\leq A_1 \\ a_{21} x_1 + a_{22} x_2 &\leq A_2 \\ x_j &\geq 0 \quad (j = 1, 2) \end{aligned}$$

$$\begin{aligned} \text{und} \quad DB^B = d_1^y y_1 + d_2^y y_2 + d_3^y y_3 &\Longrightarrow \max \\ b_1 y_1 + b_2 y_2 + b_3 y_3 &\leq B \\ y_j &\geq 0 \quad (j = 1, 2, 3) \end{aligned}$$

mit den (Ausgangs)-Lösungen $x^1 := (x_1^1, x_2^1)$ und $y^1 := (y_1^1, y_2^1, y_3^1)$. Diese Lösungen werden der Zentrale (dem "Master-Programm") mitgeteilt und auf Zulässigkeit überprüft, was auf eine Korrektur der in den Abteilungsmodellen verwendeten spezifischen Deckungsbeiträge führen möge. Wie diese Korrektur vorzunehmen ist, wird im folgenden gezeigt.
Wir nehmen an, der Algorithmus habe bereits q Zyklen durchlaufen, so daß die Lösungen $x^1, \ldots, x^q$ und $y^1, \ldots, y^q$ bekannt seien. Zur Berechnung der Deckungsbeitragskorrektur verwendet nun die Zentrale nicht x^q und y^q, sondern gewogene Mittel

$$\begin{aligned} x^a &:= \mu_1 x^1 + \ldots + \mu_q x^q \quad \text{und} \\ y^a &:= \nu_1 y^1 + \ldots + \nu_q y^q \quad \text{mit} \end{aligned}$$

$$\sum_{k=1}^{q} \mu_k = 1 \quad \text{und} \quad \sum_{k=1}^{q} \nu_k = 1,$$

so daß das Master-Programm nun lautet

$$\begin{aligned} DB = d_1^x x_1^a + d_2^x x_2^a + d_1^y y_1^a + d_2^y y_2^a + d_3^y y_3^a &\Longrightarrow \max \\ c_1^x x_1^a + c_2^x x_2^a + c_1^y y_1^a + c_2^y y_2^a + c_3^y y_3^a &\leq C \\ \sum_{k=1}^{q} \mu_k &= 1 \\ \sum_{k=1}^{q} \nu_k &= 1 \\ \mu_k, \nu_k &\geq 0. \end{aligned}$$

Um den Sachverhalt noch weiter zu veranschaulichen, nehmen wir an, daß sich für die Partial-Programme für $q = 2$ die folgenden Lösungen ergeben haben

$$x^1 = \begin{pmatrix} 7 \\ 4 \end{pmatrix}, \qquad x^2 = \begin{pmatrix} 2 \\ 0 \end{pmatrix},$$

$$y^1 = \begin{pmatrix} 0 \\ 12 \\ 0 \end{pmatrix} \quad \text{und} \quad y^2 = \begin{pmatrix} 0 \\ 0 \\ 9 \end{pmatrix}.$$

Die gewichteten Mittel sind dann

$$\begin{aligned} x_1^a &= 7\mu_1 + 2\mu_2 \\ x_2^a &= 4\mu_1 \\ y_1^a &= 0 \\ y_2^a &= 12\nu_1 \\ y_3^a &= 9\nu_2. \end{aligned}$$

Damit erhält man für das Master-Programm

$$\begin{aligned} DB = (7d_1^x + 4d_2^x)\mu_1 + 2d_1^x\mu_2 + 12d_2^y\nu_1 + 9d_3^y\nu_2 &\Longrightarrow \max \\ (7c_1^x + 4c_2^x)\mu_1 + 2c_1^y\mu_2 + 12c_2^y\nu_1 + 9c_3^y\nu_2 &\leq C \\ \mu_1 + \mu_2 &= 1 \\ \nu_1 + \nu_2 &= 1 \\ \mu_k, \nu_k &\geq 0. \end{aligned}$$

Deutlich erkennt man, daß die Aufgabe der Zentrale nunmehr darin besteht, unter Beachtung der Lösungen der Abteilungen (als Koeffizienten) die Gewichte so zu bestimmen, daß das Master-Programm erfüllt wird.

Die Korrektur der Deckungsbeiträge für die Abteilungen kann man nun (für den allgemeinen Fall des Beispiels) folgendermaßen einsehen: Die Lösung des Master-Programms führt für die gemeinsame Restriktion (C) auf einen Schattenpreis π^q, der bekanntlich angibt, um wieviel sich der Zielfunktionswert verbessert, wenn man die Restriktion um eine Einheit erweitern könnte. Da die gemeinsame Restriktion jedoch eingehalten werden muß, erscheint es sinnvoll, die Stückdeckungsbeiträge der Abteilungsprogramme folgendermaßen zu korrigieren

$$\begin{aligned} d_j^x(q) &= d_j^x - \pi^q c_j^x \qquad (j = 1, 2) \qquad \text{und} \\ d_j^y(q) &= d_j^y - \pi^q c_j^y \qquad (j = 1, 2, 3). \end{aligned}$$

Darin wird folgendes deutlich: Verursacht z.B. eine Variable x_j eine Überschreitung der gemeinsamen Restriktion, so ist der Deckungsbeitrag im Partialprogramm d_j^x um den an der Zielfunktion gemessenen Wert der gesamten Ressourcenüberschreitung $\pi^q c_j^x$ zu vermindern. Dadurch wird die Attraktivität der Variablen x_j verringert. Allgemein erhält man so eine modifizierte Lösung x^{q+1} bzw. y^{q+1}, die ihrerseits im nächsten Schritt des Algorithmus zu einer Anpassung des Schattenpreises π^q auf π^{q+1} führt.

2.2 Hierarchische Planung

2.2.1 Allgemeine Überlegungen

Wie die Dekomposition, so stellt auch die Hierarchisierung ein Strukturierungsverfahren dar. Das Schwergewicht hierbei liegt auf einer Zerlegung der Gesamtplanung in mehrere ihrer Bedeutung nach nicht gleichrangige Teilplanungen. Beschränkt man sich der Übersichtlichkeit wegen auf lediglich zwei Planungsebenen, und bezeichnet man die wichtigere Planungsaufgabe als **Top-Planung** und die untergeordnete als **Basis-Planung**, so liegt die in Abb. 2.5 veranschaulichte Situation einer **hierarchischen Planung** vor.

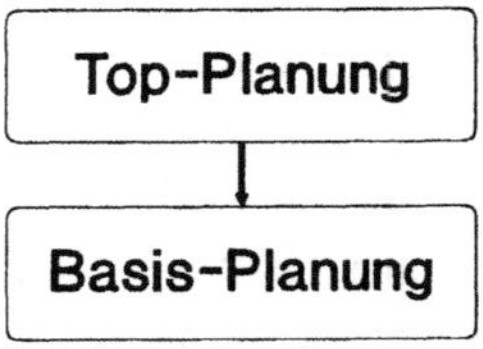

Abb. 2.5: Hierarchische Planung

In der Mehrzahl der Fälle legt die Top-Planung unter Beachtung möglicher Umweltentwicklungen die Rahmenbedingungen fest, innerhalb derer die Basis-Planung kurzfristige Anpassungsmaßnahmen vollzieht. M.a.W., die Top-Planung baut bei meist schlechter Informationslage und langen Reaktionszeiten Potentiale auf, die

operativ bei verbesserter Information aber verkürzten Reaktionszeiten durch die Basis-Planung genutzt werden. Typisch für die hierarchische Planung ist auch der für die Top-Ebene häufig höhere Aggregationsgrad sämtlicher Planungsgrößen. Generell kann man komplexe Planungssysteme nach vier Aspekten hierarchisieren, und zwar nach dem **Aggregationsniveau**
- der Zeit,
- des Zustandes,
- der Information und
- der Bewertung.

Im allgemeinen wird eine Hierarchisierung nicht gleichzeitig hinsichtlich all dieser Aspekte erfolgen, und oft wird man eine Überlagerung von Hierarchien antreffen. Als Beispiel kann die Budget-Planung eines Unternehmens dienen, die neben der vertikalen Top-Basis- Hierarchie in der Basis-Ebene noch eine Hierarchie vom Absatz bis zur Beschaffung aufweist (vgl. Abb. 2.6).

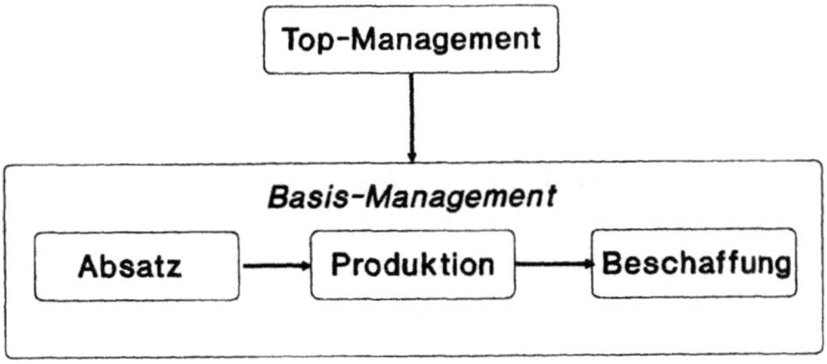

Abb. 2.6: Überlagerung zweier Hierarchien

Die **Budgetplanung** erfolgt häufig für die Top- und Basis-Ebene im selben Zeitraster (z.B. jährlich), so daß hinsichtlich des Aggregationsgrades der Zeit in der Basis-Planung keine Detaillierung vorgenommen wird. Die Unternehmensvariablen (und damit der "Systemzustand") sowie Information und Bewertung erfahren jedoch von "unten nach oben" durch vergröbernde Zusammenfassung eine Aggregation.

Nicht immer jedoch hat es hierarchische Planung mit unterschiedlichen Aggregationsniveaus zu tun. So weist die "horizontale" Hierarchie: "Absatz → Produktion → Beschaffung" keine ausgeprägte Aggregation auf. Ihr hierarchischer Charakter äußert sich unserer anfänglichen Charakterisierung entsprechend in der Notwendigkeit, die Planung von der als am bedeutendsten erkannten – oft als Engpaß angesprochenen – Teilplanung starten zu lassen. Im Beispiel der Abb. 2.6 sind dies Planungen im Absatzbereich.

Generell kann sich hierarchische Planung aus drei Gründen ergeben:

(1) Sie kann durch die Organisationsstruktur des Unternehmens vorgegeben sein,
(2) sie kann durch hierarchische Strukturierung erzeugt sein,
(3) sie kann aus Gründen der mathematischen Manipulierbarkeit erzwungen sein.

Alle drei Aspekte sind in der Realität häufig überlagert. Daß die Organisationsstruktur eines Unternehmens auf hierarchische Planungen führt, wird durch Abb. 2.6 und die Beispiele des folgenden Abschnitts reichlich belegt. Hierbei bildet man in der Planung lediglich eine *vorhandene* hierarchische Führungsstruktur ab.

Wesentlich interessanter sind die beiden Aspekte (2) und (3), wobei sich (2) auf den Abstraktions- und (3) auf den Relaxationsvorgang bezieht. Dabei prägt der Abstraktionsvorgang – wie bereits in der Einleitung zu diesem Kapitel erwähnt – zumindest zur Bewältigung der vorliegenden Planungsaufgabe der vorhandenen Organisation eine Struktur auf. Diese Art der Hierarchisierung sollte man deutlich gegen das unter (3) aufgeführte Vorgehen abgrenzen, bei dem eine Hierarchisierung lediglich zur Reduktion der mathematischen Komplexität einer Planungsaufgabe dient.

2.2.2 Beispiele hierarchischer Planungssysteme

Hierarchische Planungssysteme finden sich in vielen Funktionsbereichen der Unternehmung. Die Tabelle der Abb. 2.7 bringt einige Beispiele, in der statt der üblichen Aufteilung in eine **strategische** und eine **operative Ebene** fünf Hierarchiestufen unterschieden werden.

Planungsstufe	Produktion	Personalkapazität (Prod.Bereich)	Finanzierung
Strategische Planung	Investitions-strategien	Personal-beschaffungs-strategien	externe und intere Finanzierungs-strategien
Budget-Planung	Produktions-budget (Investition)	Einstellen und Entlassen	lang- und kurz-fristige Darlehen
Mittelfristige Planung	mittelfristige Prod.-planung (jährliches Pro-duktionsprogramm)	Verteilung der Jahresarbeitszeit Schichtplanung	kurzfristige Finanzierung
Vollzugsplanung	kurzfristige Produktionsplanung (z.B. MRP)	kurzfristige Schichtbesetzung	kurzfristige Finanzierung, Liqui-ditätsplanung
Ablaufplanung	Maschinenbelegungs-planung (z.B. Reihen-folgeplanung)	Personaleinsatz-planung	Liquiditäts-planung (Kassenhaltung)

Abb. 2.7: Beispiele hierarchischer Planungsebenen

Eine weitere Charakterisierung der operativen Planungsebenen im

Bereich der Produktionslogistik (einschließlich der Budgetplanung) zeigt Abb. 2.8. Die unteren drei Zeilen veranschaulichen die Zeitaggregation, während die oberen beiden Zeilen mit der Aggregation von Kapazitäts- und Produktionseinheiten die Zustandsaggregation wiedergeben. Hierbei nimmt der Detaillierungsgrad von links nach rechts zu.

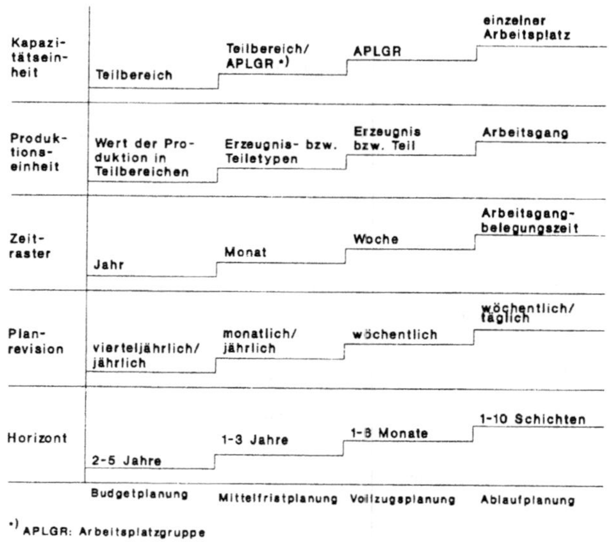

Abb. 2.8: Aggregationsgrade

Die Abbildungen 2.7 und 2.8 geben nur eine recht pauschale Charakterisierung hierarchischer Systeme. Zu einer genaueren Beschreibung gelangt man, wenn man den Planungsprozeß selbst stärker einbezieht und sich klarmacht, daß Planung in der Gestaltung von Entscheidungsfeld und Zielsystem liegt. Hierarchische Planung kann daher als eine Folge von Planungsmodellen angesehen werden, in der das jeweils übergeordnete Modell Zielsystem und Entscheidungsfeld des untergeordneten Modells mitbestimmt. Hierfür gibt Abb. 2.9 im Rahmen einer Planungshierarchie eines produktionslogistischen Systems ein Beispiel.

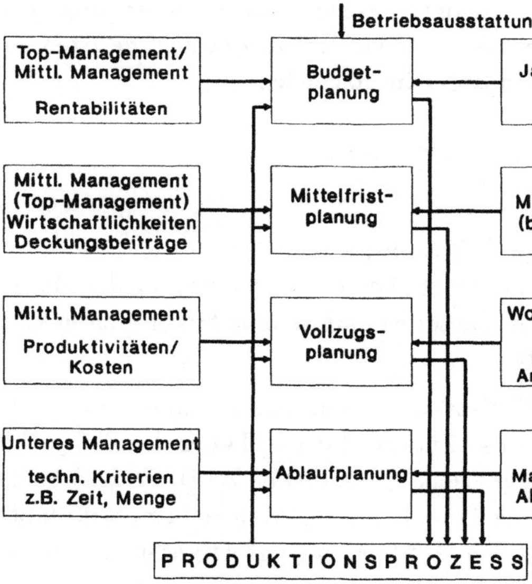

Abb. 2.9: Hierarchische Planungsebenen eines produktionslogistischen Systems

Es ist interessant zu sehen, daß das Zielsystem (links in Abb. 2.9) immer weiter operationalisiert wird und mit absteigender Hierarchieebene immer detailliertere Information (rechts in Abb. 2.9) Verwendung findet. Auf die durch Pfeile angedeuteten Abstimmungen der Planungsmodelle soll hier nicht im einzelnen eingegangen werden (s. dazu SCHNEEWEISS 1989, S. 250 ff.) Vielmehr wollen wir uns im nächsten Abschnitt ganz generell mit der Möglichkeit hierarchischer Abstimmungen befassen.

2.2.3 Hierarchische Abstimmungen

Es dürfte verständlich sein, daß eine hierarchische Strukturierung i.a. nicht dazu führen wird, Modelle zu konstruieren, die lediglich in einer Top-Down-Abhängigkeit stehen. Auch eine Abhängigkeit der oberen Modelle von den unteren wird in Betracht gezogen werden müssen. Wir werden daher im folgenden
- **Top-down** und
- **Bottom-up-Beeinflussungen**

untersuchen.

(1) Top-down-Beeinflussung
Die Top-down-Beeinflussung beschreibt den Einfluß der Top-Ebene auf die Basis-Ebene. Dieser Einfluß kann auf zwei Weisen erfolgen: direkt und indirekt.

(1) Der **direkte Einfluß** wirkt unmittelbar auf das Basis-Modell. Dies kann über das Entscheidungsfeld oder das Zielsystem des Basis-Modells geschehen (vgl. Abb. 2.10). So können dem Basis-Management durch das Top-Management bestimmte Zielsetzungen (z.B. Umsatzsteigerungen) vorgegeben werden oder man schreibt ganz bestimmte Verhaltensweisen (etwa bei der Auswahl von Lieferanten) vor. Häufig ist, besonders bei kleinen Unternehmen, die Einflußnahme sehr subtil und wenig formalisiert. (Als Beispiel kann auch der in Abschnitt 2.1.2 beschriebene Dekompositionsmechanismus dienen. Hier beeinflußte die Top-Ebene die Zielfunktionen der Basis-Modelle.)

(2) Der **indirekte Einfluß** als zweite Komponente eines Top-down-Einflusses wirkt auf tieferliegende Hierarchieebenen bzw. direkt auf den zu planenden Gegenstand. Er macht sich indirekt über die im folgenden zu besprechende Bottom-up-Beeinflussung im Basis-Modell bemerkbar. Da dieser Einfluß ex ante vorausgeschätzt werden kann, hat der Top-down-Einfluß eine doppelte Stoßrichtung: von oben nach unten und von unten nach oben (siehe hierzu auch das Beispiel des Abschnitts 2.2.4).

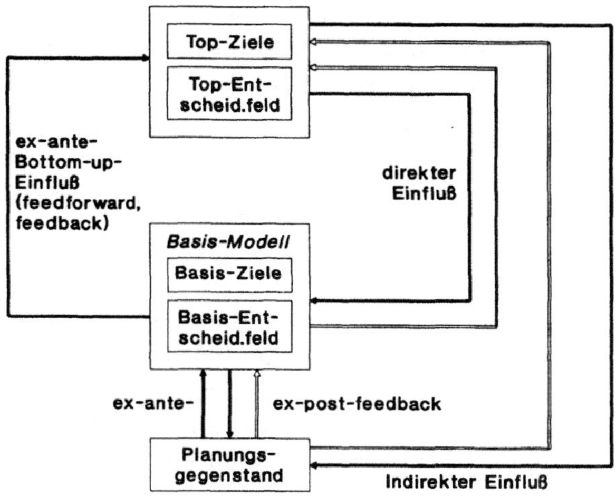

Abb. 2.10: Hierarchische Beeinflussungen

Häufig ist gerade der indirekte unmittelbar auf den Planungsgegenstand wirkende Top-down-Einfluß keine bloße mehr oder weniger verbindliche Vorgabe, sondern eine von der Top-Ebene nicht mehr rücknehmbare (oder modifizierbare) Entscheidung. Wir sagen, die Entscheidung sei **faktisch** geworden. Beispiele hierfür sind vom Top-Management tatsächlich realisierte Investitionsentscheidungen oder (bei langen Lieferzeiten) feste Bestellungen von Rohmaterial. Wie man sich vorstellen kann, engen faktisch gewordene Bestellungen den Flexibilitätsspielraum, d.h. die Fähigkeit eines Systems, auf unvorhergesehene Störungen reagieren zu können (s. Kap. 4), bisweilen nicht unerheblich ein.

(2) Bottom-up-Einfluß

Der Bottom-up-Einfluß beschreibt die Wirkung des Basis-Modells auf das Top-Modell. Wieder kann der Einfluß des Basis-Modells aufgespalten werden in eine direkte Wirkung und eine solche, die sich über einen Top-down-Einfluß eines höheren Modells auf das Top-Modell bemerkbar macht. I.d.R. dürfte diese letztere Beeinflussung jedoch gering sein, so daß wir sie hier außer acht lassen.

Hinsichtlich des direkten Einflusses können drei Stadien unterschieden werden:

- feedforward,
- ex-ante-feedback,
- ex-post-feedback.

Unter **Feedforward-Einfluß** versteht man die pauschale Berücksichtigung des Basis-Modells im Top-Modell, und zwar noch *bevor* das Top-Modell das Basis-Modell konkret beeinflußt hat. So wird man beispielsweise in einem Produktionsplanungssystem in der oberen Planungsstufe von vornherein nur solche Kapazitäten bereitstellen, von denen zu vermuten ist, daß sie auf der unteren Stufe einerseits weitgehend genutzt werden und andererseits ausreichen, den vorgesehenen Produktionsausstoß zu gewährleisten. Die Größe des Feedforward-Einflusses entnimmt man häufig Vergangenheitswerten oder man verwendet pauschale Abschätzungen.

Im Gegensatz hierzu steht der **Feedback-Einfluß**. Hier wird die Wirkung einer konkreten Maßnahme der Top-Ebene auf die Basis-Ebene im Top-Modell berücksichtigt. Dies kann **ex ante** (am Modell) geschehen, d.h. noch bevor die Maßnahme der Top-Ebene tatsächlich durchgeführt wurde, oder **ex post**, also nach tatsächlicher Realisierung. Ein solcher Ex-post- Feedback ist natürlich nur dann von Bedeutung, wenn (zumindest ähnliche) Entscheidungen immer wieder auszuführen sind, wie z.B. im Bereich der Produktionslogistik.

Zum besseren Verständnis seien die soeben beschriebenen Zusammenhänge nochmals in zusammengefaßter Form in Abb. 2.11 dargestellt. Gegenüber Abb. 2.10 wird jetzt jedoch der prozessuale Charakter stärker hervorgehoben.

Die in den Schritten (1) bis (3) sich entfaltende Vorgehensweise ist z.B. typisch für jede ordnungsgemäße Budgetplanung (ZWICKER),

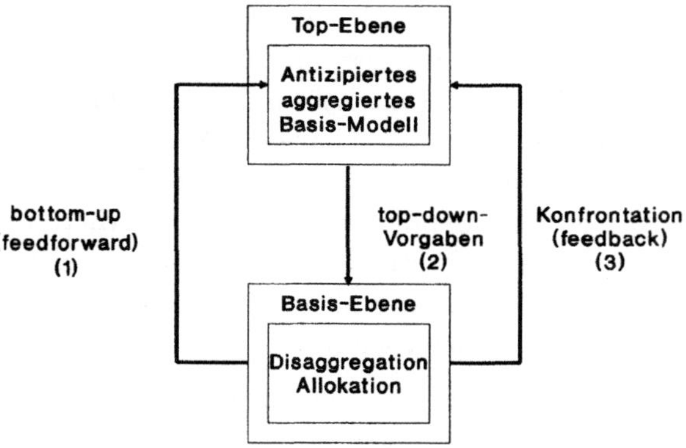

Abb. 2.11: Hierarchische Kopplung

wobei man sich durchaus eine Fortsetzung des "Dialogs" durch weitere Top-down- und Bottom-up-Schritte vorstellen könnte (vgl. auch Abschn. 5.5). Der in Abb. 2.11 dargestellte Abstimmungsmechanismus gilt ganz allgemein für jede hierarchische Planung, auch wenn man in der Praxis Schritt (3) häufig nicht mehr geht. Bisweilen hält man es sogar für ein Charakteristikum hierarchischer Planung, wenn Schritt (3) nicht gegangen wird, wenn also die Basis-Ebene nicht mehr die Möglichkeit hat, zumindest die Wirkung einer Top-Maßnahme "nach oben" mitzuteilen. Eine solche Auffassung wird hier nicht vertreten. Vielmehr wollen wir für diesen Extremfall hierarchischer Planung den Begriff **Sukzessivplanung** verwenden.

Abb. 2.11 macht auch deutlich, daß in Schritt (1) die Top-Ebene das Basisverhalten in Form eines "aggregierten Basis-Modells" antizipiert, d.h. das Basisverhalten ist i.a. aggregiert zu beschreiben und führt dann auch zu Vorgaben, die sich nur auf diese aggregierte Beschreibung beziehen. Dabei ist wesentlich, daß das antizipierte "Feedforward-Basismodell" lediglich von der Information Gebrauch macht, die im Zeitpunkt des faktischen Einsatzes dieses Modells vorhanden ist. So wird man beispielsweise zum Zeitpunkt der Losgrößenbildung in einem produktionslogistischen System nicht auf die detaillierte im Zeitpunkt der Ablaufplanung vorliegende Information zugreifen können. Andererseits jedoch sollte man im Feedforward-Basismodell von der Tatsache ausgehen, daß man später diese detaillierte Information erhalten wird: M.a.W. man sollte im Feedforward-Basismodell mit Wahrscheinlichkeitsverteilungen arbeiten, deren Detaillierungsgrad der später verfügbaren Information angepaßt ist.

Ähnliche Überlegungen gelten für die aggregierten Variablen. Sie sollten, wenn möglich, Aggregationen von Detailvariablen sein, damit die auf der Basis-Ebene notwendige **Disaggregation** nicht allzu große Probleme bereitet. Beziehen sich die Vorgaben des Top-Modells z.B. auf die im Monat bereitzustellende Arbeitszeit, so ist dafür zu sorgen, daß die auf der Basis-Ebene zu erfolgende zeitliche Disaggregation auf geeignete Schichtpläne führt (vgl. z.B. FAISST/SCHNEEWEISS/WOLF). Generell findet im Basis-Modell eine **Allokation** der (aggregierten) Vorgabe auf die Detailvariablen statt (vgl. Abb. 2.11).

Hierarchische Planungen finden sich in vielen betrieblichen Anwendungsbereichen. Man muß allerdings feststellen, daß nur in wenigen Systemen hierarchische Abstimmungen vorgenommen werden. Im folgenden soll daher zur vorläufigen Abrundung unserer Betrachtungen ein betriebliches Planungsmodell vorgestellt werden, das derartige Abstimmungen aufweist.

2.2.4 Hierarchische Planung von Reparaturwerkstätten der Deutschen Lufthansa AG

(1) Problembeschreibung

Zur Reparatur der Elektronikteile ihrer Luftflotte verfügt die Deutsche Lufthansa AG über Reparaturwerkstätten an ihrer Werft in

Hamburg. Die dort reparierten Teile befinden sich in dem in Abb. 2.12 dargestellten Reparaturkreislauf: Wird ein Teil defekt, so leitet man es der zuständigen Reparaturwerkstatt zu und ersetzt es unmittelbar durch ein repariertes Teil aus dem Lager.

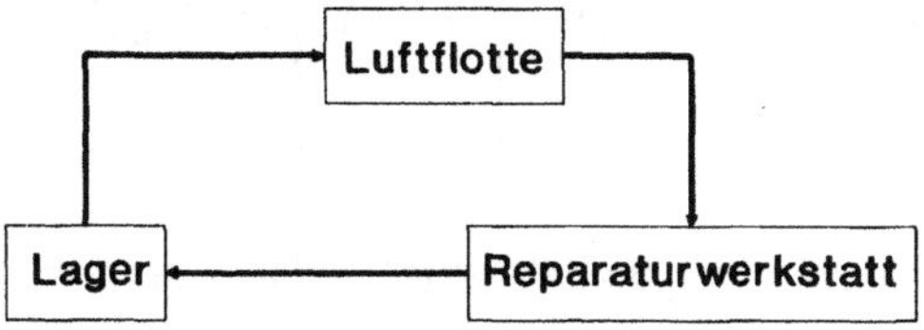

Abb. 2.12 : Reparaturkreislauf

Eine wesentliche Planungsaufgabe besteht nun darin, stets reparierte Teile verfügbar zu haben, ohne zu viel Kapital zu binden. Abstrakter formuliert: Es ist das gesamte Umlaufkapital unter der Nebenbedingung zu minimieren, daß stets eine hohe Verfügbarkeit (Servicegrad) gewährleistet ist.

Zur Lösung dieses komplexen Problems bietet sich eine hierarchische Zerlegung an. Sie besteht darin, den gesamten Planungsvorgang in eine
- mittelfristige Ausstattungsebene und eine
- kurzfristige Steuerungsebene

aufzuspalten. In der **Ausstattungsebene** legt man für jeden Ersatzteiltyp fest, mit wie vielen Teilen der Reparaturkreislauf unter Beachtung einer Gesamtverfügbarkeit auszustatten ist. Anschließend hat die **Steuerungsebene** für jeden Teiletyp dafür zu sorgen, daß stets mindestens ein Teil im Lager verfügbar ist.

Abb. 2.13 stellt in Anlehnung an Abb. 2.9 die Zusammenhänge nochmals übersichtlich dar. Interessant sind dabei wieder die unterschiedlichen Kriterien und Informationslagen der beiden Planungsebenen. Während auf der mittelfristigen Ebene Kostenge-

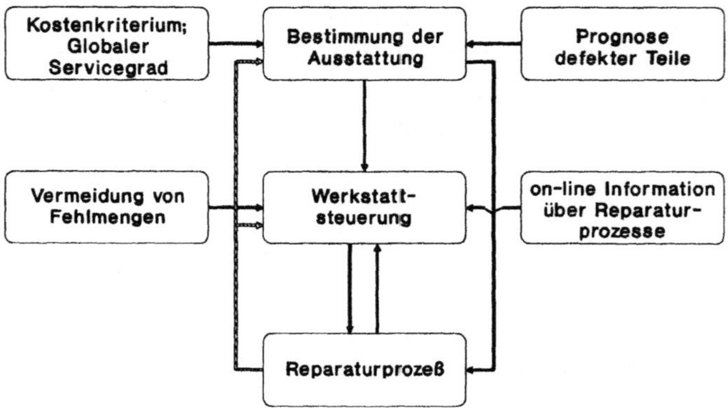

Abb. 2.13 : Planungsebenen des Reparaturprozesses

sichtspunkte und eine globale Verfügbarkeit eine Rolle spielen, ist es auf der kurzfristigen Ebene lediglich das "physische Kriterium" der Fehlmengen. Auch die Informationslagen sind sehr unterschiedlich: Auf der höheren Ebene hat man nur Prognosen zur Verfügung, im Gegensatz zur niedrigeren Ebene, die "on-line" die aktuelle Situation innerhalb der Werkstatt detailliert berücksichtigen kann.

(2) Die Planungsmodelle der Hierarchieebenen

Um die Planungsaufgaben auf den beiden Ebenen etwas genauer beschreiben zu können, seien einige Bezeichnungen eingeführt. Wir beginnen mit der

Ausstattungsebene

Unter der Ausstattung S_i versteht man die Anzahl Teile des Teiletyps i ($i = 1, \dots, N$), die sich im Reparatursystem, d.h. in Werkstatt und Lager befindet. Mit dem Anschaffungspreis c_i (für Teiletyp i) erhält man daraus für das gebundene Kapital

$$C = \sum_{i=1}^{N} c_i S_i.$$

Diesen Ausdruck gilt es unter Beachtung einer Gesamtverfügbarkeit V zu minimieren. Dabei ist, wie man sich leicht klarmacht,

$$V = V(S_1, \ldots, S_N) = \sum_{i=1}^{N} g_i V_i(S_i) \tag{2.2}$$

eine Funktion der Ausstattungen; genauer: eine (durch g_i) gewichtete Summe der Einzelverfügbarkeiten $V_i(S_i)$. Sie geben die Wahrscheinlichkeit dafür an, daß im Lager keine Fehlmenge auftritt. (Man bezeichnet eine solche Verfügbarkeit auch als α-Servicegrad (s. Abschn. 4.3.1).) Die Verfügbarkeit hängt sicher auch davon ab, welche Reparaturpriorität man dem Teiletyp einräumt. Geht man davon aus, so wenig wie möglich Kapital zu binden, so wird man denjenigen Teiletypen höchste Priorität in der Reparatur einräumen, die am teuersten sind und eine geringe Reparaturzeit (b_i) beanspruchen, genauer: höchste Priorität hat ein Teiletyp $i = i^*$, für den gilt

$$R_{i*} := \frac{c_{i^*}}{b_{i^*}} = \max_i \frac{c_i}{b_i}.$$

Diese Regel sei als **R-Regel** bezeichnet.
Berücksichtigt man die R-Regel, so kann man unter Beachtung der Ausfallwahrscheinlichkeiten die Verfügbarkeit

$$V = V(S_1, \ldots, S_N | R)$$

berechnen und erhält bei Vorgabe einer Mindestverfügbarkeit $\overline{V}$ das folgende Optimierungsproblem:

$$C = \sum_{i=1}^{N} c_i S_i \Longrightarrow \max \tag{2.3}$$

unter der Nebenbedingung

$$V = V(S_1, \ldots, S_N|R) \geq \overline{V}. \tag{2.4}$$

Hieraus lassen sich für $i = 1, \ldots, N$ die optimalen Ausstattungen $S_i = S_i^*$ berechnen. (Hinsichtlich einer genaueren Analyse siehe SCHNEEWEISS/SCHRÖDER oder SCHRÖDER.)

Steuerungsebene
Für gegebene Ausstattungen S_i^* hat nun die Steuerung dafür zu sorgen, daß die Wahrscheinlichkeit des Auftretens einer Fehlmenge so gering wie möglich ausfällt. Dies mag zunächst verwundern, da doch mit den Berechnungen auf der Ausstattungsebene eine bestimmte Verfügbarkeit garantiert wird. Bei genauerer Betrachtung wird jedoch klar, daß erstens nur für die *Gesamt*verfügbarkeit eine solche Garantie übernommen wird und zweitens auch nur für den Informationsstand, den man besaß, als man das Reparatursystem mit Teilen ausstattete. In der Steuerungsebene liegt mehr Information vor, und man wird jetzt nicht mehr nach der Prioritätsregel handeln, mit deren Hilfe man zuvor die Ausstattung berechnete. Jetzt spielen Preise keine Rolle mehr, sondern lediglich die kurzfristige Vorschrift, keine Fehlmengen auftreten zu lassen. Statt der R-Regel verwendet man daher eine "on-line"-Regel, die *dem* Teil höchste Priorität gibt, dessen Nichtreparatur das größte Fehlmengenrisiko nach sich zieht.

Wir bezeichnen diese Prioritätsregel als **ΔRISK-Regel**. ΔRISK_i beschreibt die Risikozunahme, daß für Teiletyp i eine Fehlmenge auftritt, sofern man dessen Reparatur um einen Zeitraum Δ_t verschiebt. Wie man sich leicht klarmacht, hängt ΔRISK_i von der Restdurchlaufzeit des Typs i ab und von dem gesamten Teilebestand, der sich im Lager und in der "Reparaturpipeline" vor dem betrachteten Teil befindet. Damit wird die Situationsabhängigkeit der ΔRISK-Regel deutlich; sie ist "dynamisch" und insofern anpassungsfähiger als die "statische" R-Regel. In der Tat zeigt sich (s. SCHRÖDER), daß die ΔRISK-Regel besser geeignet ist, Fehlmengen zu vermeiden, als die ursprünglich zur Berechnung der Ausstattungen verwendete R-Regel.

(3) Hierarchische Integration

Bevor wir auf die hierarchische Integration der Ausstattungs- und Steuerungsebene eingehen, sei zunächst genauer der Frage nachgegangen, hinsichtlich welcher Größen ein unterschiedliches Aggregationsniveau vorliegt. Betrachtet man die in Abschnitt 2.2.1 aufgeführten Aggregationsmöglichkeiten, so kann man Aggregationen hinsichtlich

(1) der Zeit
(2) der Information und
(3) der Bewertung unterscheiden.

Eine aggregierte Zustandsbeschreibung liegt auf der höheren Ebene nicht vor, da man auch dort (wie auf der Steuerungsebene) mit einzelnen Teilen und nicht mit Teileaggregaten arbeitet.

Ad (1): Eine Aggregation bezüglich der **Zeit** liegt unmittelbar auf der Hand. Sie ist schon dadurch gegeben, daß Ausstattungsentscheidungen nur alle sechs Monate getroffen werden, während die Steuerung täglich stattfindet (vgl. auch Abb. 2.8).

Ad (2): Auch die Aggregation der **Information** ist deutlich erkennbar. Denn während man im Ausstattungsmodell lediglich mit Prognosen (d.h. Mittelwerten) von Ausfallprozessen arbeitet, wird für den Einsatz der ΔRISK-Regel die volle Information über die *Realisierung* der Ausfallprozesse herangezogen.

Ad (3): Eine Aggregation in der **Bewertung** schließlich erkennt man in der Verfügbarkeitsrestriktion (2.4) des Ausstattungsmodells. Sie macht deutlich, daß auf der Ausstattungsebene global für alle Teile und nicht bereits für jede Teileart die Einhaltung einer bestimmten Verfügbarkeit gefordert wird. Eine derart durch die aggregierte Verfügbarkeit (2.2) definierte Problemvergröberung ist im Rahmen einer hierarchischen Planung außerordentlich sinnvoll. Durch sie wird es möglich, für teure Teile die Ausstattung S_i so niedrig zu halten, daß ihre Verfügbarkeit (u.U. weit) unterhalb der durchschnittlichen Verfügbarkeit liegt. Das Steuerungsmodell sorgt dann mit seinem ***detaillierten*** Kriterium dafür, daß *gleichmäßig für jede Teileart* keine Fehlmengen auftreten.

Nach der Betrachtung der Einzelebenen können wir nunmehr in Anlehnung an Abb. 2.10 die Integration genauer beschreiben als dies in Abb. 2.13 geschehen ist. Dazu betrachten wir die unterschiedlichen Beeinflussungsrichtungen in Abb. 2.14.

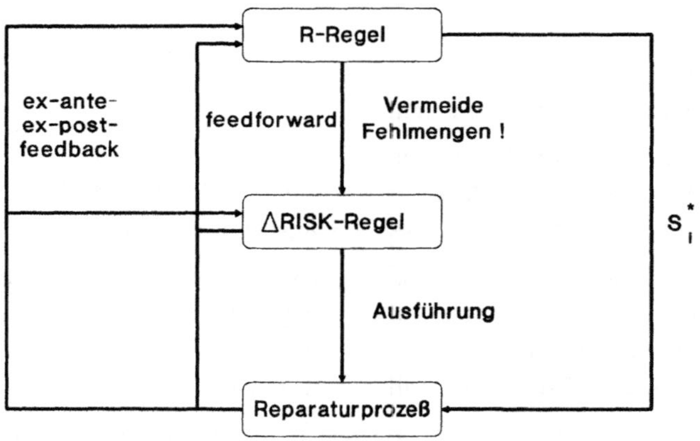

Abb. 2.14 : Hierarchische Integration

1. Feedforward-Einfluß

Der Feedforward-Einfluß macht sich auf der mittelfristigen Top-Ebene dadurch bemerkbar, daß wichtige Konstituenten der (kurzfristigen) Basis-Ebene und des Reparaturprozesses in der Top-Ebene beschrieben werden.

2. Top-Down-Einfluß

Wir haben einen direkten und einen indirekten Top-Down-Einfluß zu betrachten. Der **direkte Einfluß** besteht in der Vorschrift der Top-Ebene, Fehlmengen zu vermeiden. Es liegt somit eine

Beeinflussung des Zielsystems der Basis-Ebene vor. Der **indirekte Einfluß** ergibt sich daraus, daß die berechneten Ausstattungen S_i^* direkt auf den Reparaturprozeß wirken und in einer Bottom-up-Beeinflussung Auswirkungen auf die Aktionen der Basis-Ebene haben.

3. Feedback-Einfluß

Der Feedback-Einfluß, der die "eigentliche" Integration leistet, besteht darin, daß die Einhaltung vorgeschriebener Verfügbarkeiten durch die Basis-Ebene überprüft wird. Dies kann ex ante und ex post geschehen. Sollte die Basis-Ebene nicht die gewünschten Verfügbarkeiten erzeugen können, so sind komfortablere Ausstattungen zu gewähren. Im konkreten Anwendungsfall bei Lufthansa zeigte es sich jedoch, daß keine Feedback-Anpassungen erforderlich waren (s. SCHRÖDER).

Kapitel 3

Die zeitliche Strukturierung der Planung

Planung ist auf die Zukunft gerichtet und verwendet dazu Kenntnisse aus Vergangenheit und Gegenwart. Sie ist in vielfältiger Weise in die Zeit eingebettet. Bereits in Band 1, Kapitel 2 haben wir von zeitvarianten und dynamischen Systemen gesprochen und in Kapitel 1 wurde Planung als ein in der Zeit ablaufender Prozeß dargestellt. Damit wurden zwei Sachverhalte deutlich, in denen die Zeit eine wesentliche Rolle spielt:
- im Planungsprozeß selbst und
- im zu planenden Gegenstand.

Auf die Zeitabhängigkeit des Planungsprozesses, insbesondere auf sein über die Zeit hinweg sich möglicherweise änderndes Präferenzsystem, wurde bereits in Kapitel 1 hingewiesen (s. aber auch SCHNEEWEISS 1988b). Sie soll hier nur gelegentlich weiter verfolgt werden. Im Zentrum des Interesses steht jetzt die zeitliche Strukturierung des zu planenden Gegenstandes. Insofern kann das vorliegende Kapitel auch als Vorbereitung auf den im nächsten Kapitel zu diskutierenden Begriff der Flexibilität verstanden werden.

Hierzu werden zunächst in Abschnitt 3.1 einige Begriffsbestimmungen gegeben. Abschnitt 3.2 definiert sodann allgemein ein dynamisches System und diskutiert seine unterschiedlichen Planungsmöglichkeiten. Insbesondere der Zusammenhang zur Dekomposition und hierarchischen Planung ist aufzudecken (Abschn. 3.3). Abschnitt 3.4 schließlich wird auf die wichtige Frage der Bewältigung von Unsicherheit in hierarchisch strukturierten dynamischen Systemen eingehen.

3.1 Einige Begriffsbestimmungen

Ganz allgemein äußert sich der Zeitaspekt der Planung zunächst in der zeitlichen Lage des Planungsgegenstandes, d.h. in der Lage des Zeitintervalls, für das zu planen ist. Drei Bestimmungsgrößen sind hierbei von besonderer Bedeutung:

- die Reaktionszeit, also die Zeitspanne, die vom Anstoß zur Planung bis zu deren faktischer Umsetzung vergeht (vgl. Abb. 3.1),
- der Startzeitpunkt, d.h. das Ende der Reaktionszeit, und schließlich
- der Planungshorizont, als Ende des Planintervalls.

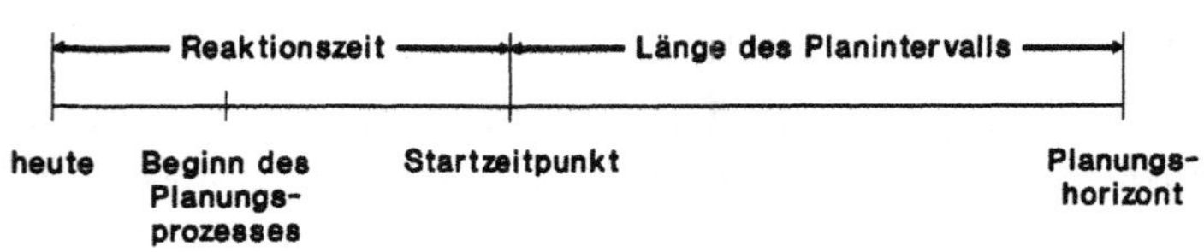

Abb. 3.1: Zeitliche Lage von Planungszeitpunkten

- Die **Reaktionszeit** ist eine komplexe Größe. Sie umfaßt
  - die Zeit, innerhalb derer ein Planungserfordernis erkannt wird (Beobachtungszeit),
  - die Zeit zur Entscheidungsfindung und - durchsetzung (Planungszeit) sowie

- die Zeit, die die Planung braucht, um wirksam zu werden. Die **Planungszeit** spielte bereits in Kapitel 1 eine wesentliche Rolle. Sie darf i.a. eine bestimmte Länge nicht überschreiten, soll eine Planung überhaupt einen Sinn haben. Sie ist daher neben den Planungskosten ein wichtiges Abbruchkriterium für den Planungsprozeß (vgl. Abschn. 1.4.2).

- Der **Startzeitpunkt** ist nicht unbedeutend. Liegt er gemessen an der **Reaktionszeit** weit in der Zukunft, so hat dies den Vorteil, daß für den Planungsprozeß genügend Zeit verbleibt, um über das Planungsobjekt und das Präferenzverhalten des Entscheidungsträgers sorgfältig Informationen einzuholen. Dies ist bei kurzem Abstand nicht möglich. Andererseits jedoch dürften i.d.R. die zu beschaffenden Informationen genauer sein.
- Die **Länge des Planintervalls** ist insbesondere dann eine kritische Größe, wenn der betrachtete zeitliche Realitätsausschnitt hinsichtlich des über den **Planungshorizont** hinausgehenden Zeitabschnitts keine "natürliche" Abgrenzung besitzt oder aber als zufälliges Ereignis nicht genau festlegbar ist, etwa dann, wenn sich die Rahmenbedingungen der Planung unvorhergesehen grundlegend ändern können.

Neben der **zeitlichen Lage** des Planungsgegenstandes ist dessen **zeitliche Strukturierung** von zentraler Bedeutung. Sie führt sukzessive zu zeitlich immer detaillierter beschriebenen Planungsmodellen, angefangen von den

- **statischen** zu den
- **komparativ statischen**, den
- **deterministisch dynamischen**, bis schließlich zu den
- **flexiblen** Planungen.

(1) Planungsmodelle, die das Planintervall nicht weiter unterteilen, nennt man Einperioden- oder auch **statische Modelle**.

(2) Ist jedoch das Planintervall bezogen auf die Reaktionszeit sehr lang und verändern sich in ihm die Informationen über den Zustand, auf die der Planende reagieren kann und auch zu reagieren wünscht, so reicht die einfache statische Betrachtungsweise

nicht mehr aus. Vielmehr wird es notwendig, das Planintervall in kürzere Perioden zu unterteilen. Diese Aufteilung ist nicht unproblematisch. So kann man z.B. die Länge der Perioden an der Stärke der in der Zeit sich ergebenden Veränderungen ausrichten. Beispielsweise kann eine neue Periode dann beginnen, sobald eine Veränderung auftritt, und diese Zeitpunkte brauchen nicht notwendig im voraus genau bekannt zu sein. Man sagt dann – und in Simulationsmodellen ist dies häufig üblich – die Zeit fließe nicht gleichmäßig, sondern rücke in Sprüngen voran. I.a. jedoch kann man eine äquidistante Periodeneinteilung wählen. Die Länge dieser Perioden ist entweder aus übergeordneten Gesichtspunkten vorgegeben oder ergibt sich aus dem Detaillierungsgrad der Information, die für jede Periode eine Planentscheidung möglich und notwendig macht. Eine Folge solcher Planentscheidungen nennt man auch eine **Strategie**.

Planungen, die mehrere Perioden *explizit* ins Kalkül ziehen, bezeichnet man im Gegensatz zu den statischen Planungen auch als **Mehrperiodenplanungen**. Derartige Planungen können wiederum in sehr unterschiedlicher Weise vorgenommen werden.

(3) Von **komparativ statischer** oder **myopischer Planung** spricht man, wenn die Planung für die einzelnen Perioden unabhängig voneinander durchgeführt wird, man also kurze statische Planungen einfach "aneinanderhängt".

(4) Gibt man diese Unabhängigkeit auf, und plant man sämtliche Periodenentscheidungen simultan, so spricht man von **dynamischer Planung**. Hierbei kann man zwei charakteristische Situationen unterscheiden:
- die **deterministische** oder **starre** (dynamische) **Planung**, bei der der Informationsstand über das gesamte Planintervall unverändert bleibt und
- die **stochastische** oder **flexible** (dynamische) **Planung**, bei der man berücksichtigt, daß sich im periodischen Durch-

schreiten bis zur Erreichung des Planungshorizontes der Informationsstand verändert.

Eine Zwischenstellung nimmt die **rollende** oder **revolvierende Planung** ein. Sie ist eine starre Planung, bei der man stets nur die Entscheidung für die erste Periode realisiert. Die übrigen Entscheidungen der starr geplanten Strategie sind lediglich hypothetisch und werden unter Berücksichtigung neuer Information erneut geplant. Häufig schiebt man hierbei, wie Abb. 3.2 zeigt, den Planungshorizont eine Periode weiter in die Zukunft.

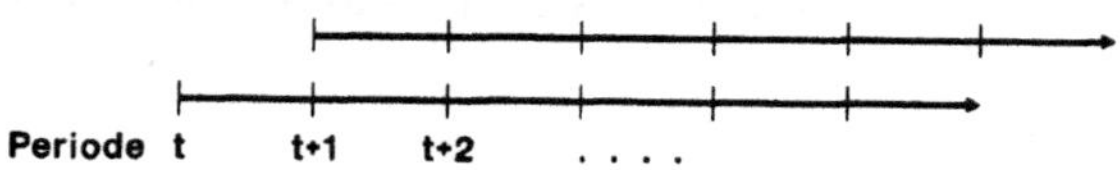

Abb. 3.2: Rollende Planung

Abb. 3.3 stellt die unterschiedlichen Modelle nochmals im Zusammenhang dar, wobei auf die dort aufgeführten stationären Modelle noch in Abschnitt 3.2.3 einzugehen sein wird.

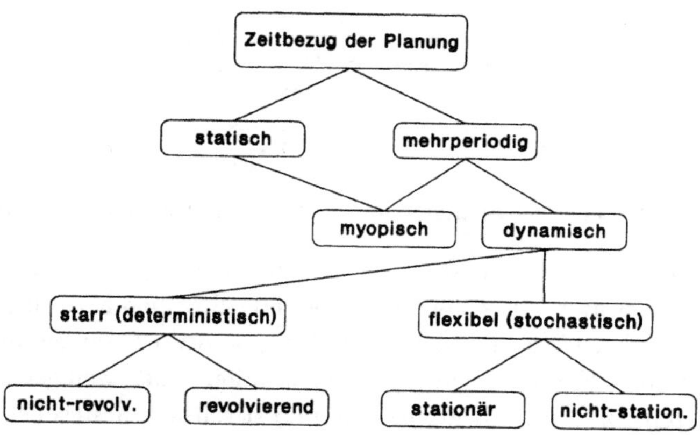

Abb. 3.3: Zeitbezug der Planung

3.2 Dynamische Entscheidungsmodelle

3.2.1 Die formale Struktur dynamischer Entscheidungsmodelle

Wie alle Entscheidungsmodelle, so ist auch ein dynamisches Entscheidungsmodell durch ein Entscheidungsfeld und ein Präferenzsystem (vgl. Bd. 1, Kap. 2) charakterisiert. Das Entscheidungsfeld ist in jeder Periode t eines Planungszeitraumes gegeben durch Entscheidungsmengen A_t und Zustandsmengen Z_t, deren Elemente $a_t \in A_t$ und $z_t \in Z_t$ über die **Zustandstransformationsbeziehung**

$$z_{t+1} = G_t(z_t, a_t, r_t)$$

verknüpft sind. Diese Beziehung beschreibt die Dynamik. In ihr ergibt sich der Zustand in Periode $t+1$ dadurch, daß auf den Zustand in Periode t die Entscheidung a_t sowie eine Störung r_t einwirkt, deren Ausmaß zum Zeitpunkt der Planung häufig nur stochastisch bekannt ist (vgl. Abb. 3.4).

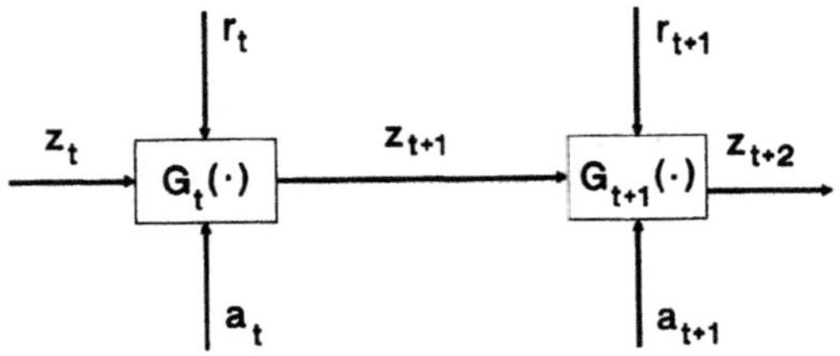

Abb. 3.4: Zeitliche Stufenstruktur in der dynamischen Planung

In der Größe r_t mögen sämtliche in einem System in Periode t, also im Zeitintervall $(t, t+1]$ auftretende Störungen zusammengefaßt sein. Gelingt es, sich über das gesamte Planungsintervall hinweg volle Kenntnis von r_t zu verschaffen oder wenigstens r_t zu prognostizieren, so liegt ein deterministisches dynamisches Planungsmodell vor, andernfalls ist das Entscheidungsproblem stochastisch, sofern man, und davon gehen wir hier aus, wenigstens die Wahrscheinlichkeitsverteilung von r_t angeben kann. Die durch die dynamische Transformationsbeziehung induzierte zeitliche Stufenstruktur wird dann für die Planung nutzbar, wenn für das Präferenzsystem eine synchrone Strukturierung gilt, die sich in der Zerlegbarkeit (SCHNEEWEISS 1974) des Kriteriums

$$E\{F(C_1(z_1, a_0), \ldots, C_T(z_T, a_{T-1}))\}$$

niederschlägt; eine Eigenschaft, auf die wir später noch zu sprechen kommen werden. $C_t(z_{t+1}, a_t)$ bezeichnet man als Periodennutzen, so daß der obige Ausdruck den Erwartungswert des Gesamtnutzens wiedergibt. Im Falle bekannter Störung entfällt natürlich die Erwartungswertbildung. $C_t(z_{t+1}, a_t)$ bewertet die Aktion a_t und den durch sie erreichten Zustand z_{t+1}.

Zusammengefaßt können wir damit ein (stochastisches) dynamisches Entscheidungsmodell – man spricht auch von **Dynamischem Programm** – folgendermaßen formulieren:

(3.1)

(1) Zustandsvariable
$z_t \in Z_t \quad (t = 0, 1, \ldots, T)$

(2) Entscheidungsvariable
$a_t \in A_t(z_t) \quad (t = 0, \ldots, T-1)$

(3) Stochastische Störungen
$r_t \quad (t = 0, \ldots, T-1)$

(4) Zustandstransformationsgleichung
$z_{t+1} = G_t(z_t, a_t, r_t)$

(5) Kriterium
$C = E\{F(C_1(z_1, a_0), \ldots, C_T(z_T, a_{T-1}))\} \Longrightarrow \max$

Die Aufgabe, eine Optimalentscheidung zu finden, läßt sich wie folgt formulieren: Unter den Bedingungen (1) bis (4) ist eine das Kriterium C optimierende Strategie $\{a_0, \ldots, a_{T-1}\}$ zu finden.

Häufig stellt man eine dynamische Entscheidungssituation auch durch einen **Entscheidungsbaum** dar, wie ihn beispielsweise Abb. 3.5 zeigt (s. auch BAMBERG/COENENBERG, LAUX 1982,

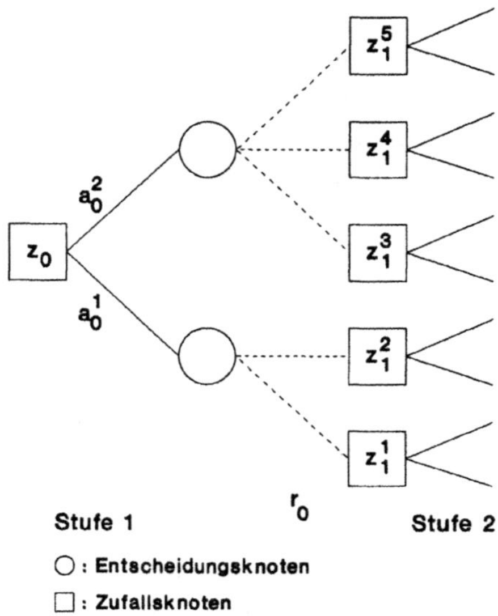

Abb. 3.5: Entscheidungsbaum

SCHNEEWEISS 1974 und das Beispiel in Abschnitt 3.2.4). Wie der Spielbaum eines Spieles in extensiver Form (vgl. Bd. 1, Kap. 6) zeigt der Entscheidungsbaum sehr anschaulich den Ablauf eines **dynamischen** (man sagt auch **sequentiellen**) **Entscheidungsprozesses**. Man geht aus von dem **Entscheidungsknoten** des Zustandes z_0, von dem aus man, je nach Entscheidung a_0^1 oder a_0^2, in einen Zufallsknoten versetzt wird. Dort greift der Zufall (Störung r_0) an und bringt das System aufgrund der Transformationsbeziehung $z_{t+1} = G_t(z_t, a_t, r_t)$ endgültig in einen der Zustände z_1. Dabei wird in unserem Beispiel deutlich, daß man beispielsweise bei Wahl von a_0^1 nur noch die Zustände z_1^1 und z_1^2 erreichen kann, oder, positiv ausgedrückt: Durch die Wahl von a_0^1 können trotz Störung die Zustände z_1^3, z_1^4 und z_1^5 vermieden werden. Einer der Zustände z_1 ist sodann Ausgangspunkt für die Fortsetzung des Prozesses in der 2. Stufe. Ist – wie im deterministischen Dynamischen Programmieren – die Störung von vornherein bekannt, so hat der Zufallsknoten lediglich *einen* Ausgang (mit Wahrscheinlichkeit 1) und kann daher entfallen.

Abschnitt 3.2.4 wird Gelegenheit geben, uns mit Entscheidungsbäumen weiter vertraut zu machen.

3.2.2 Zeitpräferenz und die Lösung dynamischer Entscheidungsprobleme

Für die Lösung eines dynamischen Entscheidungsproblems spielt die Struktur des Wertsystems eine zentrale Rolle. Es muß so geartet sein, daß es die Gültigkeit des sog. Optimalitätsprinzips zuläßt.

Gewöhnlich löst man ein Dynamisches Programm in **Rückwärtsrekursion** (SCHNEEWEISS 1974) oder auch, wie man bisweilen sagt, im "**Roll-back-Verfahren**". Man sucht zunächst für die letzte Periode $(T-1)$ die Optimalentscheidung a^*_{T-1} und erhält in Abhängigkeit vom Anfangszustand z_{T-1} den Maximalwert $C_T(a^*_{T-1}(z_{T-1})) = C^*_T(z^*_T)$ des Kriteriums C, den man auch mit f_{T-1} bezeichnet. Dabei geht man davon aus, daß der Entscheidungsträger Kenntnis von sämtlichen Zuständen z_t besitzt, die sich bis zur Periode T–1 realisiert haben. Benutzt man für die Zustandsfolge $z_1, \ldots, z_t$ die Abkürzung $z^t := \{z_1, \ldots, z_t\}$, so kann man für die Optimierung der letzten Periode schreiben

$$f_{T-1}(z^{T-1}) = \max_{a_{T-1} \in A_{T-1}(z_{T-1})} E\{C_T(z_T(a_{T-1}))|z^{T-1}\}. \quad (3.2)$$

In der vorletzten Periode geht man nun so vor, daß man von der Optimierung in der letzten Periode Gebrauch macht oder allgemein: Die Optimalentscheidung in Periode t hängt von der Optimalentscheidung in Periode t+1 ab. Dieser Sachverhalt wird durch das oben bereits erwähnte **Optimalitätsprinzip** präziser folgendermaßen ausgedrückt: Die optimale Strategie $\{a_t^*, \ldots, a_{T-1}^*\}$, eines $(T-t)$-periodigen Dynamischen Programms (DP) enthält die Teilpolitik $\{a_{t+1}^*, \ldots, a_{T-1}^*\}$, die hinsichtlich des um eine Periode verkürzten $(T-t-1)$-periodigen Dynamischen Programms ebenfalls optimal ist (vgl. Abb. 3.6).

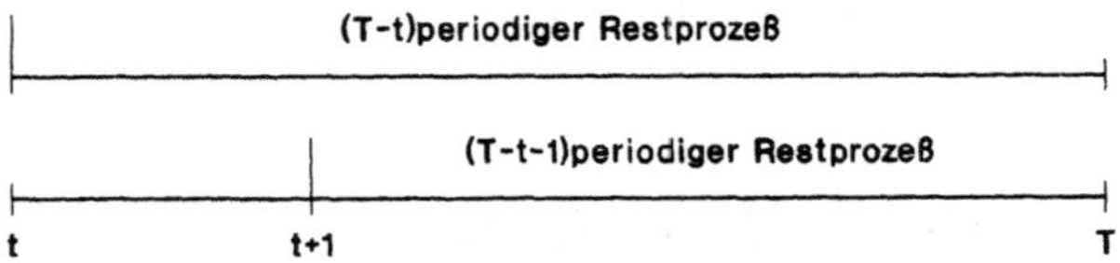

Abb. 3.6: Zum Optimalitätsprinzip

Formal läßt sich dieser Sachverhalt durch die sog. **Bellman'sche Funktionalgleichung** ausdrücken

$$f_t(z^t) = \max_{a_t \in A_t(z^t)} E\{F^t(C_{t+1}(z_{t+1}, a_t), f_{t+1}(z^{t+1})) | z^t\}, \tag{3.3}$$
$$t = 1, \ldots, T-1$$

wobei F^t das $(T-t+1)$-periodige Restkriterium bezeichnet und $f_T(z^T) \equiv 0$ ist.

Wie eingangs bereits erwähnt, ist die Gültigkeit des Optimalitätsprinzips (und damit der Funktionalgleichung) keineswegs selbstverständlich. Sie ist nur gewährleistet, wenn das Kriterium C zerlegbar ist. Ohne auf diese Eigenschaft genauer einzugehen (SCHNEEWEISS 1974) kann man jedoch festhalten, daß zumindest im Falle stochastisch dynamischer Entscheidungsprozesse Zerlegbarkeit auf die Gültigkeit eines Summenkriteriums hinausläuft. M.a.W. soll ein Dynamisches Programm über das Optimalitätsprinzip im Roll-back-Verfahren lösbar sein, so ist dies nur möglich, wenn sich das Präferenzverhalten des Entscheidungsträgers durch ein Summenkriterium ausdrücken läßt, d.h.

$$(3.4) \qquad C = E\{\sum_{t=0}^{T-1} C_{t+1}(z_{t+1}, a_t)\}.$$

Darin drückt sich die Forderung nach zeitlicher Dekomponierbarkeit aus: Das T-periodige Entscheidungsproblem läßt mit dem Summenkriterium eine Dekomposition in T Teilprobleme mit den Teilkriterien C_t ($t=1,\ldots,T$) zu, wobei diese Teilprobleme über die Zustandstransformationsbeziehung $z_{t+1} = G_t(z_t, a_t, r_t)$ gekoppelt sind.

Das Summenkriterium C führt entsprechend auf eine additive Form der Funktionalgleichung

$$f_t(z^t) = \max_{a_t \in A_t(z^t)} E\{C_{t+1}(z_{t+1}, a_t) + f_{t+1}(z^{t+1})|z^t\}. \qquad (3.5)$$

Die durch die Additivität des Kriteriums gegebene Gültigkeit einer Funktionalgleichung ist keineswegs nur aus rechentechnischen Gründen von Bedeutung. Durch sie werden tiefgreifende Strukturen sichtbar. In der Tat erweist sich die durch die Funktionalgleichung beschriebene flexible Planung (oder, im Falle bekannter Störung, die starre Planung) als eine spezielle hierarchische Planung. Sie besagt, daß das umgreifende $(T-t)$-periodige Problem erst gelöst werden kann, wenn das kleinere $(T-t-1)$-periodige Problem gelöst ist und umgekehrt, daß das kürzerfristige Problem nur konkret gelöst werden kann, wenn ihm das übergeordnete Problem die Zustandsfolge z^t mitteilt. M.a.W. das kleinere Problem arbeitet mit der besseren Information, doch gibt das größere den Rahmen vor (d.h. das Potential), innerhalb dessen sich das kleinere noch bewegen kann. Damit haben wir den Anschluß an unsere allgemeinen Überlegungen zur hierarchischen Planung aus Abschnitt 2.2.3: Bei vergleichsweise schlechter Information und einem großen Planungshorizont werden Potentiale geschaffen, die später bei besserer Informationslage, aber kürzerem Horizont, konkret genutzt werden.

Bevor wir im nächsten Kapitel im Rahmen unserer allgemeinen Überlegungen zur Flexibilität auf diesen interessanten Sachverhalt noch ausführlich zurückkommen, wollen wir der wichtigen Frage nachgehen, unter welchen Bedingungen an das **Präferenzverhalten** sich eine separable zeitliche Struktur ergibt. M.a.W. unter welchen Bedingungen existiert ein Summenkriterium? Die Beantwortung dieser Frage fällt nach unserer Beschäftigung mit mehrkriteriellen Entscheidungsproblemen nicht allzu schwer. Wie wir aus der Multi-Attributiven Nutzentheorie (Bd. 1, Kap. 5) wissen, liegt ein Summenkriterium vor, wenn der Planer hinsichtlich der einzelnen Periodenkriterien **additiv nutzenunabhängig** ist. Ein additives Optimierungskriterium erhält man jedoch auch schon im Falle der wesentlich eher gegebenen (einfachen) Nutzenunabhängigkeit. Dies führt zwar zunächst nur auf ein multiplikatives Kriterium (vgl. Bd. 1, Gl. (5.32)), das jedoch durch Logarithmieren jederzeit in ein Summenkriterium überführt werden kann, wodurch – wegen der Monotonie des Logarithmus – das Optimierungsproblem nicht verändert wird. Im Falle eines deterministischen Dynamischen Programms (starre Planung) tritt an die Stelle der Nutzenunabhängigkeit die in Band 1, Abschnitt 4.6.1 definierte Präferenzunabhängigkeit.

Wir können damit folgendes feststellen: Für die zeitliche hierarchische Strukturierung eines dynamischen Entscheidungsproblems reicht es nicht aus, daß eine zeitliche Dekomposition in gekoppelte Einperiodenprobleme möglich ist; der Entscheidungsträger muß darüber hinaus noch hinsichtlich der einzelnen Perioden nutzenunabhängig sein. Dann auch läßt sich die in jeder Periode noch hinzukommende Information über bedingte Erwartungswerte einbringen (vgl. $E\{\ldots|z^t\}$ in der Funktionalgleichung (3.5)).

Summenkriterien treten oft in der Investitionstheorie auf. Dort spielt der **Kapitalwert** eine wichtige Rolle. Er stellt die auf einen bestimmten Zeitpunkt (häufig die Gegenwart) abgezinste Summe der Kapitalzu- und abflüsse v_t dar, die durch eine Investition induziert werden. Das verwendete Kriterium

$$\sum_{t=1}^{T} \rho^t v_t \quad (\text{mit} \quad \rho < 1 \quad \text{als Diskontfaktor})$$

ist daher ein spezielles Summenkriterium und hat über die Nutzenunabhängigkeit hinaus noch weitere Eigenschaften zu erfüllen. Insbesondere erhält man natürlich ein Kriterium mit "Gewichten" ρ^t nur dann, wenn der Entscheidungsträger der Meinung ist, daß gegenwärtiger Konsum künftigem vorzuziehen ist. (Vgl. hierzu insbesondere WILLIAMS/NASSAR, BITZ, DYCKHOFF.)

Bevor an einem sehr einfachen aber instruktiven Beispiel die Lösung der Funktionalgleichung für unterschiedliche Modellvarianten vorgeführt wird, seien noch einige generelle Bemerkungen angefügt.

3.2.3 Spezialfälle des stochastischen Dynamischen Programmierens

Wie bereits betont, sind sämtliche Planungen – von der statischen bis zur starren – Spezialfälle der flexiblen Planung. Es seien daher einige Bemerkungen zur komparativ statischen und stationären sowie zur starren Planung angefügt.

(1) Komparativ statische und stationäre Planung

Ähnlich wie in der starren Planung, so ist auch in der flexiblen die Wahl der Periodeneinteilung und des Planungshorizontes nicht unproblematisch. Insbesondere die Wahl des Planungshorizontes bereitet häufig Schwierigkeiten, gilt es doch abzuschätzen, welchen Einfluß die letzte Periode auf zeitlich vorgelagerte Periodenentscheidungen hat. Für besonders geartete Kriterien kann man nun zeigen, daß sog. **Horizonttheoreme** existieren. Sie besagen, daß von einer bestimmten Periode an alle Informationen, die man über weiter in der Zukunft liegende Perioden hat, die gegenwärtige

Entscheidung nicht beeinflussen. Man bezeichnet dann T als den natürlichen Planungshorizont: Mehr als jeweils T Perioden brauchen nicht betrachtet zu werden. Bisweilen ist $T=1$. Dies besagt, daß **myopische** (bzw. komparativ statische) **stochastische Planung** keinen Optimalitätsverlust bedeutet.

Zu einer **quasi-statischen** Planung gelangt man im umgekehrten Fall, wenn es aufgrund (stochastischer) Stationarität möglich ist, das Optimierungsproblem mit endlichem Horizont durch ein solches mit unendlichem Horizont zu ersetzen. Dann ist bis auf Anfangswerte in jeder Periode dieselbe Planungssituation gegeben (vgl. auch das Lagerhaltungsbeispiel aus Abschnitt 2.1.1).

(2) Starre Planung

Wie wir wissen, bedeutet starre Planung die Lösung eines **deterministischen Dynamischen Programms**, das bekanntlich dann ein Spezialfall eines stochastischen Programms ist, wenn sämtliche Zufallsvariablen auf einen deterministischen Wert (meist die Prognose) zusammenschrumpfen. Es gibt aber Strukturen, in denen auch im nicht-trivialen Fall der Unsicherheit flexible und starre Planung identisch werden, dann nämlich, wenn das Planungsobjekt nur **lineare** Beziehungen aufweist und die Periodennutzen quadratisch sind. In diesem Spezialfall kann man die auftretenden Zufallsvariablen durch ihre bedingten Erwartungswertprognosen ersetzen, die man auch als **dynamische Sicherheitsäquivalente** bezeichnet (SIMON, THEIL, SCHNEEWEISS 1975).

Wegen des exorbitanten Rechenaufwandes, der i.a. mit flexibler Planung verbunden ist, zieht man sich häufig auf die starre Planung zurück. Eine solche Vorgehensweise ist oft nicht angebracht, und man sollte nach Verfahren Ausschau halten, die der Stochastik besser Rechnung tragen.

Hierzu wurde eine Fülle von Vorschlägen erarbeitet. Eine Möglichkeit besteht darin, in Abhängigkeit von dem zu planenden Sachverhalt die Menge der zulässigen Strategien einzuschränken. So kann man z.B. zu bestimmten (die Strategienmenge einengenden) Entscheidungsregeln greifen, die der Stochastik des Problems sehr angemessen sind. Ein Beispiel bilden die sog. **linearen Glättungsregeln** der Produktionsplanung oder generell die Regeln des **System Dynamics**. Es zeigt sich, daß abgesehen vom Fall nur sehr kleiner stochastischer Schwankungen die System Dynamics Modelle ein flexibles Planungsproblem besser approximieren als etwa die starre Planung durch Lineare Programmierungsmodelle. Dies liegt darin begründet, daß die rollierend eingesetzte starre Planung auf Informationsänderungen wesentlich hektischer reagiert als die der Stochastik besser angepaßten Glättungsregeln, und diese Anpassung ist häufig wichtiger als die Optimierung der deterministischen Nutzenfunktion der Linearen Programme. Die Hektik der Reaktion bezeichnet man auch als "**Nervousness**" (BLACKBURN/MILLEN, SCHNEEWEISS 1988a), worauf wir in allgemeinerem Zusammenhang in Abschnitt 3.3 noch zurückkommen werden.

3.2.4 Beispiele zur Dynamischen Programmierung

Ein sehr einfaches Modell, auf das wir auch noch später bei der Diskussion des Flexibilitätsbegriffes in Kapitel 4 zurückgreifen werden, möge nun zur weiteren Erläuterung der verschiedenen dynamischen Planungsansätze dienen.

(1) Problemstellung

Gegeben sei das folgende durch den Entscheidungsbaum der Abb. 3.7 veranschaulichte Investitions-Produktionsproblem. In Periode 1 bestehe die Möglichkeit, zur Nachfragebefriedigung die Maschine $M_1(y{=}1)$ oder $M_2(y{=}2)$ anzuschaffen, oder auch nichts zu tun $(y{=}0)$.

M_1 zeichnet sich dadurch aus, daß eine der Losgrößen $q{=}0; 1; 2; 3$ oder 4 produziert werden kann. M_2 läßt nur die Lose 0 oder 4 zu.

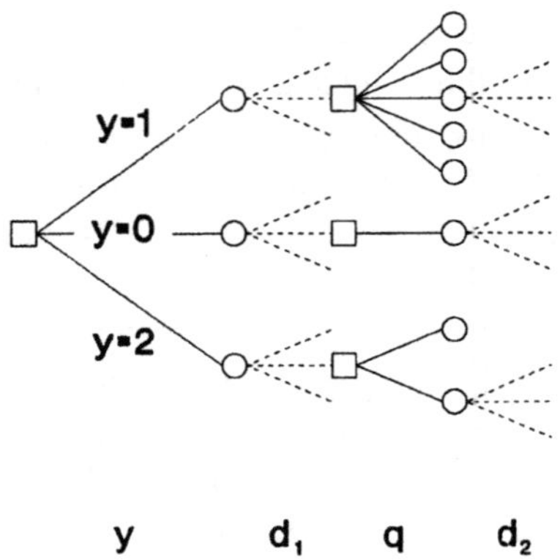

Abb. 3.7: Entscheidungsbaum des Beispiels

In den Perioden 1 und 2 treten respektive die identisch verteilten stochastisch unabhängigen Nachfragen d_1 bzw. d_2 auf, die am Ende der Periode 2 gemeinsam zu befriedigen sind.

Abb. 3.8 faßt die geschilderte Situation nochmals zusammen. Es bezeichne y die Investitionsentscheidung in Periode 1 ($y = a_1$) und q die (operative) Produktionsentscheidung in Periode 2 ($q = a_2$). Ferner sei D die Gesamtnachfrage $D := d_1 + d_2$. Der Zustand ist ein zweidimensionaler Vektor, dessen erste Komponente die durch die Entscheidung y hervorgerufene Betriebsmittelausstattung beschreibt und dessen zweite Komponente den (positiven bzw. negativen) Lagerbestand wiedergibt.

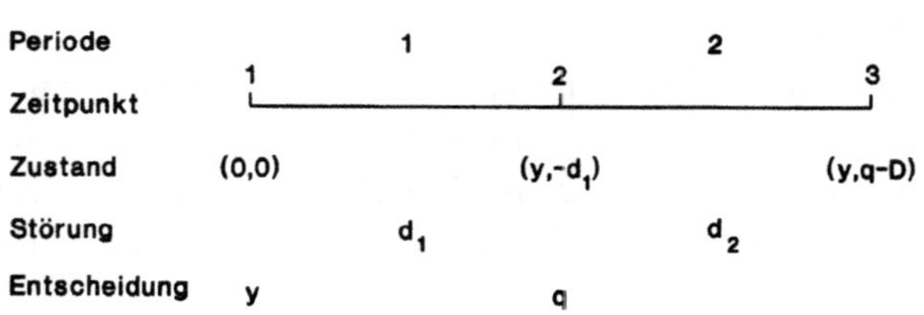

Abb. 3.8: Zur Definition einiger Begriffe des Beispiels

Die Wahrscheinlichkeitsverteilung der Nachfrage sei gegeben durch

d_t	0	1	2
$P(d_t)$	0,25	0,5	0,25

$t = 1, 2.$

Die Anschaffungs(AK)-, Produktions(PK)- und Fehlmengenkosten (FMK) finden sich in Tab. 3.1.

Kosten	M_1	M_2	
AK	5	3,5	
PK	0	falls	$q = 0$
	$3 + 2q$	falls	$q > 0$
FMK	$10(d_1 + d_2 - q)$	falls	$d_1 + d_2 \geq q$
	0	falls	$d_1 + d_2 < q$

Tab. 3.1: Kostenfunktionen des Beispiels

Wie man erkennt, enthalten die Produktionskosten einen produktionsfixen (3) und einen proportionalen (2q) Anteil. Ferner treten (proportionale) Fehlmengenkosten auf, sobald die auf Periode 2 kumulierte Nachfrage ($d_1 + d_2$) die Produktionsmenge (q) übersteigt ($d_1 + d_2 \geq q$).

(2) Aufstellung der Funktionalgleichung

Welche Gestalt nimmt nun für das folgende Beispiel das Dynamische Programm an, und wie ist die zugehörige Funktionalgleichung zu formulieren?

Aufgrund des in Abschnitt 3.2.1 angegebenen Schemas (3.1) und der Angaben in Abb. 3.8 und Tab. 3.1 läßt sich das folgende Dynamische Programm formulieren:

(1) Zustände:

$$z_1 = (0, 0), z_2 = (y, -d_1), z_3 = (y, q - D)$$

(2) Entscheidungen:

$$
\begin{aligned}
a_1 &= y \in A_1(z_1) \quad \text{mit } A_1(z_1) := \{y : y = 0; 1; 2\} \\
a_2 &= q \in A_2(z_2) \quad \text{mit} \\
&\qquad A_2(z_2^1) := \{q : q = 0; 1; 2; 3; 4\} \\
&\qquad A_2(z_2^2) := \{q : q = 0; 4\} \\
&\qquad A_2(z_2^0) := \{q : q = 0\}
\end{aligned}
$$

(3) Stochastische Störung:

$$r_t = d_t, \qquad t = 1, 2$$

(4) Zustandstransformationsbeziehung:

$$
\begin{aligned}
z_2 &= (y, -d_1) \\
z_3 &= z_2 + (0, q - d_2) = (y, q - D)
\end{aligned}
$$

(5) Kriterium:

$$
\begin{aligned}
C &= E\{C_1 + C_2\} \\
&= E\{AK(y) + PK(q) + FMK(q, D)\} \Longrightarrow \min .
\end{aligned}
$$

Damit erhält man für die **Funktionalgleichung** (in Rückwärtsrekursion in den Perioden 2 und 1) unter Beachtung von Gl. (3.5):

Schritt 1 (Periode 2: Produktionsentscheidung)

$$f_2(z_2) = \min_{q \in A_2(z_2)} \{PK(q) + E\{FMK | d_1, q\}\}; \tag{3.6}$$

Schritt 2 (Periode 1: Investitionsentscheidung)

$$f_1(z_1) = \min_{y \in A_1(z_1)} \{AK(y) + E\{f_2(z_2)\}\}. \tag{3.7}$$

Bevor wir uns der Lösung dieser Gleichungen zuwenden, wollen wir uns zunächst mit der Lösung einer einfacheren Fragestellung befassen, die man dadurch erhält, daß man die stochastische Nachfrage durch ihre Erwartungswertprognose ersetzt, d.h. wir suchen den der flexiblen Planung zugeordneten starren Plan.

(3) Starre Planung

Mit der Erwartungswertprognose der Nachfrage $\bar{d}_t := E(d_t) = 1$ ($t = 1, 2$) reduzieren sich die Funktionalgleichungen (3.6) und (3.7) auf

$$\bar{f}_2(z_2) = \min_{q \in A_2(z_2)} \{PK(q) + FMK(q)\}, \tag{3.6'}$$

$$\bar{f}_1(z_1) = \min_{y \in A_1(z_1)} \{AK(y) + \bar{f}_2(z_2)\}, \tag{3.7'}$$

und der Entscheidungsbaum der Abb. 3.7 nimmt die einfache Gestalt der Abb. 3.9 an.

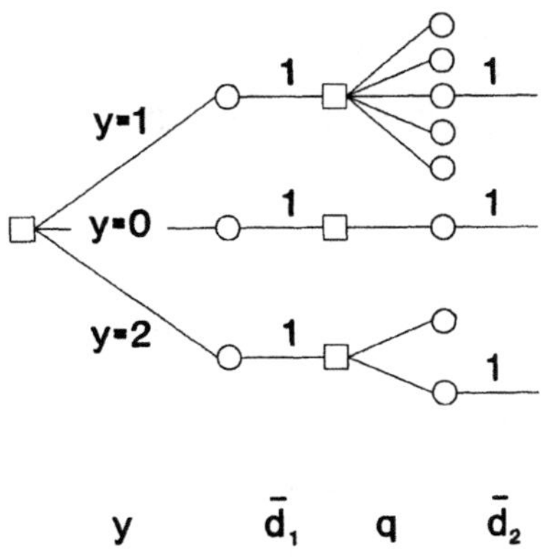

Abb. 3.9: Entscheidungsbaum bei starrer Planung

Die Lösung der Funktionalgleichungen (3.6') und (3.7') bereitet keinerlei Schwierigkeiten. Wir starten mit (3.6'):

Schritt 1 (Periode 2)

Da z_2 prinzipiell die Werte z_2^1, z_2^2 und z_2^0 annehmen kann, je nachdem, ob Maschine M_1 oder M_2 oder gar nichts angeschafft wurde (vgl. Abb. 3.9), haben wir drei Minimierungen durchzuführen:

$$\begin{aligned}
\bar{f}(z_2^1) &= \min_{q\in A_2(z_2^1)} \{PK(q) + FMK(q)\} \\
&= \min[0+20; 3+2+10; 3+4+0; 3+6+0; 3+8+0] \\
&= 7 \\
\bar{f}(z_2^2) &= \min_{q\in A_2(z_2^2)} \{PK(q) + FMK(q)\} \\
&= \min[0+20; 3+8+0] = 11 \\
\bar{f}(z_2^3) &= \min_{q\in A_2(z_2^0)} \{PK(q) + FMK(q)\} \\
&= 20
\end{aligned}$$

Schritt 2 (Periode 1)

$$\begin{aligned}
\bar{f}_1(z_1) &= \min_{y\in A_1(z_1)} \{AK(y) + \bar{f}_2(z_2)\} \\
&= \min[5+7; 3.5+11; 0+20] = 12
\end{aligned}$$

D	(d_1, d_2)	$p(D)$	$C^d(D)$
0	(0,0)	$\frac{1}{16}$	12
1	(1,0),(0,1)	$\frac{4}{16}$	12
2	(2,0),(1,1),(0,2)	$\frac{6}{16}$	12
3	(2,1),(1,2)	$\frac{4}{16}$	22
4	(2,2)	$\frac{1}{16}$	32

Tab. 3.2: Zur Berechnung von C^d

Damit ergibt sich der (optimale) starre Plan $\{y* = 1, q* = 2\}$, d.h. es ist Maschine M_1 anzuschaffen und mit ihr die Losgröße 2 zu fertigen. Die zu diesem Plan gehörigen minimalen Kosten sind 12. Sie entstehen jedoch nur dann, wenn die Prognose $E(d_i) = 1$ auch tatsächlich einträfe. Es ist daher sinnvoll, will man den starren Plan $\{y = 1, q = 2\}$ beurteilen, danach zu fragen, welche Kosten ein (risikoneutraler) Entscheidungsträger bei Verwendung starrer Planung zu erwarten hat. Dazu berechnet man für sämtliche Nachfragekonstellationen die zugehörigen Wahrscheinlichkeiten ihres Auftretens (2. und 3. Spalte der Tab. 3.2) sowie die bei Anwendung der starren Planung mit der Strategie $s^d := \{y = 1, q = 2\}$ auftretenden Kosten $C^d(D) = AK(1) + 3 + 2 \cdot 2 + FMK(0,2)$ (vgl. Tab. 1). Bis zu einer Nachfrage von $D = 2$ ergeben sich somit die Kosten $C^d = 5 + 3 + 2 \cdot 2 = 12$, während für $D = 3$ bzw. $D = 4$ noch Fehlmengenkosten von 10 bzw. 20 GE hinzutreten (4. Spalte in Tab. 3.2). Damit erhält man für die erwarteten Kosten bei starrer Planung

$$\begin{aligned} C^d &:= \sum C^d(D)P(D) \\ &= (\frac{1}{16} + \frac{4}{16} + \frac{6}{16}) \cdot 12 + \frac{4}{16} \cdot 22 + \frac{1}{16} \cdot 32 \qquad (3.8) \\ &= 15,75. \end{aligned}$$

(4) Flexible Planung

Nach Ausführung der starren Planung sind wir nun besser vorbereitet, das ursprüngliche stochastische Dynamische Programm zu lösen. Dazu starten wir wieder mit Schritt 1 und gehen aus von der Funktionalgleichung (3.6). Zur Durchführung der Minimierung ist es jedoch zunächst erforderlich, daß man den bedingten Erwartungswert $E\{FMK|d_1, q\}$ berechnet. Man erhält

$$E\{FMK|d_1, q\} = \begin{cases} 10|q - d_1 - 1| & \text{falls } q - d_1 \leq 0 \\ 2,5 & \text{falls } q - d_1 = 1 \\ 0 & \text{falls } q - d_1 \geq 2. \end{cases} \qquad (3.9)$$

Erläuterung

Aufgrund der Definition der Fehlmengenkosten in Tab. 3.1 kann man schreiben

$$FMK = \begin{cases} 10[-(q - d_1)] + d_2, & \text{falls } d_2 \geq q - d_1 \\ 0, & \text{falls } d_2 < q - d_1, \end{cases} \qquad (3.10)$$

wobei $q - d_1$ den Anfangsbestand in Periode 2 darstellt. Hinsichtlich dieses Anfangsbestandes kann man nun drei Fälle unterscheiden:

(1) $q - d_1 \leq 0$, d.h. für jedes $d_2 \geq 0$ tritt 0 bzw. eine Fehlmenge auf, so daß

$$\begin{aligned} E\{FMK|q - d_1 \leq 0\} &= 10(d_1 - q) + 10E\{d_2\} \\ &= 10(d_1 - q + 1) = 10|q - d_1 - 1|. \end{aligned}$$

(2) $q - d_1 = 1$, d.h. eine Fehlmenge tritt für $d_2 \geq 2$ auf, so daß

$$E\{FMK|q - d_1 = 1\} = 0 + 10E_{d_2 \geq 2}\{d_2\} = 2,5$$

(3) $q - d_1 \geq 2$, d.h. eine Fehlmenge tritt auf, falls $d_2 > 2$, so daß

$$E\{FMK|q - d_1 \geq 2\} = 0 + 10E_{d_2 > 2}\{d_2\} = 0.$$

Damit ist der bedingte Erwartungswert (3.9) erläutert, und wir können den Schritt 1 der flexiblen Planung ausführen.

Schritt 1 (Periode 2)
Unter Beachtung von Gl. (3.6) erhält man die in Tab. 3.3 zusammengestellten Ergebnisse.

Hierzu einige Erläuterungen:
Spalte (1) gibt (bis auf das Vorzeichen von d_1) die möglichen Zustände im Zeitpunkt 2 an. So bedeutet beispielsweise (2;1), daß in Periode 1 Maschine 2 angeschafft wurde und die Nachfrage $d_1 = 1$ auftrat. Spalte (2) gibt die unter den jeweiligen Zuständen noch möglichen Entscheidungsräume an.

In Spalte (3) wird die eigentliche Berechnung durchgeführt. Zeile 1 besagt z.B. folgendes: Maschine M_1 wurde angeschafft und die Nachfrage in Periode 1 ist $d_1 = 0$. Trifft man die Entscheidung, nichts zu produzieren ($q = 0$), so ist $PK(0) = 0$, und es treten wegen (3.9) erwartete Fehlmengenkosten von 10 GE auf. Entsprechend ist Zeile 2 zu verstehen: Bei Existenz der Maschine M_1 und

Periode 2				
(1)	(2)	(3)	(4)	(5)
$(y;d_1)$	Entsch. q	Kriterium $E\{C_2\} = PK(q) + E\{FMK\}$	$f_2(z_2)$	q^*
(1;0)	0	10 = 0 + 10		
	1	7,5 = 5 + 2,5		
	2	7 = 7 + 0	7	2
	3	9 = 9 + 0		
	4	11 = 11 + 0		
(1;1)	0	20 = 0 + 20		
	1	15 = 5 + 10		
	2	9,5 = 7 + 2,5		
	3	9 = 9 + 0	9	3
	4	11 = 11 + 0		
(1;2)	0	30 = 0 + 30		
	1	25 = 5 + 20		
	2	17 = 7 + 10		
	3	11,5 = 9 + 2,5		
	4	11 = 11 + 0	11	4
(2;0)	0	10 = 0 + 10	10	0
	4	11 = 11 + 0		
(2;1)	0	20 = 0 + 20		
	4	11 = 11 + 0	11	4
(2;2)	0	30 = 0 + 30		
	4	11 = 11 + 0	11	4
(0;0)	0	10	10	0
(0;1)	0	20	20	0
(0;2)	0	30	30	0

Tab. 3.3: Wertfunktion und optimale Entscheidungen im Zeitpunkt 2

$d_1 = 0$ wird die Losgröße $q = 1$ produziert, was Produktionskosten von PK(1)=5 und erwartete Fehlmengenkosten von 2,5 verursacht (vgl. Gl. (3.9) mit $q - d_1 = 1 - 0 = 1$).

Spalte (4) bildet das Minimum $f_2(z_2)$ der Kostenerwartungswerte hinsichtlich der zugehörigen Entscheidungsräume und Spalte (5) schließlich gibt die zugehörige Optimalentscheidung q^* an.

Schritt 2 (Periode 1)
Aufgrund der Funktionalgleichung (3.7) erhält man die folgende Tab. 3.4

Entscheidung y	$AK(y) + E\{f_2(z_2)\}$	$f_1(z_1)$	y^*
1	$5 + 0,25 \cdot 7$ $+ 0,50 \cdot 9$ $+ 0,25 \cdot 11 = 14$	14	1
2	$3,5 + 0,25 \cdot 10$ $+ 0,50 \cdot 11$ $+ 0,25 \cdot 11 = 14,25$		
0	$0 + 0,25 \cdot 10$ $+ 0,50 \cdot 20$ $+ 0,25 \cdot 30 = 20$		

Tab. 3.4: Wertfunktion und optimale Entscheidungen im Zeitpunkt 1

Damit ist die optimale Strategie gefunden:

$$s^* = \{y^* = 1, q^* = d_1 + 2\},$$

d.h. in Periode 1 wird Maschine 1 angeschafft und in Periode 2 wird der zu diesem Zeitpunkt noch mögliche maximale Bedarf produziert. Wie Tab. 3.4 zeigt, führt diese Strategie auf minimale erwartete Kosten C^* von

$$C^* = f_2(z_2) = 14.$$

Ein Vergleich mit (3.8) zeigt, daß der als Approximation verwandte starre Plan auf höhere Kosten als der flexible Plan führt: $C^d > C^*$.

(5) Relaxationen der flexiblen Planung

Die Ermittlung des starren Planes durch Reduktion der vollen Stochastik der Störvariablen d_t auf ihre Erwartungswerte ist ein sehr einprägsames Beispiel für den in Abschnitt 1.5.1 beschriebenen Relaxationsvorgang: Man geht von dem ursprünglichen stochastischen Dynamischen Programm – dem sog. Mastermodell (vgl. Abschn. 1.5.2) – über zu dem relaxierten deterministischen Dynamischen Programm, das jetzt die Funktion eines Entscheidungsgenerators hat. In diesem Entscheidungsgenerator ermittelt man durch starre Planung eine Entscheidung (Strategie) und setzt sie in das ursprüngliche stochastische Dynamische Programm ein. Es interessiert also die Güte der Lösung hinsichtlich des Mastermodells und nicht etwa bzgl. des relaxierten (deterministischen) Modells.

Statt nur diesen einen Entscheidungsgenerator zu verwenden, kann man noch weitere Relaxationen durchführen und diese dann mit der starren Planung vergleichen. So könnte z.B. die in Abschnitt 3.2.3 erwähnte **myopische Planung** zum Einsatz gelangen. Sie liefe in unserem Beispiel darauf hinaus, daß man in der ersten Periode nichts investiert ($y = 0$), was zur Folge hätte, daß man in der zweiten Periode, wenn die Nachfrage (unvermutet) sichtbar wird, nicht mehr reagieren könnte. Eine solche Strategie würde hinsichtlich des Mastermodells auf (mittlere) Kosten von $\bar{C}^m = 20$ führen.

Ein weiteres Beispiel bildet die **revolvierende starre Planung**, auf die ebenfalls in Abschnitt 3.1 bereits eingegangen wurde (vgl. Abb. 3.2). Sie führt auf eine "**deterministisch revolvierende**" Strategie s^{dr}: Man berechnet in Periode 1 zunächst den uns schon bekannten starren Plan ($y = 1, q = 2$) und führt sodann, falls sich nicht $d_1 = 1$ realisiert, in Periode 2 eine Planrevision durch.

(d_1, d_2)	Wahrschein-lichkeit	Kosten $AK(1) + 3 + 2 \cdot (d_1 + 1) + FMK$
(0;0)	$\frac{1}{16}$	$5 + 3 + 2 \cdot 1 = 10$
(0;1)	$\frac{2}{16}$	$5 + 3 + 2 \cdot 1 = 10$
(1;0)	$\frac{2}{16}$	$5 + 3 + 2 \cdot 2 = 12$
(0;2)	$\frac{1}{16}$	$5 + 3 + 2 \cdot 1 + 10 = 20$
(1;1)	$\frac{4}{16}$	$5 + 3 + 2 \cdot 2 = 12$
(2;0)	$\frac{1}{16}$	$5 + 3 + 2 \cdot 3 = 14$
(1;2)	$\frac{2}{16}$	$5 + 3 + 2 \cdot 2 + 10 = 22$
(2;1)	$\frac{2}{16}$	$5 + 3 + 2 \cdot 3 = 14$
(2;2)	$\frac{1}{16}$	$5 + 3 + 2 \cdot 3 + 10 = 24$

Tab. 3.5: Revolvierend starre Planung

Man produziert nicht, wie ursprünglich vorgesehen, $q = 2$, sondern $q = d_1 + 1$:

$$\begin{array}{lll} \text{Zeitpunkt 1}: & (y = 1, q = 2) & \\ & & \text{Strategie } s^{dr} \\ \text{Zeitpunkt 2}: & q = d_1 + 1 & \end{array}$$

Dadurch berücksichtigt man die sich tatsächlich realisierende Nachfrage d_1 und die Nachfrageprognose $\bar{d}_2 = 1$ für Periode 2.

Die Kosten bezüglich des Mastermodells erhält man wieder dadurch, daß man – wie in Tab 3.5 geschehen – für unterschiedliche Nachfragesituationen die Kostenwirkungen der (revolvierend starren) Strategie s^{dr} berechnet und sodann analog Gl. (3.8) den Mittelwert bildet:

$$\begin{aligned} \bar{C}^{dr} &= \frac{1}{16}(10 + 2 \cdot 10 + 2 \cdot 12 + 20 \\ &\quad + 4 \cdot 12 + 14 + 2 \cdot 22 + 2 \cdot 14 + 24) \\ &= 14,5 \end{aligned}$$

Damit haben wir zu dem Mastermodell der flexiblen Planung drei Entscheidungsgeneratoren konstruiert und ihre Verwendbarkeit hinsichtlich des Kostenkriteriums (des Mastermodells) verglichen. Es zeigte sich

$$\bar{C}^{m} \geq \bar{C}^{d} \geq \bar{C}^{dr},$$

so daß man als beste Relaxation des vorliegenden stochastischen Dynamischen Programms die revolvierende starre Planung verwenden sollte.

Vergleicht man die soeben durchgeführte exemplarische Betrachtung mit den Ausführungen des Abschnitts 1.5.2, so ist unschwer zu erkennen, daß es sich hier um den Aufbau einer Hypermodellklasse handelt, wobei eine Parametervariation nicht vorgenommen wurde. Auch spielten im Mastermodell nur modellinterne Kosten eine Rolle. Würde man Informationsbeschaffungs– und Rechenkosten noch mitberücksichtigen, so könnte sich ein anderes Bild hinsichtlich der Modellauswahl ergeben.

3.3 Die Bewältigung von Unsicherheit in dynamischen Systemen

Bereits in Kapitel 2 hatten wir festgestellt, daß die zeitliche Struktur externer Störungen eine entsprechende Struktur der Planung induziert. So bilden sich Hierarchieebenen aus, die gezielt auf lang-, mittel- und kurzfristige Störungen reagieren (vgl. Abb. 3.10).

Diese Reaktion geschieht i.a. zeitlich aufeinander abgestimmt, und zwar in der Weise, daß die hierarchisch höher angesiedelten Planungsstufen in ihrer Reaktion auf die längerfristigen Störungen Potentiale aufbauen, die auf den niedrigeren Stufen zu einem späteren Zeitpunkt genutzt werden. Zum Verständnis dieser Vorgänge wird

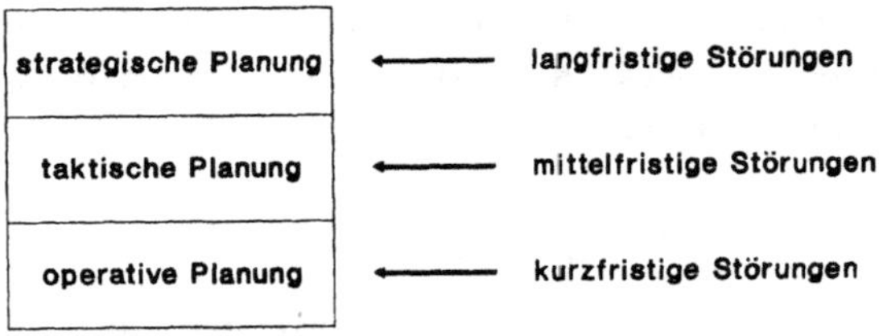

Abb. 3.10: Korrespondenz von Planung und externer Störung

sich daher das in Abschnitt 3.2.4 vorgestellte Entscheidungsbaumverfahren als außerordentlich geeignet erweisen. Zuvor jedoch seien Störungen etwas genauer charakterisiert.

3.3.1 Charakterisierung von Störungen

Störungen zeigen sich allgemein in (unvorgesehenen) Planabweichungen. Sie können daher ihre Ursachen in einer
- Prozeßstörung oder einer
- Planstörung

haben. Unter einer **Prozeßstörung** versteht man die Abweichung des Systemzustandes von dem geplanten Zustand, während eine **Planstörung** die Veränderung der Planvorgabe bezeichnet. Gerade in hierarchisch strukturierten Systemen sind derartige Veränderungen nicht ungewöhnlich: Prozeßstörungen auf einer höheren Ebene führen häufig zu Änderungen von Planvorgaben für untere Ebenen und somit dort zu Planstörungen.

Im Zusammenhang mit diesen Begriffen ist es nützlich, zwischen
- Primär- und
- Sekundärstörung

zu unterscheiden.

(1) Unter einer **Primärstörung** sei eine Zustandsabweichung verstanden, die nicht durch eine andere Systemstörung hervorgerufen wurde und mit der stets eine Informationsveränderung

verbunden ist. Typische Störungen dieser Art sind z.B. Abweichungen von der Nachfrageprognose, Lieferverzögerungen bei der Rohstoffbeschaffung, Maschinenausfälle, Krankheit von Mitarbeitern, unvorhergesehener Ausschuß, Fehler in der Datenübermittlung und Neuplanungen infolge allgemeiner unternehmenspolitischer Aktivitäten.

(2) **Sekundärstörungen** dagegen sind eine Konsequenz von Primärstörungen. Entsprechend ihrer Ausbreitung kann man von vertikalen und horizontalen Sekundärstörungen sprechen. Vertikale Sekundärstörungen sind häufig Planveränderungen, die durch (exogene) Primärstörungen auf höheren Stufen hervorgerufen werden. Bei horizontalen Sekundärstörungen denke man beispielsweise an die Neuplanung eines Terminnetzes, weil bei der Ausführung einer Teiltätigkeit eines Projektes Verzögerungen auftraten. Derartige Neuplanungen erhöhen ganz allgemein die Nervousness der Planung (vgl. Abschn. 3.2.3).

Die Identifikation von Primär- und Sekundärstörungen ist insofern wichtig, als dadurch zumindest teilweise die Maßnahmen bestimmt werden, die zur Eindämmung einer Störung dienlich sind. So wird man häufig bei Primärstörungen andere Strategien zu deren Bewältigung ergreifen als bei Sekundärstörungen. Insbesondere ist es möglich, daß man Primärstörungen lediglich durch Beseitigung ihrer Sekundärstörungen einzugrenzen sucht.

Neben der Frage, ob eine Prozeß- oder Planstörung oder eine Primär- oder Sekundärstörung vorliegt, ist hinsichtlich einer Störungsbewältigungsstrategie auch der stochastische Charakter der Unsicherheit von Bedeutung. Wir wollen zwei Hauptinformationssituationen unterscheiden:

– schwach erratische Störungen und
– stark erratische Störungen.

Schwache bzw. **starke Erratik** ist stets im Hinblick auf die Möglichkeiten des Systems zu sehen, auf eine Störung zu reagieren. Wir werden daher diese Begriffe im Zusammenhang mit den im nächsten Abschnitt noch einzuführenden möglichen Sicherungsstrategien genauer erläutern. Soviel kann aber jetzt schon gesagt werden: Schwach erratische Störungen zeichnen sich durch kleine Streuungen (bzw. Variationskoeffizienten) der Störung aus, während (für *dieselbe* Störsituation) starke Erratik ihren Ursprung in großen Streuungen hat.

Fassen wir noch einmal zusammen: Störungen greifen extern als Primärstörungen an unterschiedlichen Hierarchieebenen in ein Systems ein. Diese Störungen können sich auf das Objekt- und das Wertsystem beziehen. Sie breiten sich sodann, falls sie nicht unmittelbar kompensiert werden, als Sekundärstörungen horizontal und vertikal im System aus. Dabei können Planstörungen zu Prozeßstörungen oder wiederum zu Planstörungen führen und umgekehrt, Prozeßstörungen können Plan- und weitere Prozeßstörungen induzieren.

Wie kann man derartigen Störungen begegnen? Mehrere Verhaltensweisen sind möglich, wie wir im folgenden Abschnitt sehen werden.

3.3.2 Bewältigung von Störungen

Grundsätzlich kann man sich mindestens fünf Verhaltensweisen vorstellen:

1. Man beseitigt die Möglichkeit des Entstehens einer Störung.
2. Man vermeidet den Einfluß der Störung.
3. Man sichert sich wirtschaftlich gegen eine Störung ab.
4. Man fängt die Störung ab, ohne daß weitere Sekundärstörungen entstehen können.
5. Man beseitigt die Folgen einer Störung.

Diese nur in ihren wesentlichsten Merkmalen beschriebenen Möglichkeiten seien als
(1) Elimination

(2) Evasion
(3) Immunisierung
(4) Prävention und
(5) Sanierung
bezeichnet und im folgenden etwas genauer charakterisiert.

Ad (1)
Unter **Elimination** sei eine Maßnahme verstanden, die das Auftreten einer Störung von vornherein verhindert. Dies kann dadurch geschehen, daß man auf das Systemumfeld gestaltend einwirkt. Als Beispiel denke man an die Forderung an einen Zulieferer, seine Ware fristgerecht und in vorgesehener Qualität und Menge abzuliefern.

Ad (2)
Bei einer **Evasion** weicht man einer Störsituation aus. Ein solcher Rückzug (aus einem Störungsumfeld) und damit eine Umgestaltung des Systems läge beispielsweise dann vor, wenn man von störungsreichen Fremdlieferungen zu störungsfreier Eigenfertigung überginge.

Ad (3)
Unter **Immunisierung** versteht man im Gegensatz zu den bisherigen beiden Maßnahmen eine Vorgehensweise, die mögliche Störungen in Betracht zieht und sich (nicht materiell, sondern) wirtschaftlich absichert. Als ein typisches Beispiel hierfür können Versicherungen jeglicher Art gelten.

Die drei bisherigen Maßnahmen, die man zusammengefaßt auch als **Prophylaxe** bezeichnen könnte, dürften i.d.R. hierarchisch auf einer relativ hohen Planungsebene angesiedelt sein. Für die nun im weiteren zu besprechenden Verhaltensweisen (4) und (5) gilt dies i.a. nicht. Sie akzeptieren zwar – ebenso wie die Immunisierung – die Existenz von Störungen und versuchen sie so gut wie möglich stochastisch zu erfassen, hinsichtlich der Art der Absicherung gehen sie jedoch unterschiedliche Wege.

Ad (4)
Bei einer **Präventivmaßnahme** baut man Potentiale auf, die eine Störung gar nicht erst wirksam werden lassen. Beispiele hierfür sind Sicherheitsbestände und -zeiten und jede Art von Redundanzen, wie etwa die sofortige Bereitstellung eines Ersatzaggregates bei Produktionszusammenbrüchen.

Ad (5)
Bei einer **Sanierungsmaßnahme** wird eine Störung nicht sofort beseitigt. Vielmehr werden Potentiale aufgebaut, die geeignet sind, *nach* Eintritt der Störung Abhilfe zu schaffen.

Bevor auf Präventiv- und Sanierungsmaßnahmen, die zusammen auch als **Redundanzmaßnahmen** bezeichnet seien, näher eingegangen wird, sei ein alle fünf Maßnahmen erläuterndes Beispiel vorangestellt.

Beispiel:
Ein am Rhein gelegenes Chemie-Unternehmen hat aufgrund seiner derzeitigen Produktionsstruktur grundsätzlich mit einem schweren den Rhein verschmutzenden Chemieunfall zu rechnen. Die soeben besprochenen fünf Maßnahmen, die man selbstverständlich auch kombiniert ergreifen kann, könnten dann folgende konkrete Gestalt annehmen:

(1) Das Unternehmen baut zur **Prophylaxe** seine Produktionsanlagen so sicher, daß Unfälle fast nicht auftreten können (**Elimination**).
(2) Es verzichtet auf die Produktion des gefährlichen Stoffes (**Evasion**).
(3) Eine **Immunisierung** läge vor, wenn sich das Unternehmen, sofern möglich, gegen die vorhandene Unfallgefahr über ein Versicherungsunternehmen absicherte.
(4) **Präventivmaßnahmen** können im Vorhalten von Ersatzaggregaten oder etwa im Bau eines Auffangbeckens bestehen, das den Abfluß der giftigen Substanz in den Rhein verhindert.

(5) Eine **Sanierungsmaßnahme** schließlich sieht die Bereithaltung einer Infrastruktur vor, die in der Lage ist, nach Eintreten der Rheinverschmutzung den Schaden so gering wie möglich zu halten.

3.3.3 Redundanzmaßnahmen

Wir konzentrieren uns im folgenden auf eine weitere Untersuchung von Präventiv- und Sanierungsmaßnahmen. Beiden Redundanzmaßnahmen ist gemeinsam, daß sie Potentiale aufbauen, sog. **Redundanzpotentiale**, die wir später (Kap. 4) auch als (spezielle) **Flexibilitätspotentiale** bezeichnen werden. In der Tat, die aufzubauenden Potentiale verschaffen dem System bzw. Systemteilen und/oder Planungshierarchieebenen bzgl. bestimmter Aspekte eine erhöhte Flexibilität. Greift man die Ausführungen am Ende des Abschnitts 3.3.1 nochmals auf, so kann man in Erweiterung von Abb. 3.10 die in Abb. 3.11 dargestellten Zusammenhänge zwischen Redundanzpotentialen und Störungsausbreitung feststellen. Dabei können Redundanzpotentiale sowohl zwischen den Planungsebenen als auch zwischen den einzelnen Planungssystemen innerhalb einer Ebene vorgesehen werden.

Ein typisches Beispiel für ein Präventivpotential wäre ein Sicherheitsbestand, der unvorgesehene Nachfrageschwankungen "auffängt". Ein Sanierungspotential bestünde dagegen im Vorhalten von Möglichkeiten, einen entstandenen Nachfrageüberhang so rasch wie möglich zu beseitigen.

Der Unterschied zwischen Präventiv- und Sanierungsmaßnahme besteht in der **Reagibilität** der aufzubauenden Potentiale. Während ein Präventivpotential die Störung sofort beseitigt, benötigt das Sanierungspotential hierzu mindestens die technisch notwendige Sanierungszeit. Diesem Nachteil steht freilich der Vorteil gegenüber, daß eine Sanierung meist unter wesentlich genauerer In-

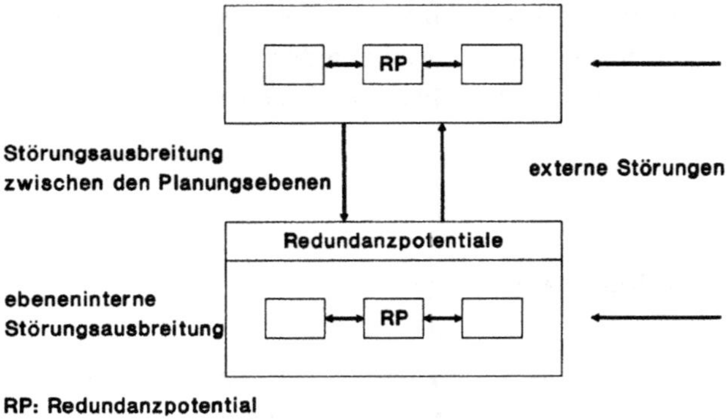

Abb. 3.11: Störungsausbreitung und Redundanzpotentiale

formation stattfindet, was besonders bei stark erratischen Störungen zu Buche schlägt. Darüber hinaus weisen Sanierungspotentiale häufig eine erheblich höhere Flexibilität auf (vgl. Kap. 4), da sie i.d.R. für unterschiedlichste Störungstypen einsetzbar sind.

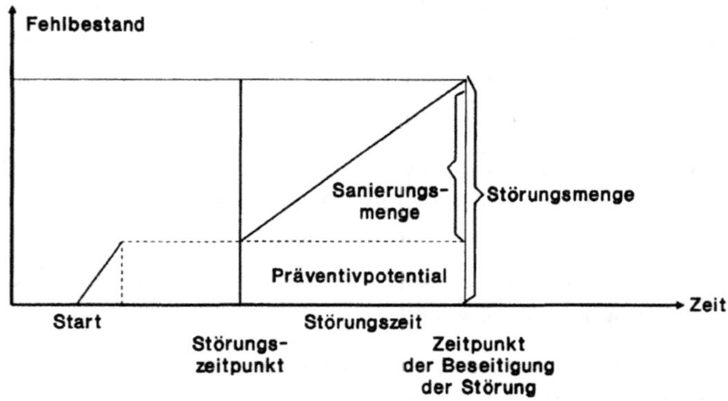

Abb. 3.12: Kombinierter Aufbau und Einsatz von Präventiv- und Sanierungspotentialen

Präventiv- und Sanierungsmaßnahmen werden häufig nicht isoliert eingesetzt. Im allgemeinen strebt man eine Kombination an, wie Abb. 3.12 andeuten möge. Dort beginnt im Startzeitpunkt der Aufbau eines Präventiv- und eines Sanierungspotentials. Im Störungszeitpunkt möge eine (einmalige) Störung auftreten, deren Beseitigung durch das aufgebaute Präventivpotential nicht vollständig möglich sei. Hier kann nun das aufgebaute Sanierungspotential ansetzen, um bei Kenntnis der Störung deren gezielte Beseitigung vorzunehmen. Dabei bleibt zumindest ein Teil der Störung innerhalb einer Störungszeitspanne erhalten. Wie kurz diese Zeitspanne ist, hängt insbesondere von dem aufgebauten Sanierungspotential ab. Wesentlich ist, daß wegen des großen Aktionsvolumens (vgl. Abschn. 4.1) zum Aufbau des Sanierungspotentials nur sehr grobe Informationen hinsichtlich der Natur künftiger Störungen erforderlich sind. Beim Aufbau des Präventivpotentials hingegen ist man in einer schlechteren Lage. Gerade hier würde man wegen des vergleichsweise kleinen Aktionsvolumens genauere Kenntnisse über mögliche Störungen benötigen, insbesondere deswegen, weil der Aufbau eines derart "speziellen" Potentials in einem Zeitpunkt erfolgt, der weit vom Störzeitpunkt entfernt ist.

Das folgende Beispiel möge das Zusammenspiel beider Redundanzmaßnahmen weiter verdeutlichen.

3.3.4 Redundanzmaßnahmen in der Lagerdisposition

Um die Wirkungsweise unterschiedlicher Planungsstufen, der Kombination von Redundanzmaßnahmen und schließlich der Reaktion auf einen sich verändernden Informationsstand zu erfassen, sei ein Modell für die Absicherung gegen Absatzschwankungen entworfen. Hierbei gehen wir zunächst von der Vorstellung aus, derartige Schwankungen durch Sicherheitsbestände abzufangen (reine Präventivmaßnahme). Je größer die Nachfrageschwankungen werden, desto problematischer wird es jedoch, sämtliche Störungen allein durch einen solchen Sicherheitsbestand auffangen zu wollen. Stattdessen kann man die Möglichkeit vorsehen, kurzfristige Eilproduktionen auszulösen, die eine drohende Fehlmenge vermeiden.

Abb. 3.13 möge die Situation verdeutlichen. Zunächst sinkt der Lagerbestand LB_t infolge der stochastischen Nachfrage r_t auf eine "Warngrenze" s ab, was zur Auslösung einer Produktion der Menge q_t führt, die nach einer Durchlaufzeit λ zur Verfügung steht. Sinkt nun der Lagerbestand weiter so rasch ab, daß er eine sog. Eilwarnschranke s^e unterschreitet, so wird dann eine Eilproduktion ausgelöst, wenn deren Fertigungszeit λ^e kürzer ist als die Restzeit, die zur Fertigstellung der regulären Produktionsmenge q_t noch erforderlich ist (vgl. Abb. 3.13).

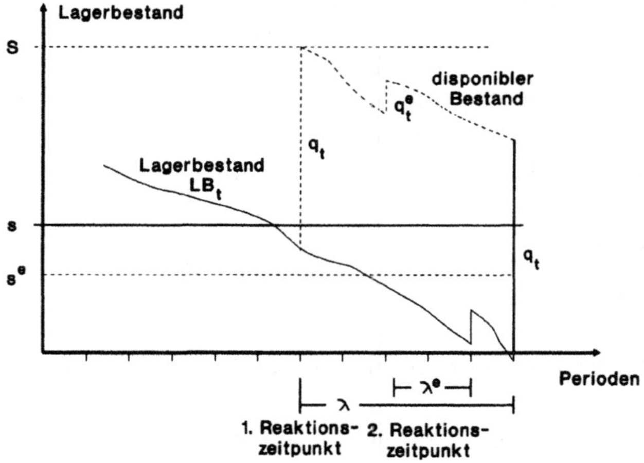

Abb. 3.13: Bestandsverlauf im Makro-Mikro-Modell

Die Warnschranke s verkörpert eine "normale" Sicherheitsgrenze, die im Zuge der "normalen" Produktion immer wieder aufgebaut wird. Die Eilwarnschranke s^e führt zu einer Eilproduktion q_t^e, d.h.

zum Aufbau eines Zusatzsicherheitsbestandes, der nur bei Existenz eines Sanierungspotentials erfolgen kann. Im Modell möge die Bereithaltung dieses Potentials in proportionalen (e) und eilauflagefixen (K^e) Kosten seinen Niederschlag finden, wobei der Kostensatz e diejenigen Stückkosten beschreibt, die durch die Eilproduktion *zusätzlich* verursacht werden. Das zugrundeliegende Optimierungsproblem läßt sich leicht als Dynamisches Programm folgendermaßen formulieren: Es ist der Erwartungswert der Gesamtkosten C über einen Planungshorizont von T Perioden zu minimieren:

$$C = E\sum_{t=1}^{T}\{\delta(q_t)K + \delta(q_t^e)K^e + q_t^e \cdot e + \mathrm{LFK}_t\} \Longrightarrow \min$$

$$\text{mit} \quad \delta(x) := \begin{cases} 1 & \text{falls } x > 0 \\ 0 & \text{sonst} \end{cases} \quad , x := q_t \text{ oder } q_t^e$$

und K als auflagefixen Kosten der Normalproduktion. LFK_t stellen Lager- und Fehlmengenkosten dar, d.h.

$$LFK_t := \begin{cases} h \cdot LB_t & \text{falls } LB \geq 0 \\ -v \cdot LB_t & \text{falls } LB \leq 0, \end{cases}$$

wobei $h > 0$, und $v > 0$ den Lager- bzw. Fehlmengenkostensatz bezeichnen. Schließlich hat man noch als dynamische Nebenbedingung die bekannte Lagerbilanzgleichung zu beachten

$$LB_{t+1} = LB_t + q_{t-\lambda} + q_{t-\lambda^e}^e - r_t.$$

Die Ermittlung der optimalen Warnschranken s und s^e könnte nun prinzipiell unter Verwendung der Dynamischen Programmierung erfolgen. Dies ist jedoch rechentechnisch nur für die einfachsten (stochastischen) Nachfrage- (d.h. Stör-)verläufe möglich. Man zerlegt daher das Optimierungsproblem in zwei Teilprobleme, indem man das ursprüngliche Modell aus zwei hierarchisch gekoppelten Partialmodellen aufbaut: Während das übergeordnete Modell (im folgenden als **Makromodell** bezeichnet) die Schranke s bestimmt, dient das untergeordnete Modell (**Mikromodell**) der Bestimmung von s^e.

Die Aufteilung des simultanen Einsatzes zweier Redundanzmaßnahmen in zwei hierarchisch gekoppelte Modelle hat freilich nicht nur rechentechnische Gründe. Sie zeigt augenfällig die Wirkungsweise der beiden Vorgehensweisen. Während die Präventivmaßnahme im Makromodell auf die langfristig ermittelten stochastischen Störgrößen des Nachfrageprozesses zugreift, arbeitet die Sanierungsmaßnahme im Mikromodell mit wesentlich genauerer Information: Durch die Verschiebung des Reaktionspunktes in die Zukunft kann sie von dem Verlauf des Lagerbestandes zwischen s und s^e Gebrauch machen oder allgemeiner formuliert: die Sanierungsmaßnahme arbeitet mit Teilrealisierungen des Störprozesses, die in bedingten Störungswahrscheinlichkeiten ihren Niederschlag finden. Die Reaktionszeit der Sanierungsstrategie (Durchlaufzeit λ^e) ist kürzer als für die Präventivstrategie (Durchlaufzeit λ), doch hat man andererseits zu bedenken, daß die maximale Sanierungsmenge (q^e) kleiner ist als die Maximalmenge q der Präventivmaßnahme.

Ein wichtiger Aspekt ist schließlich noch die hierarchische Kopplung über zwei Planungsstufen der Produktionsplanung. Vom Standpunkt der sich über Planungsstufen verteilenden vertikalen Störungsabsicherung ist die Präventivmaßnahme des Makromodells in der Vollzugsplanungsstufe angesiedelt, während die Sanierungsmaßnahme des Mikromodells (mit ihren bekannten Nachfragewerten) der hierarchisch untergeordneten Steuerungsstufe zuzurechnen ist (vgl. Abb. 3.14).

Die Kopplung beider Modelle geschieht nun in der Weise, daß man aufgrund der Sanierungsmaßnahme und der Nachfrage im Mikromodell einen Fehlmengenkostensatz $\hat{v}$ schätzt, der sodann im Makromodell zur Berechnung der Parameter s und S Verwendung findet. (Hinsichtlich einer genaueren Analyse des Beispiels sei auf KÜHN verwiesen).

Damit ist die hierarchische Kopplung beider Modelle offensichtlich:

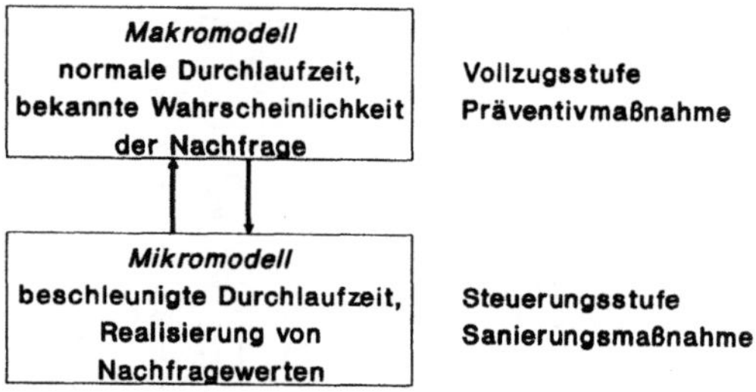

Abb. 3.14 : Makro-Mikro-Modellhierarchie

Durch seinen Bottom-up-Einfluß (vgl. Abb. 2.10) wird das Mikromodell und damit die Sanierungsmaßnahme über den geschätzten Fehlmengenkostensatz $\hat{v}$ im hierarchisch übergeordneten Makromodell berücksichtigt, das seinerseits durch Vorgabe des Bestellpunktes s einen Top-down-Einfluß auf das Mikromodell ausübt. Eine Reaktion des Mikromodells auf die Maßnahme des Makromodells (wie als Möglichkeit (3) in Abb. 2.11 beschrieben) geschieht jedoch nicht innerhalb der Planung. Erst über den ex post erkennbaren Planungserfolg bzw. -mißerfolg kann im Makromodell eine Revision, insbesondere hinsichtlich seiner Vorgaben für das Mikromodell, stattfinden. (Man vergegenwärtige sich nochmals aus der Sicht dieses Beispiels die im Prinzip ganz ähnlich gelagerten Zusammenhänge des "Lufthansabeispiels" des Abschnitts 2.2.4.)

3.3.5 Der zeitliche Aufbau von Potentialen

Bereits in Abschnitt 3.3.3 haben wir festgestellt, daß Potentiale zur Beseitigung von Störungen Flexibilitätspotentiale sind. Erinnert man sich an die Erzeugung derartiger Potentiale, so wird erkennbar, daß sich mit Hilfe der flexiblen Planung abgestufte Strategien zur Störungsbewältigung aufbauen lassen. Der Entscheidungsbaum der Abb. 3.15 zeigt hierzu die grundsätzliche Vorgehensweise.

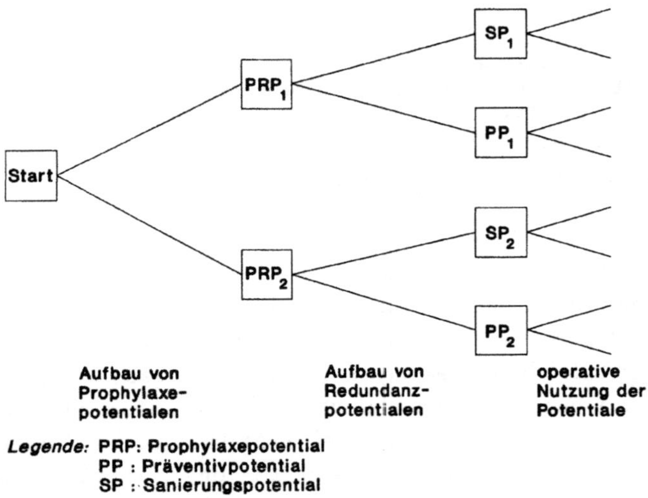

Abb. 3.15: Erzeugung und Nutzung von Potentialen zur Störungsbeseitigung

In ihr wird nochmals die hierarchische Struktur der Planung deutlich. So wird man häufig Redundanzpotentiale erst aufbauen, wenn klar ist, welche Prophylaxepotentiale (insbesondere Evasionspotentiale) zur Verfügung stehen (Top-down-Einfluß). Umgekehrt, Prophylaxepotentiale hängen von den aufzubauenden Redundanzpotentialen ab, deren Dimensionierung ihrerseits von ihrer vorgesehenen operativen Nutzung bestimmt wird (Bottom-up-Einfluß).

Gegenüber den früheren Überlegungen des Abschnitts 2.2.3 wird hier noch deutlicher, daß im faktischen Durchschreiten (d.h. online) des ex ante aufgebauten Entscheidungsbaumes "höhere" Potentiale i.d.R. zu faktischen Gegebenheiten für niedrigere Potentiale werden. Hier ist dann kurzfristig keine Revision mehr möglich.

Es sei nochmals betont, daß die in Abb. 3.15 wiedergegebene hierarchische Struktur sich nur formulieren läßt, wenn die in Abschnitt 3.2.2 diskutierten Voraussetzungen der Zerlegbarkeit und der Nutzenunabhängigkeit gegeben sind. Dann jedoch läßt sich prinzipiell über den Algorithmus der (adaptiven) stochastischen Dynamischen Programmierung eine Optimalstrategie gewinnen. Da dies jedoch, wie wir wissen, aus rechentechnischen Gründen und aufgrund der meist gegebenen Schwierigkeit der Datenerfassung i.d.R. nicht möglich ist, geht man durch Abstraktion und Relaxation zu vereinfachten Strukturen über. Diese Strukturen werden durch Entscheidungsbäume dargestellt, die – wie im Makro-Mikromodell-Beispiel des letzten Abschnitts – den hierarchischen Charakter der zu ermittelnden Strategien noch deutlicher hervortreten lassen. Dieser verstärkt hierarchische Charakter der Planung führt sodann in Rücknahme einer möglicherweise zu starken (jedoch unvermeidbaren) Vereinfachung (man erinnere sich an das Beispiel der Abb. 2.2) zu der Notwendigkeit einer forcierten Integration der Planungsebenen. Insofern bilden Hierarchisierung und Integration komplementäre Maßnahmen.

Abschließend seien nochmals die wichtigsten Planungs- und Informationszusammenhänge bildlich herausgestellt. Im Prinzip hat man es mit einer sich in der Zeit erstreckenden Planung über die Hierarchieebenen zu tun. Sie ist durch schräge Pfeile in Abb. 3.16 angedeutet. Hierbei setzt man jedoch voraus, daß man (im Gegenwartszeitpunkt t_0) sämtliche entscheidungsrelevanten Informationen besitzt. Diese Informationen erhält man zunächst durch Rückmeldung der in t_0 aufgetretenen Fakten in den Ebenen 1, 2 und 3 (senkrechte Aufwärtspfeile in Abb. 3.16). Tatsächlich ist das jedoch nicht alles, was man über das System weiß. Auch heute (t_0) bereits bekannte Ereignisse, die später auf das System einwirken werden, müssen berücksichtigt werden.

Eine solche Berücksichtigung ist prinzipiell im Rahmen der Dynamischen Programmierung möglich, allerdings nur unter Verwendung eines sehr komplexen Zustandsraumes. Eine Erleichterung

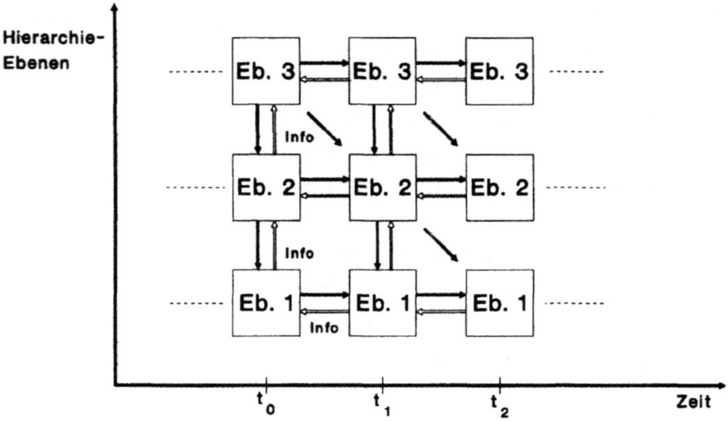

Abb. 3.16: Dimensionen dynamischer Planung

kann man sich jedoch häufig dadurch verschaffen, daß man auf jeder Ebene eine zeitliche dynamische Planung durchführt (waagrechte Pfeile in Abb. 3.16) und die dadurch "gefilterte und gesammelte" Information der ("Diagonal"-)Planung der Hierarchieebenen mitteilt (s. die in Abb. 3.16 eingezeichneten waagrechten Informationspfeile). Eine solche in der Zeitdimension durchgeführte Verselbständigung der Hierarchieebenen wird umso eher akzeptabel sein, je unterschiedlicher die zeitlichen Detaillierungsgrade der einzelnen Ebenen sind.

Eine ähnliche Situation hat man auch schon im einfacheren Fall einer nicht-hierarchischen Planung: Liegt in jeder Periode ein sehr komplexes System vor, so kann man sich das dynamische Planungsproblem dadurch erleichtern, daß man nur für die wichtigsten zeitabhängigen Variablen eine dynamische Planung durchführt und die übrigen Variablen lediglich myopisch plant.

3.4 Bemerkungen zu einer entscheidungsorientierten Kostenrechnung

Bereits in Abschnitt 1.5.2 haben wir im Rahmen der Parameteranpassung des Entscheidungsgenerators an das Mastermodell Zusammenhänge mit der Kostenrechnung angedeutet. Wir sind jetzt in der Lage, nachdem wir uns mit Fragen der Hierarchisierung und Dekomposition sowie mit der Gestaltung dynamischer Prozesse detaillierter auseinandergesetzt haben, etwas genauer auf Fragen der Kostenrechnung einzugehen. Freilich kann es sich nur um vorläufige Überlegungen handeln. Eine umfassendere Analyse muß einer späteren Ausarbeitung vorbehalten bleiben.

Eine **entscheidungsorientierte** Kostenrechnung – und nur sie interessiert uns hier – soll Präferenzinformation zur Bewertung betrieblicher Entscheidungen beisteuern. Diese Präferenzinformation wird ausschließlich über die objektiv ermittelbaren Daten der Beschaffungs- und Absatzmärkte gewonnen. Genauer: Mit jeder (kostenrelevanten) Entscheidung sind Auszahlungen auf Beschaffungsmärkten und simultan damit (Riebel spricht von "Identitätsprinzip" (RIEBEL)) Einzahlungen auf Absatzmärkten verbunden. Eindeutig einer Entscheidung zuordenbare Auszahlungen werden als Kosten und entsprechend die zugehörigen Einzahlungen als Erlöse (dieser Entscheidung) bezeichnet.

Ist eine eindeutige Zuordenbarkeit nicht möglich, so ist die Bewertung einer Entscheidung über Auszahlungen und Einzahlungen nur im Zusammenhang mit anderen Entscheidungen möglich. Jede über Auszahlungen und Einzahlungen abgrenzbare Gesamtheit von Entscheidungen bildet eine Einheit und die ihr zugeordneten Kosten nennt man **Einzelkosten** dieser Einheit (s. RIEBEL oder HUMMEL/MÄNNEL). Die Differenz zwischen Einzelerlösen und Einzelkosten stellt den **Einzeldeckungsbeitrag** dar, der die Grundlage für eine Entscheidungsbewertung abgibt.

Abgrenzbare Entscheidungsmengen bilden häufig ein hierarchisches System, d.h. übergeordnete Entscheidungen legen untergeordnete zumindest partiell fest. Häufig geschieht diese Unterordnung durch zeitliche Anordnung. So sind Entscheidungen, die zur Leistungserbringung auf "Leistungskosten" (s. z.B. HUMMEL/MÄNNEL) führen, solchen Entscheidungen zeitlich nachgelagert und sachlich untergeordnet, die die Aufrechterhaltung der Betriebsbereitschaft von Leistungspotentialen bewirken und Bereitschaftskosten zur Folge haben.

Nach dieser eher skizzenhaften Erläuterung einiger Grundgedanken einer entscheidungsorientierten Kostenrechnung sei nunmehr ein Zusammenhang mit unseren allgemeinen planungstheoretischen Überlegungen hergestellt. Betrachtet man die Unternehmung als ein offenes, stochastisches, dynamisches System, das über Aus- und Einzahlungen mit seiner Umgebung verbunden ist, so führen Entscheidungen (sog. **Einflußgrößen**: STÖPPLER et al.) in diesem System auf Zustandsveränderungen, genauer: auf Veränderungen bestimmter Komponenten des Gesamtzustandes. Falls die Zustandsveränderungen mit Kosten und Erlösen (d.h. letztlich mit Ein- und Auszahlungen) verbunden sind, so bezeichnet man diese Zustandskomponenten als **Kalkulations-oder Entscheidungsobjekte**. Dabei beachte man, daß auch Zeitintervalle als Kalkulationsobjekte Verwendung finden können. Sie wären durch entsprechend hochaggregierte Zustandskomponenten repräsentierbar. Die Wirkung der Einflußgrößen auf ein Entscheidungsobjekt, also die Zustandstransformation, wird durch **Einflußgrößenfunktionen** beschrieben. Sie bestimmen bei geplanten Einflußgrößen Plankosten und Planerlöse (STÖPPLER et al.).

Übergeordnete Entscheidungen legen häufig Rahmenbedingungen, d.h. Potentiale fest (vgl. Abschn. 3.3.3), so daß Investitionsentscheidungen (insbesondere) über ihre Ausgaben als Einzelkosten innerhalb einer entscheidungsorientierten Kostenrechnung erscheinen und zu deren Periodisierung über Abschreibungen kein Anlaß besteht.

Wie wir wissen, vollzieht sich Planung in einem dynamischen, stochastischen System in der Weise, daß der Erwartungswert einer (separablen) Zielfunktion optimiert wird. Die Aufgabe einer entscheidungsorientierten Kostenrechnung besteht dabei darin, den Teil der Bewertungen dem dynamischen System zugänglich zu machen, der objektiv über die Märkte erhältlich ist. Hierbei sollte man jedoch beachten, daß Aus- und Einzahlungen i.a. nicht die einzigen Informationen sind, nach denen ein System zu gestalten und zu steuern ist. Auch nichtmonetäre Gesichtspunkte (wie etwa die im nächsten Kapitel zu besprechende Flexibilität) sind zu berücksichtigen. Zusammenfassend kann man daher feststellen, daß eine entscheidungsorientierte Kosten- und Erlösrechnung die monetären Bewertungsaspekte eines dynamischen Systems (zukunftsorientiert) erfaßt. Durch sie wird der Abstraktionsvorgang (vgl. Kap. 1) insoweit unterstützt, als er zumindest auf die monetären Anteile eines Realmodells führt. Der vollständige Abstraktionsvorgang hat jedoch auch nicht-monetäre Aspekte zu berücksichtigen, was zu einer Situation führt, auf die bereits im Beispiel des Abschnitts 1.6.1 ausführlich hingewiesen wurde. Erweisen sich die monetären Gesichtspunkte als dominierend, so wird man mit den durch die Kostenrechnung gegebenen Kostendaten arbeiten und sie an möglicherweise vorhandene nicht-monetäre Aspekte über **Lenkkostenparameter** (s. Abschn. 1.5.2) anzupassen suchen.

Dieser Anpassungsvorgang wird jedoch wegen der Komplexität des Realmodells häufig nicht auf der Abstraktionsebene stattfinden. Vielmehr wird man relaxieren müssen und im Entscheidungsgenerator die dort vorliegenden Parameter und insbesondere die "Kosten"-Parameter an die marktseitig gegebene Kosten- und Erlösinformation und die übrigen nicht-monetären Aspekte durch Lenkkosten anzupassen suchen, d.h. die eigentliche (subjektive) Bewertung findet auf der Relaxationsebene statt. Eine entscheidungsorientierte Kostenrechnung liefert daher nicht etwa die Kostendaten, mit deren Hilfe man Entscheidungen in einem Formalmodell *ermittelt*, wohl aber stellt sie über das Realmodell einen festen Bezugspunkt bereit, an dem die im Entscheidungsgenerator gewonnenen Entscheidungen ex ante validiert werden können.

Die stochastisch dynamische Struktur dieses Realmodells macht deutlich, daß nicht die klassische Produktions- und Kostentheorie (vgl. SCHNEEWEISS 1989 bzw. FANDEL) Grundlage für eine entscheidungsorientierte Kostenrechnung sein kann, sondern lediglich eine hierarchisch strukturierte stochastisch dynamische Systemtheorie. Wie Abschnitt 6.4 noch verdeutlichen wird, liegen Produktions- und Kostentheorie für die Mehrzahl betriebswirtschaftlicher Anwendungen auf einer i.a. nicht-empirischen "mittleren Beschreibungsebene", in der entscheidungsorientierte Kosten nicht auftreten. Klassische Kostentheorien können daher allenfalls die Rolle von Entscheidungsgeneratoren übernehmen.

Kapitel 4

Flexibilität

Flexibilität ist eine wichtige Eigenschaft dynamischer Systeme. Bereits im vorhergehenden Kapitel, insbesondere bei der Problematik der Bewältigung von Störungen, sind wir mehrfach auf den Flexibilitätsbegriff gestoßen, ohne ihn freilich genauer zu charakterisieren. Wir hatten festgestellt, daß Flexibilität zur Störungsbeseitigung beitragen könne. Genauer formuliert: ***Flexibilität bezeichnet die Fähigkeit, sich unvorhergesehenen Veränderungen bestmöglich anzupassen.*** Diese verbale Charakterisierung werden wir im folgenden weiter operationalisieren.

Generell kann man davon ausgehen, daß entsprechend der Bewältigung von Störungen (Abschn. 3.3.5) Flexibilität dadurch erreicht wird, daß man
– (strategische) Potentiale aufbaut, die man im Störungsfall
– kurzfristig (operativ) nutzt.

Flexibilität erweist sich daher als ein durch die Dynamik eines Systems charakterisierter Begriff. Ihn zu operationalisieren und die Möglichkeit eines quantitativen Maßes zu diskutieren, wird Gegenstand der folgenden Überlegungen sein.

Auch wenn wir im täglichen Leben sehr häufig von Flexibilität sprechen, erweist sich der Begriff als nur schwer zugänglich. Es zeigt sich jedoch, daß die Überlegungen des vorhergehenden Kapitels eine Operationalisierung wesentlich erleichtern werden. Dazu werden wir in Abschnitt 4.1 zunächst sämtliche Eigenschaften zusammentragen, die ein Flexibilitätsmaß haben sollte. In einem nächsten Abschnitt erfolgt sodann eine Formalisierung dieser verbalen Forderungen im Rahmen eines dynamisch stochastischen Systems. Abschnitt 4.4 bringt schließlich nach einigen beispielhaften Erläuterungen in Abschnitt 4.3 eine formale Definition des Flexibilitätsmaßes, dessen Bedeutung in den Folgeabschnitten weiter herausgearbeitet wird.

Bevor wir in die formale Erfassung des Flexibilitätsbegriffes eintreten, sei zur besseren Anschaulichkeit auf einen wohlbekannten Begriff verwiesen, der uns Richtschnur und Anschauungsbeispiel für viele der folgenden Überlegungen sein wird: Gemeint ist der Servicegrad in der Lagerhaltung. Der Servicegrad mißt die Fähigkeit eines Lagerhaltungssystems, auf Störungen (z.B. von der Prognose abweichende Nachfragewerte) zu reagieren. Servicegrade können unterschiedlich definiert sein. Von einem **α-Servicegrad** spricht man, wenn lediglich das Ereignis einer Nicht-Lieferfähigkeit gemessen wird und nicht etwa die *Höhe* des Nachfrageüberhangs. Ein Maß für *diese* Größe stellt der **β-Servicegrad** dar, während der **γ-Servicegrad** schließlich noch die Zeit berücksichtigt, die eine bestimmte nachgefragte Menge im Lager nicht verfügbar ist (s. z.B. SCHNEEWEISS 1981, SCHNEIDER). Eine wesentliche Aufgabe der Lagerplanung besteht darin, eines der Maße auszuwählen und insbesondere einen numerischen Wert festzulegen.

Es wird sich zeigen, daß der Begriff des Servicegrades eng mit dem der Flexibilität verbunden ist, mißt er doch für ein Lagerhaltungssystem dessen Fähigkeit, Störungen zu bewältigen. Wir werden im folgenden immer wieder auf diese Zusammenhänge zurückkommen.

4.1 Erste Überlegungen zu einem Flexibilitätsmaß

Flexibilität beschreibt die Fähigkeit, auf Veränderungen zu reagieren. Da ein System durch seinen Zustand beschreibbar ist, bedeutet eine ungeplante Veränderung, daß das System einen Zustand annimmt, der nicht mit dem geplanten übereinstimmt. Diese Abweichung werde als **Disparität** bezeichnet. Flexibilität beschreibt somit die Fähigkeit, Disparitäten bestmöglich zu verringern. Hierzu stehen dem System grundsätzlich zwei Aktionsmöglichkeiten zur Verfügung: Das
(1) **Aktionsvolumen** und die
(2) **Reagibilität**.

Das **Aktionsvolumen** beschreibt die Anzahl Instrumente und deren "Reichweite", mit denen man (insbesondere) auf den Umfang der Disparität reagieren kann. **Reagibilität** dagegen bezeichnet die "Schnelligkeit", mit der Disparitäten verringert werden können. Mit den beiden Begriffen Aktionsvolumen und Reagibilität hat man bereits wesentliche Eigenschaften von Flexibilität erfaßt. Sie reichen jedoch noch keineswegs für eine allgemeine Charakterisierung aus.

Wesentlich ist, daß man den Informationsaspekt noch in die Betrachtung einbezieht. Er beeinflußt ein Flexibilitätsmaß in endogener und exogener Hinsicht. Die endogene Wirkung fassen wir zusammen in dem Begriff der

(3) **Disponibilität**. Sie beschreibt die *Wahrscheinlichkeit dafür, daß eine Aktion tatsächlich in vorgesehener Weise realisierbar ist.* Diese Wahrscheinlichkeit ist insofern "endogen", als sie von den Aktionen abhängt, die man tätigt.

Mit den Begriffen Aktionsvolumen, Reagibilität und Disponibilität sind sämtliche Größen zusammengefaßt, die die Reaktionsfähigkeit eines Systems beschreiben. Sie sei im folgenden auch als **Elastizität** bezeichnet. (Eine genauere Definition erfolgt allerdings erst im nächsten Abschnitt.) Flexibilität hängt aber auch noch von der exogenen

(4) **Stochastik** der Systemveränderungen ab. Denn je erratischer (vgl. Abschnitt 3.3.1) die Störungen sind, desto geringer wird (bezogen auf seine Umgebung) die Flexibilität eines Systems sein. Damit wird deutlich, daß Flexibilität im folgenden als ein Begriff verstanden wird, der die Systemumgebung voll einbezieht.

Als eine weitere Größe, die in ein Flexibilitätsmaß aufzunehmen ist, ist selbstverständlich noch das

(5) **Disparitätsmaß** zu nennen. Denn Flexibilität hängt sicher davon ab, welche Systemabweichung man als bedeutsam, d.h. als "Disparität" ansehen möchte. Unterschiedliche Disparitätsmaße (d.h. letztlich unterschiedliche Planvorgaben) geben zu unterschiedlichen Flexibilitäten Anlaß.

Damit kommt ein weiterer Aspekt ins Blickfeld, den es zu beachten gilt. Bisher haben wir lediglich das Objektsystem bzw. Entscheidungsfeld (vgl. Bd. 1, Abschn. 2.3.2) als "Reaktionspotential" ins Auge gefaßt. Diese Sichtweise ist zu einseitig. Auch das Wertsystem (vgl. Bd. 1, Abschn. 2.3.3) ist in mögliche Veränderungen einzubeziehen. Wir sprechen dann von

(6) **Bewertungselastizität**. Beispielsweise erhöht sich die Bewertungselastizität, wenn man "leicht" (vgl. jetzt schon Abb. 4.1) von einem Disparitätsmaß zu einem anderen übergehen kann. Noch allgemeiner könnte man von "**Konzeptionselastizität**" sprechen, die die Fähigkeit beschreibt, rasch von einer Konzeption (i- Schleife in Abb. 1.5) zu einer anderen überzugehen. Wir werden hierauf noch in Abschnitt 4.8 eingehen.

Wir hatten eingangs festgestellt, daß Flexibilität die Fähigkeit beschreibt, bestmöglich auf Veränderungen zu reagieren. Eine solche Fähigkeit hängt sicherlich nicht nur von den durch (1) bis (6) beschriebenen Systemeigenschaften ab, sondern auch von der

(7) **Planungsfähigkeit**, diese Eigenschaften (planerisch) zu nutzen. Wie wir spätestens seit Abschnitt 1.1 wissen, ist die Rea-

lität i.a. zu komplex, als daß man ohne Relaxation auskäme. Planungsfähigkeit beschreibt daher insbesondere die Fähigkeit, einen guten Entscheidungsgenerator zu finden.

4.2 Präzisierungen

Wir werden nun die im vorhergehenden Abschnitt aufgeführten Eigenschaften weiter präzisieren und formalisieren. Zunächst werden wir uns auf die Begriffe Aktionsvolumen, Reagibilität, Disponibilität und Elastizität konzentrieren. Von vornherein ist klar, daß der Flexbilitätsbegriff nur im Rahmen stochastisch dynamischer Systeme formal operationalisiert werden kann. Da wir ferner Flexibilität durch die Fähigkeit charakterisieren wollen, Disparitäten "optimal" zu verringern, wird die stochastische Dynamische Programmierung eine wesentliche Rolle spielen. Wir können daher bequem auf die im vorhergehenden Kapitel bereitgestellten Begriffe zurückgreifen und folgende Formalisierungen vornehmen:

(1) Das **Aktionsvolumen** sei definiert als die Menge aller Entscheidungsräume $A := \{A_t(z_t); t = 0, \ldots, T-1\}$ (vgl. Abschn. 3.2.1). Analog definiert man
(2) die **Reagibilität** als die Menge aller Übergangsbeziehungen $G := \{G_t(\cdot); t = 0, \ldots, T-1\}$.
(3) Die **Disponibilität** definiert die Wahrscheinlichkeit (bzw. Wahrscheinlichkeitsdichte) dafür, daß die Entscheidung $a = a'$ tatsächlich den Wert a' annimmt. (Allgemeiner könnte man hierfür auch die gesamte Wahrscheinlichkeitsverteilung der Zufallsvariable a verwenden.)

Aktionsvolumen und Reagibilität seien zusammen als **Technologie** $\Theta := \{A_t(z_t), G_t(\cdot), z_t \in Z_t; t = 0, \ldots, T-1\}$ bezeichnet. In ihr sind sämtliche Größen enthalten, die ein dynamisches System "technisch" (d.h. nicht-wertmäßig) beschreiben. Statt durch A_t und G_t kann man die Technologie eines Systems auch als "die

Menge aller seiner (zulässigen) Strategien" bezeichnen: $\Theta := \{\{a_0(z_0), \ldots, a_{T-1}(z_{T-1})\}\}$.

Jeder konkrete Plan führt bekanntlich über die Übergangsbeziehung $z_{t+1} = G_t(z_t, a_t, r_t)$ mit einer durch die Störung induzierten Wahrscheinlichkeit zu einer Zustandsfolge $\{z_1, .., z_T\}$. Die Menge aller Pläne erzeugt die Menge aller durch eine Technologie (stochastisch) erreichbaren Zustände. Bezeichnet man die zeitpunktbezogenen stochastischen Zustandsmengen durch Z_t, so ist die Menge Z aller durch eine Technologie Θ erreichbaren Zustände gegeben durch

$$Z(\Theta) = \bigcup_{t=0}^{T} Z_t.$$

Damit ist es nun möglich, den Begriff Elastizität präzis zu definieren:

(4) Unter **Elastizität** $Z(\Theta)$ einer Technologie Θ (bzgl. eines stochastischen Umfeldes) sei die Menge aller durch sie erreichbaren (stochastischen) Zustände verstanden.

Mit dem Begriff Elastizität ist man dem Flexibilitätsbegriff schon ein beträchtliches Stück näher gekommen. Häufig meint man sogar Elastizität, wenn man von Flexibilität spricht. Dies wird besonders deutlich, wenn man bedenkt, daß selbst schon Aktionsvolumen und Reagibilität als Flexibilität bezeichnet werden. So versteht man unter Arbeitszeitflexibilisierung bereits den Übergang vom (starren) 8-Stunden-Tag zu unterschiedlichen Tagesarbeitszeiten, was in unserer Betrachtungsweise lediglich eine Ausweitung des Aktionsvolumens und noch nicht eigentliche Flexibilität bedeutet. Ebenso sieht man den Begriff der flexiblen Fertigung häufig lediglich unter dem Gesichtspunkt rascherer Maschinenumrüstbarkeit, d.h. nur die Reagibilität hat sich gegenüber der "inflexiblen" Fertigung geändert. Findet in der flexiblen Fertigung auch noch die mögliche Ausweitung der Kapazitäten (d.h. des Aktionsvolumens) Beachtung, so hat dies noch nichts direkt mit Flexibilität, sondern nur etwas mit Elastizität zu tun.

Flexibilität hat noch den Bewertungsaspekt und insbesondere das Disparitätsmaß zu berücksichtigen, so daß man Elastizität lediglich als einen Teilaspekt der Flexibilität ansehen kann, der die prinzipielle Fähigkeit eines Systems erfaßt, Störeinflüsse zu bewältigen. Es ist daher, wie soeben geschildert, nicht verwunderlich, daß man hierfür häufig auch den Begriff Flexibilität verwendet.

Hält man jedoch daran fest, daß Flexibilität etwas mit *zielgerichtetem* Reagieren zu tun hat, so wird man diesen Begriff weiter präzisieren müssen. Damit kommt man auch denjenigen entgegen, die Elastizität oder auch nur das Aktionsvolumen als Flexibilität bezeichnen. Denn in aller Regel ist es in Wahrheit nicht die Elastizität an sich, die man für bedeutsam hält, sondern das Ergebnis, das man mit ihr erreichen kann.

Eine besondere Schwierigkeit des Elastizitätsbegriffs, wie die seiner Komponenten Aktionsvolumen A und Reagibilität G, liegt auch in seiner ungenügenden Operationalität. Nur wenn (bei identischer stochastischer Umwelt) die Elastizität der einen Technologie Θ' die einer anderen Θ'' umfaßt, d.h.

$$Z(\Theta') \supseteq Z(\Theta''),$$

erreicht man durch das Elastizitätsmaß eine ordinale Bewertung von Technologien. In allen anderen Fällen ist zunächst keine Anordnung möglich. Und gerade aus dieser Schwierigkeit wird uns der Begriff der Flexibilität herausführen. Die Einbeziehung einer Bewertung (Eigenschaft (5)) führt daher nicht nur zu einer Bereicherung des Elastizitätsbegriffes, sondern auch zu dessen Operationalisierung.

Bevor dies geschieht, machen wir uns noch folgendes klar: Flexibilität ist i.a. ein strategischer Begriff. Flexibilität entsteht dadurch, daß man in einer Initialentscheidung $a_1 = a_1^i$ die Aktionsräume $\{A_1^i(z_1), \ldots, A_{T-1}^i(z_{T-1})\}$ und Übergangsbeziehungen $\{G_1^i(\cdot), \ldots, G_{T-1}^i(\cdot)\}$ (strategisch) aufbaut und dieses Potential in den Nachfolgeentscheidungen (operativ) nutzt. Wir wollen daher die "Resttechnologie"

$$\Theta := \{(A_t(z_t), G_t(\cdot)), z_t \in Z_t; t = 2, \ldots, T-1\}$$

auch als **Flexibilitätspotential** bezeichnen (s.a. Abschn. 3.3.5).

4.3 Beispiele

Um die Diskussion nicht zu abstrakt werden zu lassen, seien bereits jetzt einige Beispiele aufgeführt, die die bisher definierten Begriffe veranschaulichen mögen. Als erstes betrachten wir Lagerhaltungssysteme, deren Bedeutung als "Leitfaden" bereits herausgestellt wurde. Es ist daher wichtig, in einem zweiten Beispiel zu verdeutlichen, daß auch andere dynamische Systeme als die der Lagerhaltung durch die vorstehende Diskussion sinnvoll erfaßt werden.

4.3.1 Lagerhaltungssysteme

Die in den Abschnitten 4.1 und 4.2 definierten Begriffe finden in Lagerhaltungssystemen folgende Entsprechungen:

(1) **Aktionsvolumen**: Menge aller Bestellmöglichkeiten.

(2) **Reagibilität**: Die Übergangsbeziehung ist in der Lagerhaltung bekanntlich durch die Lagerbilanzgleichung $z_{t+1} = G_t(z_t, \tilde{q}_t, r_t)$ gegeben, die im konkreten Fall die Gestalt $z_{t+1} = z_t + \tilde{q}_{t-\lambda} - r_t$ annehmen kann, wobei z_t den Lagerbestand, $\tilde{q}_{t-\lambda}$ die nach einer Lieferfrist λ im Lager eintreffende Bestellmenge und r_t die Nachfrage bedeuten. Die in unserem Zusammenhang wichtigste Größe ist die Lieferzeit λ. Sie beschreibt als "Reaktionszeit" das zeitliche Reaktionsvermögen (s. z.B. auch Abb. 3.1 und Abb. 3.13).

(3) **Disponibilität**: In der Lagerhaltung kann man in vielen Fällen nicht davon ausgehen, daß die in $t-\lambda$ bestellte Menge $\tilde{q}_{t-\lambda}$

auch tatsächlich geliefert wird, was z.B. daran liegen kann, daß jede Lieferung mit einer bestimmten Wahrscheinlichkeit Ausschuß enthält. Man kann daher nur mit einer bestimmten Wahrscheinlichkeit damit rechnen, daß $\tilde{q}_{t-\lambda}$ und die in t gelieferte Menge q_t (annähernd) gleich sind. In dieser Wahrscheinlichkeit drückt sich die Disponibilität eines Systems aus.

(4) **Stochastik**: Als exogene "Störung" kommt in der Lagerhaltung zunächst die Nachfrage in Betracht. Aber auch eine mögliche (stochastische) Störung der Lieferzeit könnte auftreten, solange die Lieferzeit nicht über eine Entscheidung beeinflußbar ist. Ist letzteres der Fall, so würde man deren Stochastik im Rahmen der Disponibilität diskutieren.

(5) **Disparitätsmaß**: Als Disparitätsmaß kommen unterschiedliche Größen in Frage, je nachdem, welche Konsequenzen man bei Nichtlieferfähigkeit zu befürchten hat. So kann man z.B. Fehlmengen, Fehlzeiten oder eine unabhängig von der Fehlmenge eintretende Nichtlieferfähigkeit als Disparitätsmaß verwenden.

(6) **Bewertungselastizität**: Auf sie wird in Abschnitt 4.6 noch genauer eingegangen.

(7) **Planungsfähigkeit**: Wie bereits angedeutet, werden unter bestimmten Bedingungen α-, β- und γ-Servicegrad ein Maß für die Flexibilität sein. Ihre Größe wird im Rahmen der Lagerhaltung unter Verwendung der stochastischen Dynamischen Programmierung optimal berechnet. Da die stochastische Dynamische Programmierung i.d.R. ein äußerst aufwendiges Verfahren ist, hat man zu Approximationen überzugehen, deren Güte ein Maß für die Planungsfähigkeit darstellt.

4.3.2 Arbeitszeitregelungen in Betriebsvereinbarungen

Die in Betriebsvereinbarungen festgelegten betrieblichen Arbeitszeitregelungen bilden ein weiteres Beispiel zur Erläuterung der Flexibilitätskomponenten (1) bis (7). Hierbei wird z.B. festgelegt, in welchem Zeitraum täglich zu arbeiten ist oder unter welchen Bedingungen Überstunden durchgeführt werden können (s. z.B. SCHNEEWEISS 1992).

(1) **Aktionsvolumen**: Menge aller im Rahmen der Betriebsvereinbarung möglichen Arbeitszeitmuster. Dabei versteht man unter dem Arbeitszeitmuster die Zuweisung der Arbeitsstunden eines Mitarbeiters auf die Stunden der 365 Tage eines Jahres.

(2) **Reagibilität**: Sie äußert sich i.d.R. in der Länge der Ankündigungsfristen von Arbeitszeitmaßnahmen. So macht es z.B. einen Reagibilitätsunterschied, ob Überstunden einen oder mehrere Tage vorher angekündigt werden müssen.

(3) **Disponibilität**: Eine der in den meisten Betriebsvereinbarungen vorgesehene Arbeitszeitentscheidung ist die Anordnung von Überstunden. Für sie wird häufig die Regelung getroffen, daß Überstunden nur im Einvernehmen mit dem betroffenen Mitarbeiter angeordnet werden können. Es ist daher von vornherein nicht sicher, ob eine Überstundenanordnung akzeptiert wird. Diese Unsicherheit ist ein Ausdruck für Disponibilität.

(4) **Stochastik**: Sie äußert sich in der Veränderung des Kapazitätbedarfs sowie in Störungen (z.B. Krankheit) des Kapazitätsangebots.

(5) **Disparitätsmaß**: Abweichung zwischen Kapazitätsbedarf und Kapazitätsangebot.

(6) **Bewertungselastizität**: Auf sie wird in Abschnitt 4.6 noch genauer eingegangen.

(7) **Planungsfähigkeit**: Arbeitszeitregelungen legen abhängig vom Kapazitätsbedarf die von den Mitarbeitern zu leistenden Arbeitsstunden (und damit das Kapazitätsangebot) fest. Da der Kapazitätsbedarf sich zeitlich ändert und das betriebliche System hierauf dynamisch reagieren muß, handelt es sich bei der Bestimmmung der Flexibilität um eine dynamische Optimierungsaufgabe, die mit Hilfe der stochastischen Dynami-

schen Programmierung zu bewältigen ist. Wie in Lagerhaltungssystemen, so hat man auch hier wegen der Komplexität der Aufgabe i.a. zu Approximationen überzugehen, deren Güte ein Maß für die Planungsfähigkeit darstellt.

4.4 Herleitung eines Flexibilitätsmaßes

Wir greifen nun die allgemeinen Überlegungen des Abschnitts 4.2 wieder auf. Dort hatten wir festgestellt, daß bei gegebener Stochastik (der Systemumgebung) und definiertem Disparitätsmaß D Flexibilität im wesentlichen durch die Technologie Θ eines dynamischen Systems festgelegt ist. Wenn daher Flexibilität bestmögliche Anpassung an Systemveränderungen bedeutet, so hat man das (dynamische) Optimum einer Funktion zu suchen, die ein Maß für die Anpassung ist. Eine solche Funktion sei Verrichtungsmaß V genannt. Sie ist eine Funktion des Disparitätsmaßes $V = V(D)$ und im Spezialfall damit identisch. Bei gegebener Technologie Θ ist daher das Verrichtungsmaß V letztlich eine Funktion der die Technologie charakterisierenden Strategien $a \in A$. Eine "bestmögliche" Anpassung ist somit beschreibbar durch die den Erwartungswert des Verrichtungsmaßes $E(V(a))$ optimierende Strategie $a = a^*$:

$$V^* := E\{V(a^*)\} = \underset{a \in \Theta}{\text{opt}}\, E\{V(a)\}. \tag{4.1}$$

Geht man davon aus, daß $V(a)$ (im Sinne der Dynamischen Programmierung) separabel ist, so stellt V^* gerade den durch **flexible Planung** erreichbaren erwarteten Optimalwert des Verrichtungsmaßes V dar. Dabei sei flexible Planung allgemein als adaptives Dynamisches Programmieren verstanden, wodurch neue im Laufe der Zeit erhältliche Informationen bestmöglich für die Planung nutzbar werden (vgl. SCHNEEWEISS 1974).

Mit dem periodenbezogenen Verrichtungsmaß V_t erhält man somit aus Gl. (4.1)

$$V^* = \underset{(a_0,\dots,a_{T-1})\in\Theta}{\text{opt}} E\{\sum_{t=0}^{T-1} V_{t+1}(a_t(z_t))\}. \tag{4.2}$$

Im Vergleich zur Elastizität ist V^* in der Tat ein geeigneteres Maß zur Messung von Flexibilität. Es berücksichtigt die in Abschnitt 4.1 genannten Aspekte (1) bis (5) und ermöglicht, Technologien kardinal zu messen. Dennoch fällt es schwer, die Anpassungsfähigkeit eines Systems an die für möglich gehaltenen Veränderungen in V^* zu erkennen.

Hierzu ist die Wahl des Verrichtungsmaßes genauer zu diskutieren, und es ist insbesondere die Fähigkeit des Systems herauszuarbeiten, auf *unvorhergesene* Veränderungen zu reagieren. Wir bezeichnen daher V^* lediglich als **Prämaß der Flexibilität**.

Um die Fähigkeit zur Anpassung an unvorhergesehene Störungen deutlich werden zu lassen, hat man dieses Prämaß V^* in Beziehung zu setzen zu einem optimalen Verrichtungsmaß V^+, das man erhielte, wenn zukünftige Veränderungen bekannt gewesen wären. Ein System, das so rasch reagiert, als hätte man alle Veränderungen bereits im voraus gekannt, sei als **ideal-flexibel** bezeichnet. Etwas formaler argumentiert, stellt sich der Sachverhalt folgendermaßen dar:

Ideal-flexibles Verhalten läge vor, wenn man wie ein Prophet wüßte, welche (konkreten) Störungen $\{r'_t\}$ im Laufe der Zeit auftreten werden. Man wäre dann in der Lage, bei vollständiger Information über die starre (deterministische) Planung ein Verrichtungsmaß $V^p_{\{r'_t\}}$ zu errechnen.

Brächte man jedoch diesen Wert mit V^* in Beziehung, so würde man dem Flexibilitätsbegriff nicht gerecht werden. Er wäre nämlich an die ganz spezielle Realisierung $\{r'_0,\dots,r'_{T-1}\}$ der Zeitreihe $\{r_0,..,r_{T-1}\}$ gebunden. Tatsächlich sollte ein Flexibilitätsmaß die Technologie Θ in ihrer stochastischen Umgebung beurteilen und nicht in einer speziellen Situation. M.a.W. Flexibilität ist ein strategischer Begriff, der den Aufbau von Flexibilitätspotentialen und deren operative Nutzung zu beurteilen hat. Aus diesem Grunde ist es sinnvoll, nicht $V^p_{\{r'_t\}}$ als Referenzwert zu verwenden, sondern den Mittelwert V^+ über sämtliche möglichen Störungen:

$$V^+ := E_{\{r_t\}}\{V^p_{\{r_t\}}\} = E_{\{r_t\}} \operatorname*{opt}_{a \in \Theta} V_{\{r_t\}}(a). \tag{4.3}$$

V^+ bezeichnet man als **prophetische Lösung.** Sie beschreibt das Beste, was eine Technologie (bei vollständiger Information) ausrichten könnte, d.h. V^+ beschreibt den ideal-flexiblen Fall. Für V^+ gilt im Fall eines zu maximierenden Verrichtungsmaßes $V^+ \geq V^*$.

Als Beispiel einer prophetischen Strategie sei auf das bekannte "Zeitungsjungenproblem" verwiesen. Hier geht es darum, sich mit genau so vielen Zeitungen einzudecken, wie nachgefragt werden. Dies ist wegen der Unsicherheit der Nachfrage i.d.R. nicht möglich. Der "prophetische" Zeitungsjunge wäre dazu jedoch in der Lage, und zwar an jedem Tag (d.h. für jede Zeitreihe). Einen solchen Zeitungsjungen hätte man (bei stochastischer Nachfrage) als idealflexibel zu bezeichnen, da es ihm stets gelänge, sich anzupassen.

Formal stellt der prophetische (d.h. ideale) Wert V^+ eine Normierung des Prämaßes V^* dar. Er kann als Skaleneinheit der Flexibilität verwendet werden. Will man auch noch einen Nullpunkt festlegen, so hat man eine Strategie $a = a^0$ auszuzeichnen, die völlig inflexibles Verhalten darstellt. Mit einer solchen "Laissez-Faire"-Strategie ergibt sich

$$V^- := E\{V(a^0)\} \tag{4.4}$$

als Nullpunkt der Flexibilität. (Die Festlegung der "Nullstrategie" a^0 ist dabei nicht ganz unproblematisch und bedarf in jedem konkreten Anwendungsfall gesonderter Überlegungen. Wir werden jedoch sehen, daß V^- nur von untergeordneter Bedeutung ist.)

Mit V^+ und V^- sind wir nun am Ziel unserer Bemühungen angelangt. Wir definieren als quantitatives **Maß der Flexibilität** einer Technologie Θ

$$F := \frac{V^* - V^-}{V^+ - V^-} \quad . \tag{4.5}$$

Dieses Maß ist auf das Intervall $[0, 1]$ normiert. Ist das System inflexibel, d.h. $V^* = V^-$, so nimmt die Flexibilität den Wert $F = 0$ an. Umgekehrt, kann die vorhandene Technologie vorausschauend optimal auf die Veränderungen reagieren, so liegt wegen $V^+ = V^*$ die höchste Flexibilität $F = 1$ vor. (Hinsichtlich ähnlicher, aber keineswegs identischer Bemühungen um eine Operationalisierung des Flexibilitätsbegriffes s. HANSSMANN 1987.)

4.5 Weitere Erläuterungen zum Flexibilitätsmaß

Die in Gl. (4.5) gewonnene Maßgröße für die Flexibilität eines Systems in einem stochastischen Umfeld ist noch vergleichsweise abstrakt. Ihre Bedeutung soll daher durch eine Reihe weiterer Betrachtungen hinsichtlich unterschiedlicher Aspekte noch klarer herausgearbeitet werden.

4.5.1 Flexibilitätsvergleiche

Eine der wichtigsten Aufgaben eines Flexibilitätsmaßes besteht darin, die Flexibilität unterschiedlicher Systemgestaltungen und Informationslagen zu vergleichen. Insbesondere kann man Flexibilität vergleichen hinsichtlich

- unterschiedlicher Kenntnisstände über die Umwelt,

- unterschiedlicher planerischer Nutzung eines gegebenen Flexibilitätspotentials und schließlich
- hinsichtlich unterschiedlicher Flexibilitätspotentiale.

Die Bedeutung des ersten Aspekts bezieht sich auf die Informationsbeschaffung, denn je geringer die Stochastik, desto höher ist die Flexibilität (in bezug auf diese Umwelt). Hier gibt die Flexibilität durch ihren Referenzwert V^+ einen Hinweis darauf, wieviel Information man sich sinnvollerweise noch verschaffen sollte.

Der zweite Aspekt betrifft die unter Eigenschaft (7) in Abschnitt 4.1 angesprochene **Planungsfähigkeit**. Wie dort bereits erwähnt, wird man in der Regel nicht in der Lage sein, V^* (und bisweilen auch V^+) exakt zu berechnen. Man wird sich daher in Abhängigkeit von der Planungsfähigkeit mit Approximationen V^s, und daher mit suboptimalen Strategien a^s anstelle der dynamisch optimalen Strategie a^* zufrieden geben müssen, was auf die verminderte Flexibilität

$$F^s := \frac{V^s - V^-}{V^+ - V^-} \tag{4.6}$$

führt. Der Quotient

$$\frac{F^s}{F} := \frac{V^s - V^-}{V^* - V^-}$$

wäre dann (aus Sicht der Flexibilität) ein Maß für die Güte der Planung.

Der dritte Aspekt geht über die beiden erstgenannten hinaus. Er betrifft die Systemgestaltung und damit nicht wie zuvor die Relaxations-, sondern die Abstraktionsphase der Planung (vgl. Abb. 1.1). Wie wir wissen (vgl. Abschn. 4.2), kann man mit einer Technologie Θ i.d.R. mehrere Flexibilitätspotentiale aufbauen. Das Beispiel des Abschnitts 3.2.4 (Abb. 3.7), in dem die Initialentscheidungen $y = 1$ und $y = 2$ dazu führten, in Maschinen unterschiedlichen Aktionsvolumens zu investieren, dürfte diese Möglichkeit verdeutlichen.

Generell stellt sich daher die wichtige Frage nach der Flexibilität unterschiedlicher Systemgestaltungen. Betrachtet man nur zwei

Potentiale, also die Resttechnologien Θ_1 und Θ_2, so wären die beiden Flexibilitäten

$$F(\Theta_1|\Theta) = \frac{V^*(\Theta_1) - V^-}{V^+(\Theta) - V^-} \quad \text{und} \quad F(\Theta_2|\Theta) = \frac{V^*(\Theta_2) - V^-}{V^+(\Theta) - V^-}$$

zu vergleichen, wobei $V^*(\Theta_i)$ $(i = 1,2)$ das flexibel geplante Verrichtungsmaß des Potentials Θ_i $(i = 1,2)$ unter Einfluß der initialen "Gestaltungsentscheidung" $a_0 = a_0(\Theta_i)$ $(i = 1,2)$ ist. Dabei beachte man, daß wir als Referenzgröße $V^+(\Theta)$ verwenden. Sie bezieht sich auf die Gesamttechnologie Θ und nicht etwa auf die konkrete Ausgestaltung Θ_i des Systems.

4.5.2 Vereinfachungen des Flexibilitätsmaßes

Des weiteren wollen wir mögliche Vereinfachungen des Flexibilitätsmaßes (4.5) betrachten. Für den Fall, daß man $V^- = 0$ setzen kann (vgl. SCHNEEWEISS/KÜHN), ergibt sich das "Quotientenmaß"

$$F^Q := \frac{V^*}{V^+} \quad . \tag{4.7}$$

Ein solches Maß ist besonders anschaulich, da es angibt, um wieviel mal die Planung bei unvollständiger Information schlechter ist als bei vollständigem Kenntnisstand. Noch anschaulicher könnte das sich hieraus ergebende Differenzmaß $F = F^D = V^+ - V^*$ sein, das den absoluten Optimalitätsverlust bei unvollständiger Information wiedergibt: Je flexibler ein System, desto geringer ist dieser Verlust. Allerdings ist F^D dimensionsbehaftet und nicht normiert.

F^Q weist eine deutliche Analogie zu dem in der Lagerhaltung bekannten β-Servicegrad auf, womit wir auf den eingangs bereits erwähnten Zusammenhang zwischen Servicegrad und Flexibilitätsmaß zurückkommen. Dieses in der Praxis häufig verwandte Verfügbarkeitsmaß setzt die erwartete sofort befriedigte Nachfrage zur erwarteten Gesamtnachfrage in Beziehung:

$$\beta := \frac{E\{\text{befriedigteNachfrage/Periode}\}}{E\{\text{Gesamtnachfrage/Periode}\}}.$$

Ein Servicegrad von β=95 % würde z.B. bedeuten, daß (mengenmäßig) 95 % der Nachfrage sofort erfüllt werden kann.

Mit dem Verrichtungsmaß "Nachfragebefriedigung" kann man β in Analogie zu F^Q auch schreiben:

$$\beta = \frac{E(V)}{\overline{V}},$$

wobei $\overline{V}$ den Erwartungswert der (befriedigten) Gesamtnachfrage bezeichnet. $\overline{V}$ ist i.a. nicht identisch mit V^+, da die zu V^+ gehörige Strategie zwar vollständige Information besitzt, jedoch die übrigen dem System möglicherweise auferlegten Restriktionen noch zu beachten hat. Dennoch ist die Analogie des Flexibilitätsmaßes zu einem β-Servicegrad sehr deutlich.

In diesem Zusammenhang sei auf ein weiteres Maß eingegangen, das häufig auch als Flexibilitätsmaß Verwendung findet. Gemeint ist der Begriff der Robustheit (s. z.B. ROSENHEAD et al. oder MARSCHAK/NELSON). Unter **Robustheit** einer Strategie versteht man allgemein ihre Unempfindlichkeit gegenüber (stochastischen) Störungen. Sie kann man in der Weise operationalisieren (s. z.B. DELFMANN), daß man für ein Verrichtungsmaß V ein Anspruchsniveau V^{AN} festlegt und die Wahrscheinlichkeit $Prob\{V \geq V^{\text{AN}}|\Theta\}$ bestimmt, mit der dieses Anspruchsniveau (noch) eingehalten wird, d.h. Robustheit $R(a)$ einer Strategie a läßt sich definieren durch

$$R(a) := Prob\{V \geq V^{\text{AN}}|\Theta\}. \tag{4.8}$$

Anschaulich besagt dies: "Was immer die Zukunft bringen wird, stets wird man (mit einer gewissen Wahrscheinlichkeit) nicht weniger als V^{AN} erhalten". Für bestimmte Technologien und eine entsprechende Wahl des Verrichtungsmaßes läßt sich in der Tat zeigen, daß Robustheit ein spezielles Flexibilitätsmaß darstellt. Als Beispiel diene wieder die Lagerhaltung. Dort ist bekanntlich der α-Servicegrad als die Wahrscheinlichkeit definiert, daß der Lagerbestand LB nicht negativ ist, d.h.

$$\alpha := \text{Prob}\{LB \geq 0\}.$$

Der Zusammenhang mit dem Robustheitsmaß (4.8) ist offensichtlich, braucht man doch nur als Verrichtungsmaß den Lagerbestand zu verwenden (V=LB) und das Anspruchsniveau $V^{\text{AN}} = \text{LB}^{\text{AN}} = 0$ zu setzen.

4.5.3 Flexibilität und Goodwill-Verlust

Mit den vorstehenden Erläuterungen haben wir nun eine gewisse Vertrautheit mit dem Flexibilitätsbegriff erlangt. Dennoch ist ein noch tieferes Verständnis dringend erforderlich, wenn der Begriff in der Praxis tatsächlich eingesetzt werden soll. Zwei (leider) zentrale Fragen bleiben offen:

1. Wie ist in einer konkreten Situation das Verrichtungsmaß V zu wählen?
2. Welchen numerischen Wert soll F annehmen?

Es wird sich zeigen, daß diese Fragen nur im Zusammenhang mit den übrigen Kriterien geklärt werden können, die im Rahmen einer Entscheidungssituation von Bedeutung sind. D.h. F ist in einen mehrkriteriellen Zusammenhang zu stellen, für den der Entscheidungsträger eine Lösung zu finden hat. Wie wir wissen, (vgl. Bd. 1, Kap. 7) erfordert die Lösung eines solchen Mehrzielproblems die Angabe von Präferenzurteilen, die nur möglich ist, wenn der Entscheidungsträger eine klare Vorstellung mit dem Flexibilitätsbegriff verbindet, d.h. die "Bedeutung" von Flexibilität muß klar sein.

Damit sind wir an einer zentralen Problematik angelangt, zu deren (zumindest teilweisen) Klärung wieder die Theorie der Lagerhaltung beitragen kann. Die numerische Wahl des Servicegrades wird dort zu den Kosten in Beziehung gesetzt, die ein bestimmter Servicegrad verursacht. Da beispielsweise ein niedriger Servicegrad einen hohen Goodwill-Verlust darstellt, ist letztlich dieser Verlust mit den durch ihn verursachten Kosten abzugleichen.

Mit diesen Überlegungen ist die Richtung vorgegeben, in der man zu einer Klärung der oben gestellten beiden Fragen gelangen könnte. Bevor dies im übernächsten Abschnitt geschieht, sei noch auf Eigenschaft (6), nämlich auf die Bewertungselastizität eingegangen, da die hier zu diskutierenden Zusammenhänge für die späteren Überlegungen sehr hilfreich sein werden.

4.6 Bewertungselastizität

Bisher haben wir uns lediglich mit einem einzigen Verrichtungsmaß befaßt. Tatsächlich wird jedoch in allgemeinen betriebswirtschaftlichen Systemen stets mehr als ein Kriterium zu betrachten sein, womit es zumindest vordergründig erforderlich wird, dynamische Systeme durch mehrere Kriterien zu beurteilen. Der eigentlich interessante Aspekt einer mehrkriteriellen Erweiterung des Flexibilitätsmaßes liegt jedoch woanders: Durch mehrere Kriterien wird es erst möglich, eine Bewertungselastizität zu erfassen. Hierbei sei **Bewertungselastizität** analog zur "gewöhnlichen" Elastizität definiert als die durch die Technologie erreichbare Menge aller (stochastischer) Kriterienausprägungen. Dadurch wird es möglich

- von außen (als Störung) dem System aufgeprägte Bewertungsveränderungen zu berücksichtigen und umgekehrt
- "gewöhnlichen" (rein technologischen) Störungen durch Bewertungsveränderungen zu begegnen.

Will man für den Fall mehrerer Verrichtungsmaße $V_k (k = 1, \ldots, K)$ zu einem Flexibilitätsmaß gelangen, so hat man jetzt statt eines flexibel geplanten Optimums V^* den Effizienzvektor $V^e := \{V_1^e, \ldots, V_K^e\}$ zu ermitteln. Dies geschieht wie im Falle der einfachen Optimierung ebenfalls unter Verwendung der flexiblen Planung. Man hat lediglich bei der Rückwärtsrekursion der stochastischen Dynamischen Programmierung auf jeder Stufe sämtliche effizienten Lösungen aufzusuchen und sie als Ausgangswerte für den nächsten Iterationsschritt zu verwenden. Damit wird es möglich, durch

$$F_k(V_k^e|V^e) = \frac{V_k^e - V_k^-}{V_k^+ - V_k^-} \qquad k = 1, \ldots, K \tag{4.9}$$

für das Verrichtungsmaß V_k eine **partielle Flexibilität** F_k zu definieren. (Man beachte, daß wir als Referenzwerte V_k^+ und V_k^- dieselben Ausdrücke verwenden wie im Falle nur eines Verrichtungsmaßes. Darin kommt zum Ausdruck, daß F_k ein Maß ist sowohl für Umwelt-, als auch für Bewertungsstörungen. Dadurch wird es auch möglich, daß im Grenzfall "deterministischer" Störungen nicht mehr stets $F_k = 1$ ist, sondern wegen $V_k^+ = V_k^* \geq V_k^e, F_k \leq 1$.)

Die partielle Flexibilität (4.9) ist eine Funktion des effizienten Zielwertes V_k^e und damit implizit sämtlicher übrigen zugehörigen Effizienzwerte $V^e := \{(V_1^e, \ldots, V_k^e)\}$. Dies besagt insbesondere, daß es zu einem Verrichtungsmaß V_k i.a. mehrere partielle Flexibilitäten gibt. Die Gesamtflexibilität ist somit definierbar als die Menge sämtlicher (von V^e abhängiger) partieller Flexibilitäten:

$$\tilde{F} := \{F_k(V_k^e|V^e); V^e, \ k = 1, \ldots, K\}. \tag{4.10}$$

$\tilde{F}$ ist nicht mehr wie F ordinal meßbar. Hierzu wäre es erforderlich, das vorliegende multikriterielle Entscheidungsproblem zu lösen, worauf bewußt verzichtet wird. Es dürfte jedoch deutlich sein, daß die Größe von Substitutionsraten zwischen den partiellen Flexibilitäten F_k zur Bewertung der Effizienzmenge $\tilde{F}$ eine wichtige Rolle spielt. Der Verzicht, eine Wertaggregation der F_k vorzunehmen, liegt auch darin begründet, daß die Unternehmung neben den partiellen Flexibilitäten auch noch andere Ziele verfolgt, die in eine Gesamtaggregation aufzunehmen wären. Eine “vorgezogene” Teilaggregation der Flexibilitäten könnte dabei hinderlich sein. Der nächste Abschnitt wird hierauf noch genauer eingehen.

Zur Veranschaulichung der Menge $\tilde{F}$ diene Abb. 4.1, in der der effiziente Rand der beiden Flexibilitätsmaße F_1 und F_2 angegeben ist und $(F_1(V_1^e), (F_2(V_2^e))$ einen von den effizienten Werten $V_1^{e'}$ und $V_2^{e'}$ der Verrichtungsmaße V_1 und V_2 abhängigen Effizienzpunkt der partiellen Flexibilitäten darstellt.

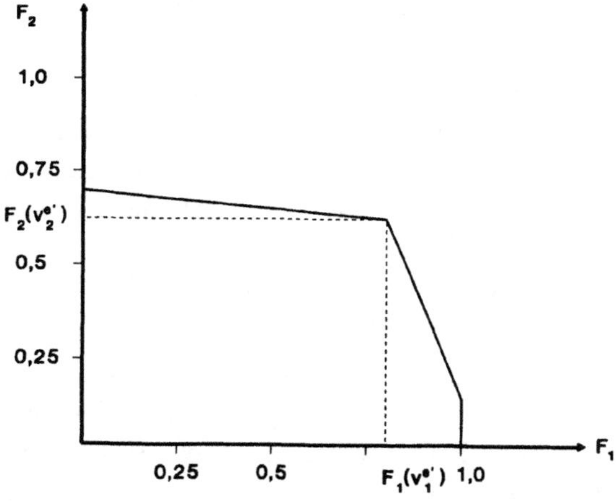

Abb. 4.1: Partielle Flexibilitäten

Mehr noch als im Fall nur eines Kriteriums ist es i.a. nicht möglich, $\tilde{F}$ zu berechnen. Man wird daher darauf angewiesen sein, suboptimale Verfahren einzusetzen, wofür es eine Fülle von Möglichkeiten gibt.

Ist s eine solche suboptimale Strategie, so definiert man analog zu

Gl. (4.6) suboptimale partielle und Gesamtflexibilitäten

$$F_k(V_k^s|V^s) := \frac{V_k^s - V_k^-}{V_k^+ - V_k^-} \quad (k = 1, \ldots, K)$$

$$\tilde{F} := \{F_k(V_k^s|V^s); V^s\ ,\ k = 1, \ldots, K\}$$

$$\text{mit} \quad V^s := \{(V_1^s, \ldots, V_K^s)\}.$$

4.7 Festlegung von Verrichtungsmaß und numerischem Wert der Flexibilität

Kommen wir nun zurück auf die in Abschnitt 4.5 gestellten zentralen Fragen nach der Festlegung des Verrichtungsmaßes und des numerischen Wertes des daraus resultierenden Flexibilitätsmaßes. Beide Fragen hängen eng miteinander zusammen, denn sie sind nur zu beantworten, wenn der Entscheidungsträger eine klare Vorstellung von den Konsequenzen hat, die sich durch die Nichtanpassung an eine Systemveränderung ergeben.

Wie in Abschnitt 4.5 bereits angedeutet, ist Flexibilität nur eines von mehreren Maßen, die zur Bewertung einer Entscheidung dienen. Lassen wir für das Folgende die in Abschnitt 4.6 erwähnte mögliche Existenz mehrerer Flexibilitätsmaße außer acht, so ist im Prinzip folgendes Mehrzielproblem zu lösen

$$\{F, \tilde{C}\} \longrightarrow \text{opt}\,. \tag{4.11}$$

Hierbei ist F ein Flexibilitätsmaß und $\tilde{C}$ die Gesamtheit aller übrigen, ein Objektsystem beurteilenden Ziele.

Die Klärung dieses Mehrzielproblems hängt eng mit der Frage zusammen, welches Ziel bzw. welche Ziele ein System (d.h. eine Unternehmung) "letztlich" anstrebt. Zwei wesentliche Aspekte kann man isolieren:

1. Das System soll die Wohlfahrt mehren, also Ertrag abwerfen.
2. Das System ist mit Potentialen auszustatten, die die Erzeugung von Ertrag gewährleisten.

Strenggenommen ist man (zumindest aus ökonomischer Sicht) letztlich an einer Maximierung des Gesamtertrages interessiert. Es ist daher zunächst nicht einzusehen, weshalb man noch weitere Kriterien, die sich auf die "Güte" von Potentialen beziehen, "zwischenschalten" sollte.

Die Antwort hierauf liegt in der hohen Komplexität vieler Planungsaufgaben begründet. Zwar kann man Disparitäten messen, doch ist man häufig nicht in der Lage, ihre Konsequenzen für den (langfristigen) Ertrag exakt anzugeben. Man weiß zwar meist, welche Kosten der Aufbau und die Aufrechterhaltung von Potentialen verursachen, doch ist oft unklar, welcher Nutzen gestiftet, konkret: welcher Ertragszuwachs dadurch erreicht wird. Diese "Vagheit" hat nicht notwendig etwas mit Ungewißheit zu tun, sondern kann auch auftreten, wenn die Wahrscheinlichkeitsverteilungen sämtlicher Störungen bekannt sind. Man hat es vielmehr bei der Abhängigkeit zwischen Potentialen und Erträgen häufig mit **vagen Hypothesen** (vgl. Abschn. 1.2.2) zu tun, die durch die Entscheidungsträger zu konsolidieren sind. Dieses Unvermögen, eine kausale Kopplung erkennen zu können, äußert sich darin, daß wir nicht ein einziges umfassendes Ertragsziel herleiten können, sondern daß die Beurteilung mindestens zweier Ziele erforderlich ist. Die gegenseitige Bedeutung, die man den beiden Zielen zukommen läßt, kann dann im weitesten Sinne als eine Konsolidierung ihrer vagen Kopplung angesehen werden.

Was haben diese Überlegungen nun mit Flexibilität zu tun? Zunächst stellen wir fest, daß Flexibilität sicherlich ein Potential darstellt, und zwar ein solches, das ein System gegen Störungen absichert und damit seine Ertragsfähigkeit gewährleistet. Somit gehört Flexibilität zu den Potentialen, die Störungen bzw. deren Wirkungen vermeiden sollen. Auf diese Potentiale sind wir in Abschnitt 3.3 bereits eingegangen (s. insbesondere Abb. 3.15). Im Lichte dieser Ausführungen wäre Flexibilität im wesentlichen ein Präventiv- oder Sanierungspotential, d.h. ein Potential, das Störungen bestmöglich zu beseitigen sucht. (Mit Potentialen, die von vornherein Störungen aus dem Wege gehen – Prophylaxepotentiale in Abb. 3.5 – wäre eher der Begriff der Robustheit in Verbindung zu bringen.)

Sieht man einmal von den übrigen noch vorhandenen Potentialen und weiteren nicht im Ertrag sich manifestierenden Zielen ab (vgl. die Ziele des Planungsprozesses in Kapitel 1), so ist zur Festlegung eines numerischen Wertes für die Flexibilität das Mehrzielproblem

$$\{F, C\} \longrightarrow \text{opt}$$

zu lösen, wobei C das Ertragsziel (etwa gemessen als Kapitalwert) darstellt.

Der Entscheidungsträger hat festzulegen, wieviel ihm ein Verzicht in C zugunsten einer größeren Flexibilität und damit zugunsten einer größeren Überlebenschance des Systems (und letztlich wieder eines höheren Ertrages) wert ist. Dies ist in der Tat eine höchst komplexe Aufgabe. In ihr kommen, wie bereits erwähnt, Mutmaßungen über nur ungenau bekannte Konsequenzen nicht behebbarer Disparitäten zum Ausdruck.

In der Lagerhaltung läuft diese Aufgabe auf den Abgleich zwischen pagatorischen Lagerkosten und dem Wert des verwendeten Servicegrades hinaus (vgl. SCHNEEWEISS 1981) oder, noch prägnanter formuliert, auf die Kostenbewertung eines möglichen Goodwill-Verlustes.

4.8 Die allgemeine Bedeutung des Flexibilitätsmaßes

Mit der Definition des Flexibilitätsmaßes F haben wir ein quantitatives Maß für eine sehr komplexe Größe gefunden. Wir sollten uns daher nochmals die Voraussetzungen klarmachen, die zur Aufstellung von F gegeben sein müssen.

(1) Sämtliche Größen müssen kardinal meßbar sein.
(2) Zur Anwendung der flexiblen Planung muß periodenweise starke Nutzenunabhängigkeit gegeben sein, und Substituierbarkeitsbedingungen müssen vorliegen (vgl. Bd. 1, Kap. 5).
(3) Für sämtliche Unsicherheiten müssen sich zumindest subjektive Wahrscheinlichkeiten angeben lassen.

Die Voraussetzungen (1) bis (3) sind notwendig zur Herleitung des Prämaßes V^*, d.h. zur Berechnung eines dynamischen Optimalwertes. Der hier erforderliche Operationalitätsgrad ist daher etwa gleich hoch mit dem des (erwarteten) Kapitalwertes der Investitions- und Finanzierungstheorie. Allerdings ist kardinale Meßbarkeit nicht unbedingt erforderlich, wenn es gelingt, ordinale Größen durch Score-Vergabe (Rating, Bd. 1, Abschn. 4.7) zu kardinalisieren. Die einschneidende Forderung (2) kann abgemildert werden, wenn man auf die Anwendung der flexiblen Planung verzichtet. Ein solcher Verzicht hätte freilich auch eine wesentlich unklarere Verarbeitung der Information zur Folge, die dem System im Laufe der Zeit zugänglich wird (s. SCHNEEWEISS 1988b). Insgesamt wird jedoch deutlich, daß sich das vorgeschlagene Flexibilitätsmaß im Prinzip auch auf nicht-quantitativ meßbare Größen anwenden läßt.

Hält man sich die vielen Aspekte vor Augen, die man bei der Beurteilung von Flexibilität zu beachten hat, so ist besonders wichtig, daß durch das Prämaß der Flexibilität eine Fülle von Komponenten zu einer einzigen Größe zusammengefaßt wird: In diesem Maß wird das dynamische Zusammenspiel von Aktionsvolumen, Reagibilität, Disponibilität, Information und Verrichtungsmaß berücksichtigt. Sollte der Entscheidungsträger jedoch in speziellen Fällen an einer Isolation einer dieser Komponenten, z.B. der Reagibilität, interessiert sein, so kann man durch spezielle Wahl von V jederzeit zu mehreren in Abschnitt 4.6 beschriebenen partiellen Flexibilitätsmaßen gelangen.

Betrachten wir abschließend Forderung (3) noch etwas genauer. Hinter ihr verbirgt sich implizit die Voraussetzung, daß sämtliche zukünftig prinzipiell möglichen Situationen zumindest hinsichtlich des Verrichtungsmaßes bekannt sein müssen. Denn soll eine Technologie durch Bildung von Flexibilitätspotentialen Flexibilität erzeugen, so hat sie wenigstens die Menge ihrer Möglichkeiten, d.h. "sich selbst" zu kennen. M.a.W., man muß davon ausgehen, daß der in Kapitel 1 geschilderte Lernprozeß der Planung als Möglichkeit (mit Angabe subjektiver Wahrscheinlichkeiten) antizipierbar ist.

Hinzu kommt, daß mit der Messung von Flexibilität ihre Bedeutung für das letztlich interessierende Ertragsmaß noch zu klären ist. Dies bedeutet, wie wir im vorhergehenden Abschnitt gesehen haben, daß den Zusammenhang zwischen Flexibilität und Ertrag beschreibende (vage) Hypothesen zu konsolidieren sind und (u.U. simultan damit) ein Mehrzielproblem zu lösen ist.

Hier zeigen sich deutlich die Grenzen eines präzisen Flexibilitätsmaßes und überhaupt jeder Planung. Hier können nur noch grobe Abschätzungen oder Robustheitsmaße Verwendung finden, die, was immer geschieht, bestimmte – meist allerdings sehr geringe – Anspruchsniveaus sichern.

Ein anderer Aspekt zur Überwindung der durch prinzipielle Unkenntnis gegebenen beschränkten Rationalität bestünde in einer Erhöhung der Planungsfähigkeit. Man könnte z.B. im Rahmen einer "Übertechnologie" Intelligenz (also dispositiven Faktor im Sinne von GUTENBERG (vgl. GUTENBERG)) vorhalten, um die Möglichkeit zu haben, im Rahmen des Planungsprozesses zu neuen Konzepten (vgl. i-Schleife in Abb. 1.13) übergehen zu können. Hier spätestens werden die Grenzen eines quantitativen Flexibilitätsmaßes sichtbar.

Kapitel 5

Decision-Support-Systeme

Decision-Support- oder – wie man im Deutschen auch sagt – **Entscheidungs-Unterstützungs-Systeme** sind Softwaresysteme, die den Planungsprozeß unterstützen. Im Prinzip kann hiervon jede Phase der Planung profitieren, so daß sich die Gelegenheit bietet, die allgemeinen Überlegungen des Kapitels 1 wieder aufzugreifen und ihre praktische Umsetzbarkeit einer genaueren Betrachtung zu unterziehen. Umgekehrt wird der Planungsprozeß in hervorragender Weise dazu beitragen, die vielen unterschiedlichen Decision-Support-Systeme zu klassifizieren.

Zu den am weitesten strukturierten und automatisierten Decision-Support-Systemen gehören die sog. **Expertensysteme**, auf die wir in Abschnitt 5.3 gesondert eingehen wollen. Sie werden gleichzeitig eine erste Vorstellung von dem vermitteln, was später in Kapitel 6 zu einer wissenschaftstheoretischen Grundlegung einer handlungsorientierten Wissenschaft führen wird. Insofern nimmt dieses Kapitel eine Mittlerfunktion ein zwischen der Darstellung des Planungsprozesses in Kapitel 1 und den allgemeinen wissenschaftstheoretischen Erörterungen des letzten Kapitels.

Es ist verständlich, daß hier nur einige wichtige konzeptionelle Grundstrukturen von Decision-Support-Systemen dargestellt werden können. Hinsichtlich speziellerer Techniken werden wir an geeigneter Stelle auf die einschlägige Informatik- bzw. Operations

Research-Literatur verweisen. So werden wir nach einer allgemeinen Orientierung in Abschnitt 5.1 zunächst in Abschnitt 5.2 einige Beispiele bringen. Abschnitt 5.3 dient dann der Darstellung der generellen Struktur von Expertensystemen und Abschnitt 5.4 wird schließlich beispielhaft eine Möglichkeit aufzeigen, wie Aushandlungsprozesse durch Decision-Support-Systeme unterstützt werden können. Damit werden Gedanken wieder aufgegriffen, die bereits in Band 1 (Kap. 6 und 7) erörtert wurden.

5.1 Entscheidungsunterstützung – Ein erster Überblick

5.1.1 Die Unterstützung der wichtigsten Planungsaufgaben

Wir haben festgestellt, daß Entscheidungsunterstützung sich grundsätzlich auf jede Phase des Entscheidungsprozesses beziehen kann. Entsprechend den unterschiedlichen Aufgaben innerhalb der Planung fällt diese Unterstützung ebenfalls sehr unterschiedlich aus. Betrachtet man die Zyklen der Abb. 1.5, so stellt man fest, daß im Steuerungsprozeß immer wieder folgende Tätigkeiten durchlaufen werden:

(1) Entwurf eines Systems oder Modells,
(2) Überprüfung an Referenzgrößen,
(3) Entscheidung über Akzeptanz des Entwurfs bzw. der Referenzgrößen.

(1) Der **Entwurf eines Systems** umfaßt i.w. zwei Phasen:
   - die Phase der (naiven) Systemerfassung (vgl. Bd. 1, Kap. 2) und
   - die Phase der Konzepterstellung.

Während die Phase der (naiven) Erfassung wichtiger Systemeigenschaften weitgehend maschinell unterstützt werden kann, ist die Konzepterstellung ein in vielen Fällen höchst kreativer Vorgang. So können harte Hypothesen (Abschn. 1.2.1) häufig über Checklisten erfaßt werden, die Konstruktion eines Modellkonzeptes und das heißt die "Erfindung" solider und vager Hypothesen ist i.d.R. jedoch nur für eng umrissene Fragestellungen automatisierbar; und Automatisieren heißt hierbei, ein Reservoir von vorgefertigten Konzepten bereitzustellen, aus dem lediglich auszuwählen ist. Dasselbe gilt für den Relaxationsvorgang. Die Feststellung, ob ein Modell relaxiert werden muß, ist häufig relativ einfach zu treffen; wesentlich komplexer schon ist die Frage, welches Formalmodell im konkreten Anwendungsfall zu verwenden wäre.

(2) Die **Überprüfung an Referenzgrößen** ist bei vorhandenem System- bzw. Modellentwurf noch am ehesten unterstützbar. Sie besteht allgemein in der Ermittlung partieller Planungslücken (vgl. Abschn. 1.3). So stellt man z.B. die Wirkung einer Entscheidung fest oder ermittelt im Entscheidungsgenerator eine Optimalentscheidung und überprüft sie am Mastermodell. Aber auch der Test solider Hypothesen durch statistische Verfahren oder allgemein deren nicht-explorativer Einsatz (vgl. Bd. 1, Abschn. 2.3.4) ist vergleichsweise gut unterstützbar. Zur Überprüfung an Referenzgrößen gehört im (meist vorliegenden) Fall mehrerer Kriterien auch noch die Durchführung einer multikriteriellen Wertaggregation oder – wie wir auch sagen – die Aggregation partieller Planungslücken. Dieser Vorgang, durch den gleichzeitig Teile des Präferenzverhaltens des Entscheidungsträgers modelliert werden, ist ebenfalls vergleichsweise leicht durchführbar, da man auf ein Reservoir vorgefertigter mehrkriterieller Syntheseverfahren, wie sie z.B. in Band 1, Kapitel 7 dargestellt sind, zurückgreifen kann.

(3) Die **Entscheidung über die Akzeptanz** eines Entwurfs, also letztlich die Frage, wie der Planungsprozeß bei nicht ge-

schlossener Planungslücke fortzusetzen ist, gehört wieder zu den Aufgaben, die nur sehr indirekt eine Unterstützung erfahren können. Letztlich besteht sie in der Durchführung des gesamten Planungsprozesses selbst. Zunächst gilt es, die Prozeßvergangenheit dem Entscheidungsträger durch eine entsprechende "Benutzeroberfläche" zu vergegenwärtigen. Desweiteren kann man bestimmte (in Kapitel 1 bereits angesprochene) **Planungstechniken**, wie etwa inkrementale oder dialektische Modifikationen, Parameteranpassungen oder interaktiv anzupassende Anspruchsniveaus (vgl. Bd. 1, Abschn. 7.4.2) automatisiert ablaufen lassen. Derartige "kreative" Erfindungen sind nicht allzu kritisch, da sie durch den Such- und Lernvorgang des Planungsprozesses immer wieder (im Rahmen eines "Trial-and-Error-Verfahrens") korrigiert werden können.

5.1.2 Klassen von Decision-Support-Systemen

Mit diesen Bemerkungen zur Rechnerunterstützung der drei wesentlichsten Tätigkeiten des Planungsprozesses wird es uns leicht gelingen, die bisherigen Decision-Support-Angebote der Wissenschaft einzuordnen. Geht man von der allgemeinen, am Anfang dieses Kapitels gegebenen Definition eines Decision-Support-Systems aus, so kann man eine Reihe von Informationssystemen ausfindig machen, die bestimmte Teilaspekte des Planungsprozesses unterstützen. Hierzu gehören (vgl. auch BEULENS/VAN NUNEN)

- OIS : Operational Information Systems
- MIS : Management Information Systems
- MPS : Mathematical Planning Systems
- MCDSS: Multi Criteria Decision Support Systems
- GDSS : Group Decision Support Systems
- ES : Expert Systems.

- **Operational Information Systems (OIS)** versorgen den Entscheidungsträger mit operativen Informationen, die er z.B. zu dispositiven Zwecken benutzen kann. So kann man, meist am Bildschirm übersichtlich aufbereitet, einen Überblick etwa über den Stand der Produktion, über die momentan eingesetzten Arbeitskräfte oder aktuelle Prognosedaten erhalten. Unterstützt wird damit lediglich die "naive" Systemerfassung (vgl. (1) des vorhergehenden Abschnitts) meist harter, bisweilen auch solider Hypothesen.
- **Management Information Systems (MIS)** unterstützen Managementaufgaben auf höheren Führungsebenen. Sie entsprechen in ihrer Bedeutung hinsichtlich der Art der Unterstützung weitgehend den OIS, wobei allerdings allein durch die notwendige Informationsverdichtung eine bestimmte Ausrichtung der Planung vorgezeichnet ist.
- **Mathematical Planning Systems (MPS)** unterstützen weitgehend die Bereitstellung vorgefertigter Modelle in der Relaxationsphase. Darüber hinaus dienen sie der Ermittlung optimaler Entscheidungen innerhalb von Entscheidungsgeneratoren und stellen für den Planungsprozeß als Ganzes insbesondere Suchalgorithmen zur Verfügung.
- **Multi Criteria Decision Support Systems (MCDSS)** haben wir in Band 1, Abschnitt 7.4.2 kennengelernt. Sie modellieren die multikriterielle Präferenzinformation des Entscheidungsträgers und unterstützen damit in einem Mehrzielproblem die Entscheidungsfindung.
- **Group Decision Support Systems (GDSS)** unterstützen die Entscheidungsfindung in Gruppen, insbesondere auch der drei unterschiedlichen Personengruppen, die am Planungsprozeß beteiligt sind (vgl. Abschn. 1.1.4). Sie gehören daher ebenfalls wie (MCDSS) zu Punkt (2) des vorhergehenden Abschnitts.
- **Expertensysteme (Expert Systems (ES))** sind dazu gedacht, eine Vielzahl von Aufgaben zu unterstützen. Von einem

echten Expertensystem sollte man erst dann sprechen, wenn zumindest der Entwurf eines Systems bzw. Modells unterstützt wird und in der Relaxation OR-Algorithmen eine Rolle spielen. Dabei dürfte verständlich sein, daß der Anwendungsbereich umso schmaler wird, je höher der Automatisierungsgrad ist. Auf Expertensysteme werden wir im übernächsten Abschnitt noch genauer eingehen.

Mit Expertensystemen ist der höchste Automatisierungsgrad eines Decision-Support-Systems erreicht. Sie gehören zusammen mit der Erkennung und Manipulation natürlicher Sprachen zum Gebiet der **Künstlichen Intelligenz** (KI, international: Artificial Intelligence (AI)).

Häufig wird der Begriff eines Decision-Support-Systems etwas eingeschränkter verwendet als wir dies hier tun. Unter einem Decision-Support-System versteht man oft ein Entscheidungsunterstützungssystem, das kreative Phasen des Planungsprozesses unterstützt und das Wissen des jeweiligen Benutzers in besonders hohem Maße interaktiv einbindet. Auf zuvor (wie in Expertensystemen) abgelegtes Expertenwissen wird dabei weniger rekurriert. Insofern kann man dann auch von der Kopplung eines Decision-Support-Systems mit einem Expertensystem sprechen, so als sei ein Expertensystem etwas ganz anderes als ein Decision-Support-System. Wir werden hier diese kaum abgrenzbare Begriffsbestimmung nicht verwenden, sondern unter einem Decision-Support-System ganz allgemein jedes in irgendeiner Weise interaktiv durch einen Rechner unterstütztes Planungssystem verstehen.

5.2 Beispiele einfacher Decision-Support-Systeme

Um eine Vorstellung mit dem zu verbinden, was durch ein Decision-Support-System unterstützt werden kann, seien drei sehr einfache Systeme beispielhaft vorgestellt.

5.2.1 Univariate Zeitreihenprognose

Die univariate Zeitreihenprognose besteht darin, aus Vergangenheitswerten einer Zeitreihe auf deren zukünftiges Verhalten zu schließen (s. z.B. HANSMANN, oder SCHNEEWEISS 1981). Dieser Prognosevorgang läuft üblicherweise über zwei Phasen,
- Voranalyse und
- eigentliche Prognose.

In der **Voranalyse** wird untersucht, um welchen Zeitreihentyp es sich handelt. So unterscheidet man z.B. zwischen sporadischen und nicht-sporadischen oder zwischen stationären, saisonalen und trendbehafteten Zeitreihen. Dieser Vorgang kann weitgehend maschinell unterstützt werden, wobei das Decision-Support-System das Datenhandling übernimmt und die notwendigen statistischen Verfahren zum Einsatz kommen läßt. Darüber hinaus kann das System dem Anwender die Zeitreihe am Bildschirm "**visualisieren**" und ihm die Möglichkeit geben, exogenes Wissen, d.h. Wissen, das nicht aus den Vergangenheitswerten der Zeitreihe (unmittelbar) ersichtlich ist, einzubringen. Dieses Wissen kann bei einer Nachfragezeitreihe darin bestehen, daß man dem System mitteilt, ob es sich aus sachlichen Gegebenheiten heraus z.B. um eine Zeitreihe mit einer bestimmten Saison handelt.

Die zweite Phase besteht in der eigentlichen **Prognose**. Hier führt das System statistische Schätzungen der Zeitreihe aus, extrapoliert sie in die Zukunft und gibt den erwarteten Prognosefehler an. Die Werte können wieder am Bildschirm dargestellt werden, was dem Benutzer auch hier einen interaktiven Eingriff in das System gestattet. Er kann die Prognoseparameter (s. z.B. SCHNEEWEISS 1981) verändern und z.B. (singuläre) künftige Geschehnisse berücksichtigen, auf die es in den Vergangenheitsdaten keinen Hinweis gibt. Abb. 5.1 faßt die Vorgehensweise nochmals zusammen: Entsprechend unseren Überlegungen in Abschnitt 5.1.1 werden sämtliche dort aufgeführten Tätigkeiten ((1)–(3)) des Planungszyklus unterstützt.

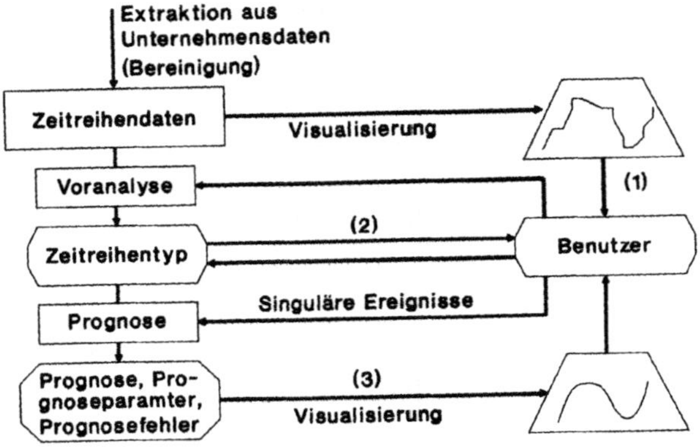

Abb. 5.1: Elemente eines Decision-Support-Systems zur Zeitreihenprognose

Ad (1): Zum **Entwurf eines Systems** gehört zunächst die Datenerfassung. Sie geschieht häufig nicht direkt, sondern durch Extraktion aus allgemeinen Unternehmensdaten, die oft bereits in Datenbanken abgelegt sind. Ebenfalls zum Entwurf gehört die in der Voranalyse durchzuführende statistische Erfassung der Zeitreihencharakteristika (z.B. Ermittlung einer Saison) und die Erstellung einer davon abhängigen Hypothese (Zeitreihentyp). Dabei greift das Decision-Support-System auf ein Reservoir möglicher Zeitreihentypen zu.

Ad (2): Die **Überprüfung** erfolgt durch Prognosebildung und deren Ex-ante-Beurteilung an den gegebenen Vergangenheitsdaten. Sie wird häufig durch Angabe von Prognosefehlern (z.B. MAF: Mittlerer absoluter Fehler) bewerkstelligt, die somit das darstellen, was wir allgemein als Planungslücke bezeichnet haben.

Ad (3): Die **"Akzeptanzentscheidung"** wird dadurch unterstützt, daß der Rechner dem Benutzer die Ergebnisse graphisch aufbereitet, ihm die Möglichkeit gibt, sie mit seinen eigenen Überlegungen zu vergleichen, und es ihm darüber hinaus gestattet, durch

Sensitivitätsanalysen Prognoseparameter zu verändern. U.U. geht der Benutzer sogar so weit zurück, daß er erneut die Voranalyse durchläuft (i-Schleife in Abb. 1.5).

Der in Abb. 5.1 dargestellte Prozeß der Prognosebildung könnte auch ohne den Benutzer ablaufen, dann nämlich, wenn von vornherein klar wäre, nach welchen Prognosekriterien (Minimierung des Prognosefehlers) man sich ausschließlich zu richten hat und wie zusätzliche Informationen in das System einzubringen sind. In diesem Fall würde man von einem einfachen Management Informationssystem sprechen, das durch ein Mathematisches Planungssystem (MPS) ergänzt wird. Es ist aber gerade der interaktive Charakter, der ein Decision-Support-System auszeichnet und zur Lösung komplexer, weniger gut strukturierter Problemstellungen unverzichtbar ist.

5.2.2 Operative Arbeitszeitplanung

Mit einem weiteren Beispiel sei ein Decision-Support-System skizziert, das in der Lage ist, Unternehmensleitung und Betriebsrat in ihrer Entscheidung zu unterstützen, wöchentliche Arbeitszeiten und kollektive arbeitsfreie Tage kapazitätsorientiert festzulegen (vgl. auch das Beispiel in Abschn. 1.7.2).

Als vergleichsweise feststehende Daten hat man die Fertigungsstruktur sowie arbeitsrechtliche und betriebsvertragliche Daten bereitzustellen. Als bewegliche Daten sind Prognosen des Kapazitätsbedarfs und -angebots vorzuhalten (s. Abb. 5.2).

Wie aus dem Prognose-System des vorhergehenden Abschnitts deutlich ist, kann die Gewinnung dieser Daten wieder durch ein Decision-Support-System unterstützt werden; eine Fragestellung, die hier jedoch nicht im Vordergrund steht. Hier werden die Daten einem fest vorgegebenen mathematischen Modell (einem Linearen

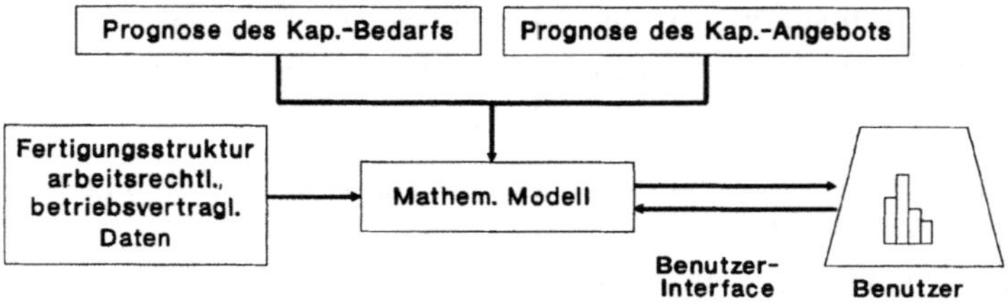

Abb. 5.2: Decision-Support-System zur operativen Arbeitszeitplanung

Programm) zugeführt, das dem Benutzer eine (zulässige) Kombination von wöchentlichen Arbeitszeiten und arbeitsfreien Tagen vorschlägt (vgl. FAISST/GÜNTHER/SCHNEEWEISS). Da der "Benutzer" i.d.R. aus Arbeitgeber und Betriebsrat besteht, kann das System durch ein reiches Angebot zulässiger wöchentlicher Arbeitszeiten und Freizeittagen zu einer Kompromißlösung beitragen.

Dieses Decision-Support-System ist i.w. nur ein Mathematisches Planungssystem, das unter interaktiver Vorgabe unterschiedlicher Parameter dem Benutzer mögliche Lösungen offeriert. Die Modellbildung selbst sowie die Aufbereitung der bereitzustellenden Daten wird nicht unterstützt. (Hinsichtlich eines weiteren Decision-Support-Systems im Bereich der Personalplanung s. BÜHNER/ KLEINSCHMIDT).

5.2.3 Interaktive Algorithmen der Mehrzielprogrammierung

Die bereits in Abschnitt 5.1.2 unter Punkt (4) aufgeführten Multi-Criteria-Decision-Support-Systeme werden in der Praxis oft in der Weise (kommerziell) angeboten, daß man zuvor durch explorative statistische Verfahren insbesondere das Zielsystem ermittelt, nach dem sich der Benutzer richtet (s. z.B. MARESCHAL). Häufig liegt nämlich der Fall vor, daß der Benutzer eine Fülle von Zielen angibt, die zunächst auf wenige klar verständliche Hauptziele "heruntergekocht" werden müssen. Das interaktive Verfahren selbst wird dann durch graphische Darstellungen unterstützt, in die der Benutzer leicht seine Präferenzinformation einbringen kann, wobei es häufig notwendig ist, eine zunächst vorgegebene Alternativenmenge sukzessive zu erweitern.

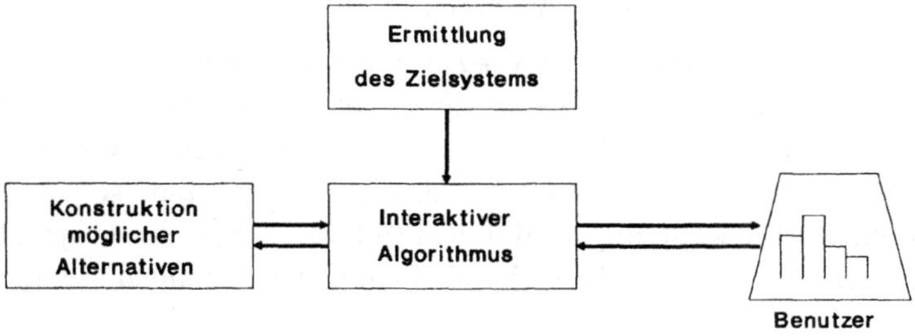

Abb. 5.3: Multi-Criteria-Decision-Support-Systeme

Ist der interaktive Algorithmus vorgegeben, z.B. das Interactive Multiple Goal Programming (IMGP, s. Bd. 1, Abschn. 7.4.1, aber auch den folgenden Abschn. 5.5), so stellt sich auch das Entwurfsproblem (Punkt (1)) nicht, und man hat es i.w. mit einem um einen mathematischen Algorithmus erweiterten Multi-Criteria-Decision-Support-System zu tun.

5.3 Expertensysteme

Expertensysteme unternehmen den ehrgeizigen Versuch, auch schwierige, häufig dem Entscheidungsträger vorbehaltene Teile des Planungsprozesses zu unterstützen. Ihr Name rührt daher, daß man zur Lösung eines Problems auf das im System gespeicherte Wissen von Experten zurückgreifen kann. Man spricht daher auch von **wissensbasierten** Decision-Support-Systemen. Dieses Wissen wird häufig in Form von Regeln oder Methoden in **Methodenbanken** abgelegt und dem Entscheidungsträger als "Künstliche Intelligenz" sachgerecht zur Verfügung gestellt. Wesentlich ist dabei, daß das Expertenwissen nicht notwendig formal (d.h. auf mindestens ordinalem Meßniveau) abgelegt wird, sondern häufig nur verbal vorliegt, mit aller Unschärfe (Fuzzyness, Bd. 1, Abschn. 2.2.2.2), die damit meist einhergeht.

Damit läßt sich die Aufgabe eines Expertensystems auch folgendermaßen formulieren: Es ist für einen ausgewählten Problembereich unterschiedlichen Anwendern (menschliches) Fachwissen nutzbar zu machen. M.a.W.: Das Expertensystem soll an die Stelle des Entscheidungsanalytikers (d.h. der "Planungsgruppe" in Abschn. 1.1.4) treten, bzw. ihn als Benutzer maßgeblich unterstützen.

Welches sind nun die wichtigsten Bestandteile, die ein Expertensystem aufweisen sollte?

5.3.1 Überblick über die Aufgaben eines Expertensystems

Die wesentlichsten Komponenten eines Expertensystems sind die
- **Wissensbasis** und der
- **Inferenzoperator**.

Alle übrigen Funktionen sind (z.T. sehr wichtige) Ergänzungen dieser beiden Hauptkomponenten. Zu ihnen gehören insbesondere die
- **Wissensakquisition** und die
- **Dialog- und Erklärungskomponente**.

Abb. 5.4 stellt die Komponenten in ihren Hauptabhängigkeiten zueinander dar. Sie seien im folgenden kurz charakterisiert. Eine genauere Diskussion erfolgt nach einem Beispiel erst im übernächsten Abschnitt.

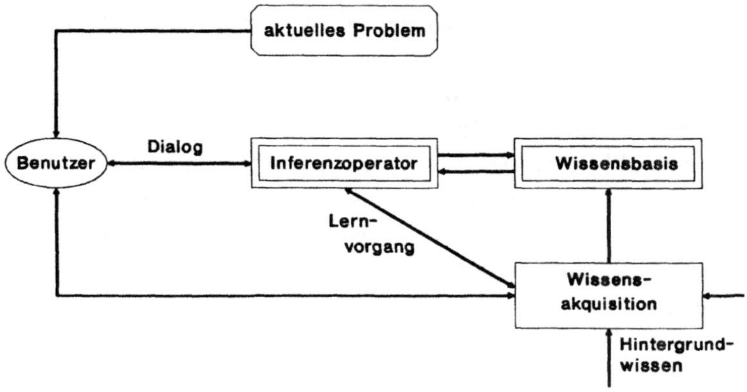

Abb. 5.4: Struktur eines Expertensystems

(1) Die **Wissensbasis** enthält hauptsächlich sämtliches problembezogene "off-line"-Wissen, das zur Lösung der Klasse aller jener Probleme dient, für die das Expertensystem eingesetzt werden soll. Hierzu gehören
- permanente Fakten sowie
- kausale Strukturen und Metastrukturen.

Unter **permanenten Fakten** versteht man harte und solide Fakten (bzw. Hypothesen, vgl. Abschn. 1.2.1), die nur von der zu unterstützenden Problemklasse, nicht jedoch von jedem konkreten Einzelproblem abhängen; d.h. permanente Fakten sind problemklassenabhängige Attributsausprägungen.
Kausale Strukturen geben in Form nicht-singulärer Hypothesen (vgl. Abschn. 6.2.2) Wirkungszusammenhänge zwischen Variablen (der Problemklasse) wieder, m.a.W. Strukturen sind Relationen und entsprechend sind **Metastrukturen** Relationen von Relationen (vgl. Bd. 1, Abschn. 2.1). Außer den permanenten Fakten enthält die Wissensbasis auch noch temporäre Fakten, die im Rahmen einer konkreten Problemlösung

zwischengespeichert werden. Auf sie werden wir im übernächsten Abschnitt noch genauer eingehen.

(2) Den **Inferenzoperator** nennt man auch **Inferenzmaschine** (intern.: Inference Engine mit "inference"=Schlußfolgerung, s. z.B. HARMON/KING) oder "Problemlösungskomponente" (KURBEL). Seine Aufgabe besteht darin, die Wissensbasis mit dem konkret vorliegenden Problem zu konfrontieren, das für dessen Lösung erforderliche Wissen zu entnehmen, eine Lösung zu generieren und in einen Dialog mit dem Benutzer einzutreten. M.a.W., der Inferenzoperator übernimmt wesentliche Aufgaben des Steuerungsprozesses der Planung (vgl. Abschn. 1.1.3).

(3) Die **Dialog- oder Erklärungskomponente** kann unterschiedlich weit ausgebaut sein. Sie legt fest, wie stark der Benutzer in den Lösungsprozeß einbezogen werden soll. Je "interaktiver" das Expertensystem ausgelegt ist, desto mehr kann man bei Inferenzoperator und Wissensbasis einsparen bzw. desto umfassender kann die Problemklasse sein, auf die sich das Expertensystem anwenden läßt. Andererseits sollten sich Interaktionen in Grenzen halten, da sonst von "Entscheidungsunterstützung" kaum noch die Rede sein kann. Der **Erklärungsteil** des Dialogs hat zunächst die Aufgabe, dem Benutzer die Lösungsvorschläge des Systems einsichtig zu machen. Er besitzt jedoch, wie wir später noch sehen werden, eine wesentlich tiefergehende Bedeutung.

(4) Die **Wissensakquisition** schließlich ist nichts anderes als eine Systemanalyse (Bd. 1, Kap. 2) der betrachteten Problemklasse. Dabei kann, entgegen der Analyse eines konkreten Problemes, sehr allgemeines theoretisches Hintergrundwissen Eingang finden. Wissensakquisition findet auch hinsichtlich des Inferenzoperators statt. Hier handelt es sich i.w. um Wissen zur organisatorischen Gestaltung des Lösungsprozesses (s. prozeßbezogene Hypothesen in Abschn. 1.2.1). Die Wissensakquisition hat bei externen Veränderungen das Wissen stets

zu aktualisieren. Es kann aber auch zu einer Veränderung dadurch kommen, daß das System infolge der Behandlung unterschiedlicher konkreter Probleme gezwungen wird, die vorher möglicherweise nicht vollständig erfaßten Problemklassencharakteristika zu ergänzen. M.a.W., das System lernt aus Erfahrung ("learning by doing").

5.3.2 Ein Beispiel eines einfachen Expertensystems

Wir greifen das Beispiel der Erstellung univariater Prognosen des Abschnitts 5.2.1 nochmals auf und verknüpfen die dabei notwendigen Tätigkeiten mit den Komponenten (1) bis (4) der Abb. 5.4. Wir gehen wieder schrittweise vor.

(1) In einem ersten Schritt werden durch den **Inferenzoperator** aus "Unternehmensrohdaten" die zur Prognose erforderlichen Daten "herausgefiltert", wobei der hierzu notwendige Filter (z.B. Checkliste) dem Inferenzoperator durch die **Wissensbasis** zur Verfügung gestellt wird.

(2) Im nächsten Schritt werden (im Rahmen der Voranalyse) diese Daten durch den Inferenzoperator mit den in der Wissensbasis abgelegten Charakteristika der Standardmodelle (Trend oder Saison) verglichen. Sollte keines der Modelle zutreffen, so ist es Aufgabe des Inferenzoperators unter Zuhilfenahme von Metaregeln der Wissensbasis, so lange Trend- und Saisonkombinationen zu erzeugen, bis ein geeigneter Zeitreihentyp gefunden ist. Sollte die Suche negativ verlaufen, weil z.B. die zu untersuchende Zeitreihe sporadisch ist und derartige Zeitreihen in der Wissensbasis bisher nicht vorgesehen waren, so sind in einem Lernprozeß über die **Wissensakquisitionskomponente** die Charakteristika der vorliegenden Zeitreihe in die Wissensbasis aufzunehmen. Zur Beurteilung, ob ein Zeitreihentyp geeignet

ist, sind i.a. die in der Wissensbasis abgelegten Kriterien zur Mustererkennung zuständig. In unübersichtlichen Fällen kann man jedoch über die **Dialogkomponente** den Rat des Benutzers einholen, insbesondere dann, wenn bereits aufgrund der allgemeinen Bedeutung der Daten auf einen Zeitreihentyp – z.B. Saisonalität bei Zahlungsreihen mit Zins- oder Steuertermin – geschlossen werden kann.

(3) Im dritten Schritt wird durch den Inferenzoperator die Schätzung der Zeitreihe durchgeführt, wobei man auf die in der Wissensbasis für den gefundenen Zeitreihentyp abgelegten statistischen Verfahren zurückgreift.

(4) Der vierte Schritt dient der Prognose. Für sie ist die Angabe von Prognoseparametern erforderlich. Diese Parameter können prinzipiell durch Minimierung des Prognosefehlers bestimmt werden. Häufig geht man jedoch einen anderen Weg. Der Inferenzoperator greift auf in der Wissensbasis gespeicherte Standardwerte der Parameter zu und präsentiert über die Dialogkomponente – meist in graphisch vielfältig aufbereiteter Form – das Prognoseergebnis einschließlich des Prognosefehlers dem Benutzer. Er hat dann die Möglichkeit, selbst die Wahl der Prognoseparameter vorzunehmen, was bei spezifischen Anwendungen durchaus sinnvoll sein kann, da die (automatisch vorgenommene) Minimierung des Prognosefehlers nicht immer die Intentionen des Benutzers trifft.

Bemerkung: Das soeben vorgeführte Beispiel eines bereits mehrfach in unterschiedlicher Weise implementierten Expertensystems ist natürlich vergleichsweise einfach. Von ähnlichem Format ist etwa der Einsatz von Prioritätsregeln bei der Maschinenbelegung. Komplexer schon ist der Sachverhalt bei der Auswahl unterschiedlicher Lagerdispositionsregeln, wie ein Blick auf Abb. 2.3 leicht zeigt (vgl. SCHNEEWEISS 1988c). Allen diesen Expertensystemen ist gemeinsam, daß das problembezogene Expertenwissen meist wissenschaftlichen Untersuchungen entstammt, d.h. der Experte ist nicht ein erfahrener Praktiker, sondern ein Wissenschaftler, mit der Konsequenz, daß das Wissen eher formal als verbal abgelegt ist. Eine der wesentlichen Aufgaben eines Expertensystems besteht aber gerade darin, schlecht strukturiertes Wissen nutzbar zu machen. Wir kommen hierauf in den folgenden beiden Abschnitten noch zurück.

5.3.3 Wissensrepräsentation und Steuerungsaufgaben des Inferenzoperators

Im folgenden sei kurz auf Möglichkeiten der Wissensdarstellung (1), auf die Steuerungsaufgaben des Inferenzoperators (2) sowie auf deren EDV-technische Realisierung (3) eingegangen.

(1) **Wissensrepräsentation**
Zur Wissensrepräsentation kann man sich grundsätzlich der in Band 1, Kapitel 2 ausführlich dargestellten Verfahren der Systemanalyse bedienen: Es sind Elemente (bzw. Objekte) und deren Attribute sowie Attributsausprägungen (Stammdaten) zu erfassen. Darüber hinaus hat man problem- und prozeßbezogene Relationen zu bestimmen, wobei stets zu beachten ist, daß nicht das Wissen über ein einzelnes Problem, sondern über eine vergleichsweise klar umrissene Klasse von Problemen abzulegen ist.

Bisweilen kann die über die allgemeine Systemanalyse gewonnene Wissensdarstellung dadurch vereinfacht werden, daß man sich sog. **semantischer Netze** bedient. Semantische Netze stellen z.B. die Relationenfolge: "Ein Auto hat einen Unfall verursacht durch Schneeglätte auf der Autobahn Ulm-Kempten" unter Verwendung der in Abb. 5.5 wiedergegebenen Verkettung dar.

Durch Standardisierung von Relationen wie "hat-ein", "verursacht-durch", "auf" usw. kann man Wissen vergleichsweise einfach ablegen und auch wiederfinden.

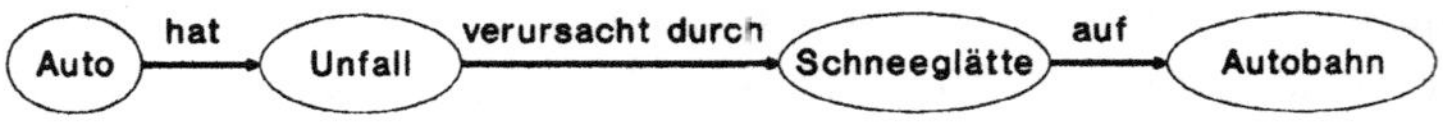

Abb. 5.5: Semantische Verkettung

Eine weitere Möglichkeit, Wissen zu kodieren, besteht in der Bildung von **Frames**. Sie sind komplexe objektbezogene Attribute. Ein Frame enthält sog. **Slots** (d.h. Unterattribute), die die Allokation sämtlicher (das jeweilige Objekt betreffende) Informationen gestatten. Es gibt Slots, die einfache Eigenschaften wie z.B. Farbe darstellen, aber auch solche, die Hinweise auf andere Frames enthalten. So könnte im Beispiel des vorhergehenden Abschnitts der Zeitreihentyp einen "Zeiger" auf das zugehörige Schätzverfahren enthalten. Slots können auch ganze semantische Ketten und Relationen aufnehmen. Insbesondere können sie statt der "**deklaratorischen**" Speicherung von Wissen Prozeduren, beispielsweise Checklisten, speichern, durch die das Wissen erzeugt werden kann (s. z.B. HARMON/KING). Die Repräsentation durch Frames ist relativ kompakt und verschafft dadurch häufig eine größere Übersichtlichkeit. In ihr wird besonders deutlich, daß es sich um die Abspeicherung von Wissen handelt, das im konkreten Anwendungsfall noch durch "on-line" Wissen zu ergänzen ist.

Häufig reicht es aus, Expertenwissen lediglich in Form von **wenn..., dann...-Regeln** abzulegen. Relevante permanente Fakten können zumindest implizit in diesen speziellen Relationen dargestellt werden.

In ihrer einfachsten Form haben *wenn..., dann...-Regeln* die Gestalt: $A \rightarrow B$, d.h. "wenn **Prämisse** A, dann **Konklusion** B". Da A und B Fakten darstellen, kann man auch sagen: Falls das Faktum A vorliegt, dann kann auf die Existenz des Faktums B geschlossen werden. Im Gegensatz zur aussagenlogischen Implikation (vgl. Abschn. 6.2.2) muß dieser Schluß jedoch nicht logisch zwingend sein, sondern kann lediglich eine Mutmaßung ausdrücken.

Komplexere Regeln kann man aus elementaren Regeln aufbauen, so z.B.

$$A \rightarrow B, B \rightarrow C : A \rightarrow C.$$

Mit B und C schafft die Regel Faktenwissen, wobei B intermediäres Wissen darstellt. Wesentlich ist hierbei, daß diese Fakten von A, d.h. von dem konkreten Problem abhängen, das es zu lösen gilt. B und C sind also keine **permanenten**, sondern lediglich **temporäre Fakten**.

Expertensysteme, deren Wissen durch Systeme von Regeln beschrieben werden, bezeichnet man als **regelbasiert**. Für solche Systeme läßt sich die steuernde Tätigkeit des Inferenzoperators besonders leicht etwas genauer veranschaulichen.

(2) **Steuerungsaufgabe des Inferenzoperators**
Wir haben festgestellt, daß (mindestens) eine Prämisse einer Regel dem zu lösenden konkreten Problem entstammt. Die Steuerungsaufgabe des Inferenzoperators besteht daher i.w. darin, zu einem problembezogenen Faktum (A) diejenigen Regeln aufzusuchen, die als Prämisse A enthalten ("matching") und sodann zu überprüfen, welche Regel zum Zuge kommen (d.h. "feuern") kann. Dabei wird diejenige Regel zum Einsatz kommen, die "geladen" ist, d.h. für die sämtliche Prämissen spezifiziert sind. Trifft dies für mehrere Regeln zu, so ist eine Auswahl vorzunehmen, die sich ihrerseits wieder an Metaregeln zu orientieren hat. Nach Anwendung der Regel gewinnt man temporäres Faktenwissen (B), das es in einem erneuten "matching und execute"-Zyklus einzusetzen gilt, und zwar so lange, bis ein endgültiges, dem Benutzer vorweisbares Faktum gefunden ist. Abb. 5.6 möge die Situation veranschaulichen.

Die dort dargestellten Regeln können in mehrfacher Weise abgearbeitet werden. Drei wichtige Möglichkeiten seien aufgeführt:

1. Möglichkeit: Man leitet aufgrund der im konkreten Problem gefundenen Prämisse A das Faktum B her. Aus B und der (als

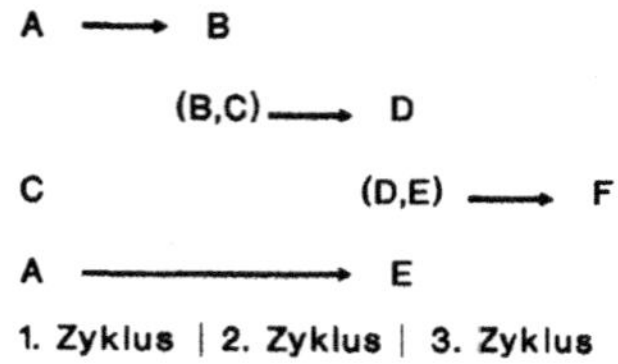

Abb. 5.6: Abarbeitung von Regeln

bekannt angenommenen) Prämisse C ergibt sich D. Da zur Ableitung von F die Prämisse E erforderlich ist, hat man zunächst die Regel $A \rightarrow E$ zu aktivieren und kann dann $(D, E) \rightarrow F$ ausführen. Diese Abarbeitung nennt man auch **Tiefensuche** ("depth first").

2. Möglichkeit: Man führt nach $A \rightarrow B$ zunächst $A \rightarrow E$ durch und geht sodann erst mit $(B, C) \rightarrow D$ und $(D, E) \rightarrow F$ in die Tiefe. Im Gegensatz zur Tiefensuche bezeichnet man diese Vorgehensweise als **Breitensuche** ("breadth first").

3. Möglichkeit: Man startet mit $A \rightarrow E$ und gelangt zur Regel $(D, E) \rightarrow F$. Hier stellt man fest, daß die Prämisse D noch fehlt. Rückwärts gewandt sucht man nun nach derjenigen Regel, die D herzuleiten gestattet. Man findet $(B, C) \rightarrow D$ und stellt fest, daß hierzu B erforderlich ist, das man sich schließlich über die Regel $A \rightarrow B$ verschafft. Man nennt dieses rückwärts gewandte Suchen auch **Rückwärtsverkettung** im Gegensatz zur zuvor beschriebenen **Vorwärtsverkettung**.

Die soeben besprochenen Abarbeitungsgrundmuster: Tiefen- und Breitensuche sowie Rückwärts- und Vorwärtsverkettung sind uns bereits aus dem Entscheidungsbaumverfahren des Abschnitts 3.2.1 bestens vertraut. Statt von Regeln hatten wir dort (Gl. (3.1)) von Zustandstransformationsbeziehungen $G_t(z_t, a_t, r_t)$ gesprochen, wobei man hier den Index t nicht als Zeit, sondern als Stufenindex interpretieren könnte, der die Minimalanzahl an Regeln angibt, die noch bis zum Erreichen des Endergebnisses zu durchlaufen sind.

Im Dynamischen Programmieren wird der Entscheidungsbaum (vgl. z.B. Abb. 3.5) stufenweise, also in Breitensuche und meist in Rückwärtsverkettung abgesucht. Das allgemeinere Branch-and-Bound-Verfahren (vgl. Abschn. 1.5.3) läßt aber jede Kombination der vier grundsätzlichen Abarbeitungsstrategien zu.

- Eine **Rückwärtsverkettung** ist sinnvoll, wenn es darum geht, für ein (vermutetes bzw. festgestelltes) Endresultat die Prämissen ausfindig zu machen, die auf dieses Resultat führen. **Diagnosesysteme** sind hierfür typische Beispiele.
- Eine **Vorwärtsverkettung** dagegen ist dann angebracht, wenn das Endresultat nicht bekannt ist, es also erst aus den Prämissen gewonnen werden muß.
- Die **Tiefensuche** stellt für den Benutzer ein häufig sehr akzeptables Verfahren dar, da er interaktiv (über die Dialogkomponente) in für ihn sehr einsichtiger Weise weitere Fakten (Prämissen) beisteuern kann.
- Im Gegensatz hierzu könnten die interaktiven Abfragen (nach weiteren Fakten) bei der **Breitensuche** als (zunächst) unverständlich empfunden werden. Andererseits kann man sich bei der Tiefensuche "verrennen", während die Breitensuche den Sachverhalt umfassend einzugrenzen sucht.

Wie insbesondere Möglichkeit 3 im obigen kleinen Beispiel der Abgrenzung des Regelnetzes der Abb. 5.6 zeigt, wird man im realen Fall eine Kombination der vier unterschiedlichen Möglichkeiten verwenden. Dazu sind jedoch Abarbeitungsregeln notwendig, die strenggenommen nicht losgelöst von dem Gesamtziel gehandhabt werden können, das der Benutzer verfolgt. Das Branch-and-Bound-Verfahren zeigt hierzu Möglichkeiten auf.

Der Vergleich der Regelnetze mit Entscheidungsnetzen und deren

Übergangsbeziehungen $G_t(z_t, a_t, r_t)$ gestattet noch zwei wichtige Hinweise:

1. Die Abhängigkeit von der Stochastik (r_t) besagt, daß die Regeln (u.U. nur mit bestimmter subjektiver Wahrscheinlichkeit eintretende) Mutmaßungen sein können. Das lernende Durchschreiten der Regeln kann zu einer Verbesserung der Informationssituation führen, was im Rahmen des adaptiven Dynamischen Programmierens über bedingte Wahrscheinlichkeiten (d.h. über Bayesschätzer, vgl. BAMBERG 1972 oder SCHNEEWEISS 1974) bewerkstelligt wird. Im Rahmen der hier eher ins Auge gefaßten schlecht strukturierten Systeme hätte man den komplexeren Vorgang der Konsolidierung (vgl. Abb. 1.5) durchzuführen, worauf im nächsten Abschnitt noch einzugehen ist.

2. Die Abhängigkeit der Regeln $G_t(z_t, a_t, r_t)$ von a_t deutet an, daß das Expertenwissen für gegebene (temporäre) Prämissen z_t über die zusätzlichen Steuerungsprämissen a_t weitere Regeln bereithält. Je reichhaltiger die Menge dieser Regeln ist, desto flexibler oder, genauer, desto elastischer (vgl. Kap. 4) ist das Expertensystem.

(3) **EDV-technische Realisierung**

Abschließend seien noch einige kurze Bemerkungen zur EDV- technischen Realisierung der Komponenten eines Expertensystems angefügt. Zur Akquisition von Wissen, zu dessen Repräsentation, zum Dialog des Benutzers mit der Wissensbasis und schließlich zur Steuerung des gesamten Systems über den Inferenzoperator bedient man sich sog. **KI-Werkzeuge**, wie z.B. KEE, EMYCIN oder M.1. Diese Werkzeuge beruhen ihrerseits wieder auf höheren **KI-Programmiersprachen**, wie etwa LISP oder PROLOG. Für ganz konkrete fest vorgegebene Vorgehensweisen stehen sog. **Expertensystem-Shells** zur Verfügung. Ihr Vorteil liegt in der vergleichsweise einfachen Handhabung, doch sind meist die Form der Wissensrepräsentation und der Abarbeitungsstrategie fest vorgegeben.

Hinsichtlich einer tieferen Beschäftigung mit Expertensystemen sei der Leser auf die einführenden Bücher von HARMON/KING und KURBEL verwiesen. Uns interessiert im folgenden erneut die Frage, inwieweit Expertensysteme und generell Decision-Support-Systeme den allgemeinen Planungsprozeß unterstützen können.

5.4 Planungsprozeß und Expertensysteme

Nach der Beschreibung des generellen Aufbaus und der Funktionsweise von Expertensystemen drängt sich die Frage auf, welche neuen Erkenntnisse gegenüber der früheren Betrachtung des Planungsprozesses gewonnen wurden. Halten wir fest: Expertensysteme beschreiben nicht den gesamten Planungsprozeß. Nur bestimmte Aspekte werden besonders herausgearbeitet. Dabei fällt folgendes auf:

- Eine (in vielen Fällen notwendige) Integration von Inferenzoperator und Wissensbasis wird vermieden,
- der Prozeßcharakter wird nur ungenügend sichtbar,
- Abstraktions- und Relaxationsphasen sind nicht erkennbar,
- Validierungsvorgänge, insbesondere die Setzung von Anspruchsniveaus bleiben implizit und schließlich
- Konsolidierungen werden nicht explizit in eine Gesamtvalidierung eingebracht.

Auf der anderen Seite zeigen Expertensysteme, daß man sehr wohl mit der Entwicklung einer allgemeinen Planungssoftware in der Lage ist, generelle Überlegungen einer präskriptiven Entscheidungstheorie in die Praxis umzusetzen. Insbesondere erweist sich die Anlage einer praktisch verwertbaren Wissensbasis als ein wichtiger Schritt, der auch konzeptionell neue Einsichten für den Zyklen- und Steuerungsprozeß verspricht. Auch die (eher statische) Heraushebung der wichtigen Komponenten Wissensbasis, Inferenzoperator und Dialogmodul (mit Interpretation und Akquisition) gestatten eine andere Zusammenfassung von Tätigkeiten und damit eine neue Sichtweise. Wir werden daher diese drei Komponenten zu den Aktivitäten des Planungsprozesses in Beziehung setzen.

Zunächst befassen wir uns mit Wissensbasis und Inferenzoperator, die wir respektive mit dem Zyklen- und dem Steuerungsprozeß in Verbindung bringen werden.

- Die **Wissensbasis** kann als Reservoir angesehen werden, aus dem der Zyklenprozeß seine Zyklen entnimmt. Diese Zyklen bestehen aus Entwurf, Prüfkriterium und Überprüfung. Hinsichtlich des **Entwurfes** kann es sich je nach Lage im Gesamtprozeß um Modellkonzepte, Mastermodelle oder auch Entscheidungsgeneratoren handeln. Dabei spielen problemklassenbezogene (allgemeine) Fakten und Regeln (d.h. das a priori abgelegte Expertenwissen) eine wichtige Rolle. Mit der Art der abgelegten Zyklen bestimmt die Wissensbasis auch den Steuerungsprozeß, da sie ganz wesentlich die Richtung mitbestimmen, in die der Steuerungsprozeß sich bewegen kann. Eine weitere Einflußmöglichkeit besteht im **Prüfkriterium**, also in den partiellen Planungslücken, und in der **Überprüfung** selbst. Sie ist keineswegs trivial, wenn man z.B. an die komplexen multikriteriellen (etwa nutzwertanalytischen) Verfahren denkt (vgl. Bd. 1, Kap. 4 und 7). Sie liegt auf der Schnittstelle zwischen Wissensbasis und Inferenzoperator und soll dort genauer erörtert werden.
  Das Zyklenreservoir ist nicht statisch. Es wird mit immer neuen Entwürfen und Prüfkriterien aufgefüllt. Dies geschieht durch interne Akquisition über Lernvorgänge aus dem konkreten Planungsproblem heraus oder durch externe Akquisition aufgrund genereller Einsichten und Informationen. Die Akquisition kann als Vorfilter angesehen werden, das der eigentlichen Selektion durch den Steuerungsprozeß vorgeschaltet ist.

- Im **Inferenzoperator** findet sich der Steuerungsprozeß wieder. Er enthält Regeln zur Zyklenauswahl aus der Wissensbasis (z.B. i-Schleife in Abb. 1.5 und m-Schleife in Abb. 1.8). Neben der Auswahl stellt der Inferenzoperator aber auch selbst Zyklen aus elementareren Entwürfen (Regeln) zusammen. Da diese Komposition und Auswahl häufig nicht ohne den Benutzer (d.h. Entscheidungsanalytiker und/oder Entscheidungsträger) stattfinden kann, sind insbesondere auch Regeln bereitzuhalten, die angeben, wann die Dialogkomponente zu aktivieren ist. Gerade bei der oben bereits angesprochenen Überprüfung im Falle partieller Planungslücken ist es erforderlich, vom Benutzer weitere Präferenzinformation einzuholen.

- Die **Dialogkomponente** beschreibt die im Planungsprozeß erfaßte komplexe Interaktion zwischen Analytiker, Entscheidungsträger und Betroffenem. Sie enthält die drei Unterkomponenten
  – Interpretation,
  – Interaktion und
  – Akquisition.

  Die **Interpretation** ist von nicht zu unterschätzender Bedeutung. Sie ermöglicht häufig erst die Kommunikation mit dem Entscheidungsträger. Ein Entscheidungsträger kann z.B. dringend erforderliche Präferenzinformation erst dann hinreichend fehlerfrei beisteuern, wenn er die Resultate des Systems (d.h. des Entscheidungsanalytikers) versteht und ihm vertraut. Hierzu sollte man sich bemühen, parallel zum eigentlichen Planungsprozeß einen vereinfachten, leicht einsichtigen "Interpretations"prozeß ablaufen zu lassen (s. auch Abschn. 1.7.2).

  Durch **Interaktion** wird *problembezogenes konkretes* Wissen in den Planungsprozeß eingebracht. Dies geschieht insbesondere durch die Festlegung von Anspruchsniveaus und Konsolidierungen (j- und k-Schleife in Abb. 1.5). Diese Festlegungen, auf die der Entscheidungsträger i.a. einen maßgeblichen Einfluß ausübt, sind ohne ein Verständnis des gesamten Planungsprozesses (also ohne Interpretation) i.d.R. nicht möglich. Besonders interessant ist hierbei die Konsolidierung vager Hypothesen (vgl. Abschn. 1.2.2). Sie besteht in einer "Verschärfung" subjektiver Wahrscheinlichkeiten, die jedoch nicht einfach über ein Bayesverfahren bewerkstelligt werden kann, sondern den gesamten Planungsprozeß einzubeziehen hat. So kann für den Entscheidungsträger beispielsweise die Gewißheit, ein bestimmtes Ergebnis zu erreichen, dann zunehmen, wenn nicht nur *ein* Indiz und ein Weg, sondern mehrere unterschiedliche Tatbestände auf unterschiedlichen Wegen auf dieses Ergebnis führen. Eine Darlegung dieses Sachverhaltes wäre somit eine Aufgabe der Interpretation.

Zur Interpretation gehört auch, daß man – beispielsweise über Simulation – gewünschte "wenn...,-dann...-Analysen" durchführt.

Die **Akquisition** kann, wie wir wissen, prozeßimmanent als interner Lernvorgang (s. Abb. 5.4) oder von außen erfolgen. Dabei kann externes Wissen problemklassenbezogen oder ganz konkret problemspezifisch sein. Problemklassenbezogenes Wissen würde man im Rahmen der hier vorgenommenen engeren Sichtweise eines Expertensystems eher bei der *Erstellung* eines solchen Systems erheben; und hier wäre nicht der Entscheidungsträger über die Dialogkomponente gefordert, sondern es müßte eher der **Knowledge Engineer** zusammen mit dem Experten tätig werden (s. KURBEL).

Die problemspezifische Wissensakquisition besteht zunächst in der systemanalytischen Datenerfassung. Interessanter ist jedoch die während des Planungsprozesses erfolgende Anreicherung des Zyklenreservoirs, worauf im Rahmen der Beschreibung der Wissenskomponente bereits hingewiesen wurde. Die Akquisition dient hier als Vorfilter, d.h. es sind Kriterien vorzuhalten (bzw. im Dialog mit dem Benutzer anzugeben), nach denen Entwürfe (Konzepte, Modelle, Modellklassen, Entscheidungsgeneratoren) als *mögliche* Bestandteile eines Planungsprozesses zu erzeugen und aufzunehmen sind. Erst später greift der Inferenzoperator gezielt auf einen derart bereitgestellten Zyklus zu.

Damit erweisen sich Akquisition und Selektion als zwei hierarchisch angeordnete Tätigkeiten. Während die Akquisition noch vergleichsweise grobmaschig auswählt, greift die Selektion gezielt zu. Die Akquisition kann als die eigentlich kreative Tätigkeit angesehen werden. Sie stellt das Material bereit, aus dem (lediglich) auszuwählen ist. Genau besehen erweist sich diese "geheimnisvolle" nur dem Menschen vorbehaltene Tätigkeit als durchaus automatisierbar. Mehr noch, je schneller man selektiert, desto weniger Mühe braucht man sich bei der Akquisition "guter" Entwürfe zu geben, d.h. Kreativität kann durch Fleiß ersetzt werden, oder, wenn man es noch plastischer ausdrücken will, "Dummheit kann durch Fleiß (wenigstens zum Teil) überwunden werden".

Der soeben geschilderte Sachverhalt ist für uns nicht neu. In der Relaxationsanalyse haben wir beispielsweise über Modellklassen Entscheidungsgeneratoren erzeugt, die dann am Mastermodell überprüft wurden (s. Abb. 1.8). Hier wurde über die Modellklasse bzw. Hyperklasse die Akquisitionstätigkeit gesteuert, und am Mastermodell erfolgte die Selektion. Solange sich diese Selektion auf ein gut abgesichertes Mastermodell berufen konnte und die Überprüfung nicht zu aufwendig war, konnte man bei der Erzeugung von Entscheidungsgeneratoren großzügig sein bis hin zur Konstruktion **Neuronaler Netze** (s. z.B. RITTER et al. und REHKUGLER), deren Sachzusammenhang mit dem Realproblem häufig nur noch schwer erkennbar ist.

5.5 Decision-Support-Systeme zur Wertaggregation

Bereits mehrfach wurde darauf hingewiesen, daß **Decision-Support-Systeme** zur Wertaggregation Verwendung finden können. Dabei kann es sich, wie bei den MCDSS (s. Abschn. 5.1.2) um die Unterstützung einer mehrkriteriellen Wertaggregation oder wie bei den Group-Decision-Support-Systemen um eine Ausgestaltung von Aushandlungsprozessen handeln.

Ein Musterbeispiel mehrkriterieller Wertaggregation bilden die sog. **interaktiven Algorithmen** (s. Bd. 1, Abschn. 7.4.2). Hierbei geht es darum, sukzessive durch gezielte Fragen dem Entscheidungsträger Präferenzinformationen abzuverlangen und ihm gleichzeitig sämtliche Implikationen aufzuzeigen, die sein Verhalten in der konkreten Situation hat. Das Decision-Support-System dient somit als "verlängerter Verstand" und als Organisator des Befragungs- und allgemein des Planungsprozesses.

Bei Group-Decision-Support-Systemen (GDSS) kommt es darauf an, die Präferenzinformation der einzelnen Gruppenmitglieder so zu aggregieren, daß die Gruppe insgesamt zu einer Präferenzordnung gelangt. Dies kann – wie wir aus Band 1, Kapitel 6 wissen – auf unterschiedlichste Weise geschehen. Hierbei können Vereinbarungen über das Abstimmungsverhalten, spieltheoretische Ansätze und auch Aushandlungen eine Rolle spielen. Stets jedoch sind zwischen den Gruppenmitgliedern Informationen auszutauschen und Werthaltungen zu offenbaren. Group-Decision-Support-Systeme unterstützen diesen Informationsaustausch in mannigfacher Weise und spielen nicht selten die Rolle eines (anonymen) Schlichters (s. z.B. BUI et al.).

Interaktive Verfahren und Group-Decision-Support-Systeme, die Aushandlungsprozesse unterstützen, können sehr ähnlich aufgebaut sein. Wir wollen daher diesen interessanten Sachverhalt noch etwas stärker herausarbeiten.

5.5.1 Wertaggregation interaktiver Algorithmen

Besonders eingängig läßt sich der Decision-Support-Charakter interaktiver Algorithmen am **Interactive Multiple Goal Programming (IMGP**, Bd. 1, Abschn. 7.4.1) illustrieren. Bei diesem

Verfahren geht es i.w. darum, durch Veränderung von Anspruchsniveaus die Menge effizienter Lösungen so lange zu modifizieren und einzuschränken, bis die Optimallösung gefunden ist. Abb. 5.7 (vgl. auch Bd. 1, Abb. 7.4) stellt drei "**Fenster**" dar, die durch unterschiedliche Anspruchsniveaus zustande kamen. Deutlich erkennt man, wie durch das Setzen eines Anspruchsniveaus für eines der Ziele die Möglichkeit beschnitten wird, hohe Werte für das andere Ziel (bzw. die anderen Ziele) zu erreichen.

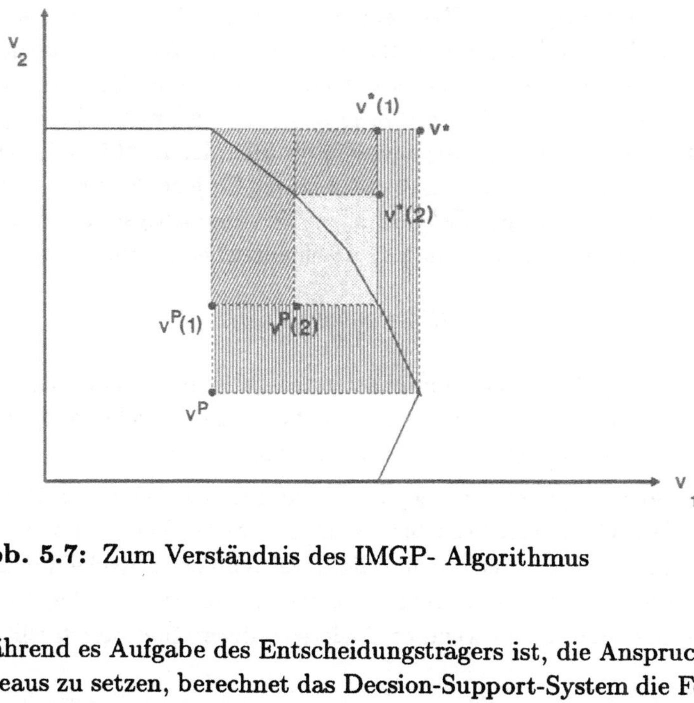

Abb. 5.7: Zum Verständnis des IMGP- Algorithmus

Während es Aufgabe des Entscheidungsträgers ist, die Anspruchsniveaus zu setzen, berechnet das Decsion-Support-System die Fenster, was analytisch auf die Angabe sog. **Erreichbarkeitsmatrizen EM** hinausläuft. Diese Matrizen bestehen aus **Ideal- und Pessimismuspunkt**:

$$EM := \begin{pmatrix} v^* \\ v^P \end{pmatrix}.$$

Hierbei ergibt sich bei K Zielen der **Idealpunkt** (der s-ten Iteration)

$$v^*(s) := \{v_1^*(s), \dots, v_K^*(s)\}$$

bekanntlich dadurch, daß man jedes Ziel ($k = 1, \dots, K$) ohne Rücksicht auf die übrigen optimiert. Der **Pessimismuspunkt**

$$v^P(s) := \{v_1^P(s), \dots, v_K^P(s)\}$$

dagegen ist das ungünstigste, was man hinzunehmen bereit ist, wenn man bzgl. eines Ziels einen Idealwert erhalten möchte. Ihn ermittelt man in der Weise, daß man zunächst für eine Alternative $a^*(l)$, die die Zielfunktion v_l optimiert, sämtliche Zielerreichungsgrade $v_k(a^*(l))$ der übrigen Ziele $k = 1, \dots, K$ (mit $k \neq l$) berechnet. Führt man diese Rechnungen für jede der K "Ideallösungen" $a^*(l)(l = 1, \dots, K)$ durch, so ergeben sich für jedes Ziel $K-1$ "mehr oder weniger akzeptable" Lösungen. Die ungünstigste unter diesen Lösungen bezeichnet man als "pessimistische" Lösung:

$$v_k^P := \min_l v_k(a^*(l)),$$

denn sie gibt an, was im ungünstigsten Fall mit den anderen Zielen geschehen kann, wenn man in einem bestimmten Ziel den Idealwert erhalten möchte (vgl. auch Bd. 1, Abschn. 7.4.1).

Die soeben geschilderte generelle Vorgehensweise des IMGP ist insofern charakteristisch für ein DSS, als sie Teile umfangreicher Rechnungen dem Rechner überläßt, während der Entscheidungsträger durch Setzen von Anspruchsniveaus steuernd in den Prozeß eingreift und die notwendige Präferenzinformation bereitstellt.

5.5.2 Wertaggregation bei Aushandlungsprozessen

Aushandlungsprozesse, die zu einem Kompromiß gelangen,münden stets in einer Wertaggregation durch die beteiligten Kontrahenten.

In ihrer einfachsten Form kann man sie sich als Preisverhandlungen (z.B. auf einem orientalischen Markt) vorstellen, die zu einer für die Beteiligten insgesamt besten Alternative führen, die schließlich im Kaufakt "implementiert" wird (vgl. auch Bd. 1, Abb. 6.7). Interessanter und häufig auch realitätsnäher werden solche Verhandlungen, wenn nicht nur zwei Kontrahenten beteiligt sind und nicht nur ein Ziel, sondern mehrere Ziele verfolgt werden.

Gerade der Mehrzielfall ist von besonderem Interesse, weil durch ihn häufig erst verständlich wird, wieso zwei Kontrahenten überhaupt noch Spielraum für Verhandlungen sehen. Das Beispiel "Bau eines Schwimmbades" (Bd. 1, Abb. 6.10), bei dem Bauherrin und Bauunternehmer über Preis und Bauzeit verhandeln, gewährt hierfür einen instruktiven Einblick. Die Verhandlung wird erst dadurch transparent, daß die gegensätzlichen Parteien den Attributen Preis und Bauzeit unterschiedliche Bedeutung zumessen. Man erkennt, daß in der Verhandlung nicht nur ein (interpersonaler) Kompromiß gefunden wird, sondern daß simultan hierzu sich die Parteien hinsichtlich der Bedeutung ihrer Ziele Klarheit verschaffen und eine (intrapersonale) multikriterielle Wertaggregation durchführen.

Es ist dieser Typ multikriterieller Aushandlungsprozesse, der im folgenden von besonderem Interesse sein wird. Er kann in idealer Weise durch ein GDSS unterstützt werden. Hierzu kann man z.B. an das im vorhergehenden Abschnitt 5.5.1 erläuterte IMGP-Verfahren anschließen. Dieser interaktive Prozeß wird unmittelbar dann zu einem Aushandlungsprozeß, wenn man mehreren Parteien die Möglichkeit gibt, Anspruchsniveaus festzulegen.

In einer ersten Phase hat man zunächst das "Aushandlungsproblem" zu definieren und dem GDSS die Ziele und den Alternativenraum sämtlicher Beteiligten mitzuteilen. Der eigentliche Aushandlungsprozeß findet dann in der Weise statt, daß von den Kontrahenten nach bestimmten evtl. durch die Machtverhältnisse gegebenen "Spielregeln" Anspruchsniveaus festgelegt werden, die die Zielerreichungsgrade der übrigen Beteiligten einengen. Das GDSS errechnet fortlaufend "Fenster", die entsprechend aufbereitet den Parteien vorgelegt werden. Wir werden im nächsten Abschnitt einen solchen Aushandlungsprozeß genauer kennenlernen.

5.6 Ein GDSS zur Budgetplanung

Die alljährlich stattfinden Budgetplanungen in Unternehmungen und Öffentlicher Verwaltung stellen ein schönes Beispiel für "gezähmte" Aushandlungsprozesse dar. Sie zeichnen sich durch eine hierarchische Struktur aus, in der die Topebene nicht nur die Rahmenbedingungen festlegt, sondern auch auf den Ablauf des Aushandlungsprozesses bestimmenden Einfluß nimmt. Konkret werde eine Unternehmung betrachtet, innerhalb derer zwischen Topmanagement (Zentrale) und Basismanagement (n Abteilungen) ein Budgetaushandlungsprozeß stattfindet (vgl. Abb. 5.8).

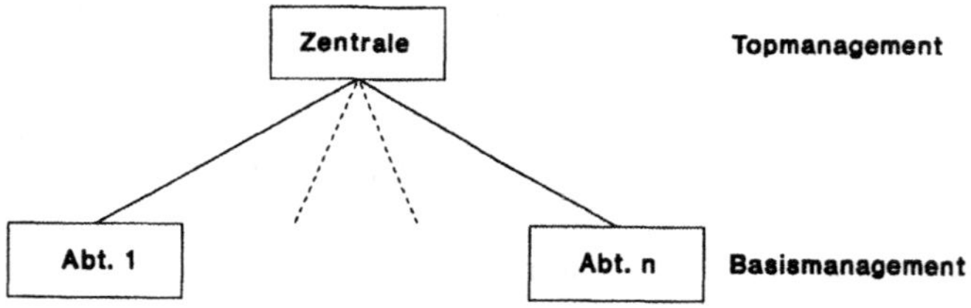

Abb. 5.8: Unternehmensstruktur zur Budgetplanung

Die Budgetplanung ist hier an die von Zwicker (s. ZWICKER) entwickelte Software **INZPLA** ("Inkrementale Zielplanung") angelehnt, benutzt aber (o.B.d.A.) zur Erleichterung der Rechnungen ein *lineares* Unternehmensmodell. Der wesentliche Unterschied zu INZPLA besteht jedoch darin, daß hier unter Verwendung des IMGP das Schwergewicht auf der detaillierten Gestaltung des Aushandlungsprozesses liegt.

Wir werden in der Weise vorgehen, daß wir zunächst in Abschnitt 5.6.1 die Budgetplanung als hierarchischen Planungsprozeß beschreiben und in Abschnitt 5.6.2 zeigen, wie das IMGP-Verfahren zur Strukturierung dieses Prozesses verwandt werden kann. Der letzte Abschnitt 5.6.3 wird schließlich die gesamte Vorgehensweise an einem Beispiel illustrieren.

5.6.1 Budgetplanung als hierarchischer mehrkriterieller Aushandlungsprozeß

Allgemein bezeichnet man mit **Budgetplanung** innerhalb einer Unternehmung den langfristigen Teil der sog. Mittelfristplanung (vgl. SCHNEEWEISS 1989). Sie erstreckt sich auf einen Zeitraum von etwa ein bis zwei Jahren und legt in einer zeitlichen Projektion sämtliche wesentlichen unternehmerischen Indikatoren der Gesamtunternehmung und ihrer Abteilungen fest.

Da Mittelfristplanung häufig in der Aufstellung linearer Produktionsprogramme besteht, könnte auch die Budgetplanung unter Einsatz dieses Instrumentariums erfolgen. Man hätte lediglich ein höheres Aggregationsniveau und die Abteilungsstruktur zu beachten, wobei man hinsichtlich der Abteilungen z.B. ein Dekompositionsverfahren (vgl. Abschn. 2.1) verwenden könnte. Tatsächlich ist Budgetplanung jedoch komplexer. Hier reicht i.a. ein zentralistisch festgelegter monolithischer Planungsansatz nicht aus: Zu unterschiedlich sind die Wünsche, die die Abteilungen untereinander und gegen die Zentralinstanz durchzusetzen beabsichtigen.

Es ist daher ratsam, Budgetplanung als hierarchische Planung zu konzipieren und dabei über die Überlegungen des Abschnitts 2.2.3 (s. insbes. Abb. 2.11) hinauszugehen. Wir werden jetzt hierarchische Planung im Rahmen eines Aushandlungsprozesses realisieren, dessen hierarchischer Charakter sich darin zeigt, daß das Topmanagement den Basisabteilungen Ziele und Zielmargen vorgibt und darüber hinaus Koordinationsaufgaben übernimmt. Wir berühren hier schon Fragen der **Unternehmensführung**, und in der Tat spricht man im vorliegenden Fall auch vom Führungsstil des "Management by Objectives" (s. z.B. STAEHLE) oder, zu deutsch, von "Führung durch Zielvorgabe".

Zur Konkretisierung unserer Überlegungen betrachten wir die in Abb. 5.8 dargestellte Situation, wobei wir (o.B.d.A.) der Einfachheit wegen annehmen, daß die Abteilungen lediglich über die Vorgaben der Zentrale miteinander verknüpft sind.Dies reicht aus, um den hierarchischen Charakter des Systems einschließlich der notwendigen Koordinierungsaufgaben zu erfassen.

Wir beschreiben zunächst die Situation der Abteilungen und sodann die des Topmanagements.

(1) Abteilungen

Für die Abteilungsmodelle erhält man

$$M_i := \{C_i, F_i\}, (i = 1, \ldots, n),$$

wobei C_i bekanntlich den Zielvektor und F_i das Entscheidungsfeld der i-ten Abteilung bedeuten (vgl. Abschn. 1.5.2). Hinsichtlich der Ziele $C_i := \{C_i^1, \ldots, C_i^K\}$ werde angenommen, daß sie durch das Topmanagement auf bestimmte Margen eingeschränkt seien. Bezeichnet man die Zielfunktion zu Ziel C_i^k mit v_i^k (nicht-normierte Wertfunktion), so kann man die Zieleinschränkung durch

$$(5.1) \qquad v_i^k \in [v_i^{k\,\min}, v_i^{k\,\max}]$$

zum Ausdruck bringen, wobei $v_i^{k\,\min}$ und $v_i^{k\,\max}$ (für das Basismanagement) schlechteste und beste Zielerreichungsgrade bezeichnen. Innerhalb dieses vom Topmanagement vorgeschriebenen Rahmens werde nun dem Basismanagement die Möglichkeit eröffnet, die ungünstigsten Werte $v_i^{k\,\min}$ durch Anspruchsniveaus anzuheben. Bezeichnet man generell ein vom Basismanagement festgelegtes Anspruchsniveau mit BAN, so erhält man statt (5.1)

$$(5.2) \qquad v_i^k \in [\mathrm{BAN}\, v_i^k, v_i^{k\,\max}]$$

(2) Topmanagement

Das Modell des Topmanagements $M := \{C, F\}$ ist i.w. durch die (von den Abteilungen abhängigen) Unternehmensgesamtziele C und im Entscheidungsfeld F durch seine Koordinationsaufgaben bestimmt. Sie bestehen darin, bei (hinreichender) Optimierung der Unternehmensziele gleichzeitig dafür zu sorgen, daß die "Belastungen" der Abteilungen möglichst gering und gleich hoch ausfallen. Hierzu seien die Begriffe Belastung und Belastungsdifferenz eingeführt.

- Man definiert (bei zu maximierenden Zielen) die Belastung einer Abteilung durch den **Belastungsindex**

$$B_i := \sum_{k=1}^{K} g_i^k \frac{v_i^{k\,\max} - v_i^k}{v_i^{k\,\max} - v_i^{k\,\min}} \quad (i = 1, \ldots, n). \tag{5.3}$$

  B_i stellt eine nutzwertanalytische Aggregation der Basisziele dar (vgl. Bd. 1, Kap. 4), wobei die normierten "Gewichte" g_i^k für jede Abteilung von der Zentrale vorgegeben werden. Daß B_i für das Basismanagement eine Belastung darstellt, erkennt man daraus, daß jede (für das Basismanagement ungünstige) Abweichung von dem durch das Topmanagement generell als Rahmenbedingung zugestandenen Maximalwert seine Situation verschlechtert.

- Als **Belastungsdifferenz** zweier Abteilungen i und j definiert man folgerichtig

$$D_{ij} := |B_i - B_j|. \tag{5.4}$$

Faßt man beide Ebenen zusammen, so erhält man bei gegebenen Basisanspruchsniveaus das folgende hierarchisch gegliederte Gesamtmodell

$$
(5.5)\quad
\begin{aligned}
M &= \{C, F\} \\
\text{mit}\quad C &\Rightarrow \max, \\
B_i &\Rightarrow \min, \qquad i,j = 1,\dots,n \\
D_{ij} &\Rightarrow \min\,. \\
M_i &= \{C_i, F_i\} \\
\text{mit}\quad C_i &\Rightarrow \max, \\
v_i^k &\in [\mathrm{BAN}\, v_i^k, v_i^{k\max}] \quad i = 1,\dots,n.
\end{aligned}
$$

Das Modell (5.5) ist ein Mehrziel-Optimierungsmodell, das (bei entsprechend gewählten Anspruchsniveaus) auf eine Menge effizienter Lösungen führt. Die eigentliche Lösung, nämlich die Angabe eines Kompromisses, wird dadurch noch nicht erreicht. Sie ist erst im Rahmen eines Aushandlungsprozesses erhältlich, zu dessen Strukturierung noch weitere Festlegungen (d.h. Informationen über den tatsächlichen gestalterischen Freiraum des Topmanagements) erforderlich sind. Dazu zerlegt man den Optimierungsvorgang in intermediäre Schritte und eröffnet damit den Kontrahenten die Möglichkeit einzugreifen. Diese intermediären Stadien erhält man durch Einführung weiterer Anspruchsniveaus, so daß man statt (5.5) (bei zu maximierenden Zielen) jetzt schreibt

$$
(5.6)\quad
\begin{aligned}
v &\geq \mathrm{TAN}\, v, \\
B_i &\leq \mathrm{TAN}\, B_i, \\
D_{ij} &\leq \mathrm{TAN}\, D_{ij}, \\
v_i^k &\geq \mathrm{BAN}\, v_i^k,
\end{aligned}
$$

wobei "TAN" durch das Topmanagement gesetzte Anspruchsniveaus bedeuten und $v = \{v^1, \dots, v^{K_T}\}$ der Vektor der Zielfunktionen des Topmanagements ist. Im Laufe des Aushandlungsprozesses werden die Kontrahenten bestrebt sein, die Anspruchsniveaus "in die richtige Richtung zu drücken", d.h.

$$\begin{aligned} \mathrm{TAN}\, v &\Rightarrow \max, \\ \mathrm{TAN}\, B_i &\Rightarrow \min, \\ \mathrm{TAN}\, D_{ij} &\Rightarrow \min, \\ \mathrm{BAN}\, v_i^k &\Rightarrow \max. \end{aligned} \tag{5.7}$$

Wie dies im einzelnen zu geschehen hat, wird der folgende Abschnitt zeigen, in dem – wie bereits angedeutet – der Versuch unternommen wird, das interaktive Verfahren des IMGP auf Aushandlungsprozesse anzuwenden.

5.6.2 Die Strukturierung des Aushandlungsprozesses unter Verwendung des IMGP

Aufgrund der vorbereitenden Überlegungen des Abschnitts 5.5 wissen wir, daß es prinzipiell möglich sein sollte, interaktive Algorithmen und insbesondere das IMGP-Verfahren auf multikriterielle Aushandlungsprozesse anzuwenden. Wir bedienen uns hierbei einer Grundüberlegung, wie wir sie bereits bei den Arbeitszeitverhandlungen zwischen Unternehmensleitung und Betriebsrat kennengelernt haben (vgl. Beispiel in Abschn. 1.7.3). Dort waren wir davon ausgegangen, daß sich die Kontrahenten in getrennten Sitzungen zunächst einmal darüber Klarheit verschaffen, wie sie die von ihnen verfolgten Ziele gewichten wollen und welche Anspruchsniveaus sie zu setzen beabsichtigen. Erst danach findet eine *gemeinsame* Sitzung statt, in der die unterschiedlichen Standpunkte ausgetauscht und Kompromisse gesucht werden, wobei immer wieder Beratungen im "eigenen Lager" zwischengeschaltet werden.

Hinsichtlich der Anwendung des IMGP gehen wir hier davon aus, daß das Topmanagement den Aushandlungsprozeß in der Weise strukturiert, daß Top- und Basismanagement jeweils getrennt einen durch das IMGP-Verfahren gesteuerten multikriteriellen internen

Kompromißfindungsprozeß durchlaufen. Erst danach wird die Gegenseite mit dem jeweiligen Ergebnis konfrontiert. Dabei mögen die Abteilungsebenen eine Einheit bilden, die bewußt durch das Topmanagement nicht "auseinanderdividiert" wird. (Sollten echte Aushandlungen auch unter den Abteilungen stattfinden, so wäre dies leicht modellierbar, ohne daß wir allerdings prinzipiell neue Einsichten erhielten.)

Wie Abb. 5.9 zeigt, wird der Aushandlungsprozeß im Prinzip in der Weise gestaltet, daß zunächst das Topmanagement auf die oberen drei Zielgruppen des durch (5.7) definierten Mehrzielproblems das IMGP-Verfahren anwendet und eine (durch das Basismanagement u.U. annehmbare) "TOP"-Erreichbarkeitsmatrix (TEM) den Abteilungen vorlegt. Dies hat i.a. zur Folge, daß die Erreichbarkeitsmatrix der Basis (BEM) sich verändert, so daß die Abteilungen gezwungen sind, in bestimmter Weise zu reagieren. Letztlich entwickelt die Basis eine neue BEM, die ihrerseits zu einer Konfrontation mit der Zentrale führt.

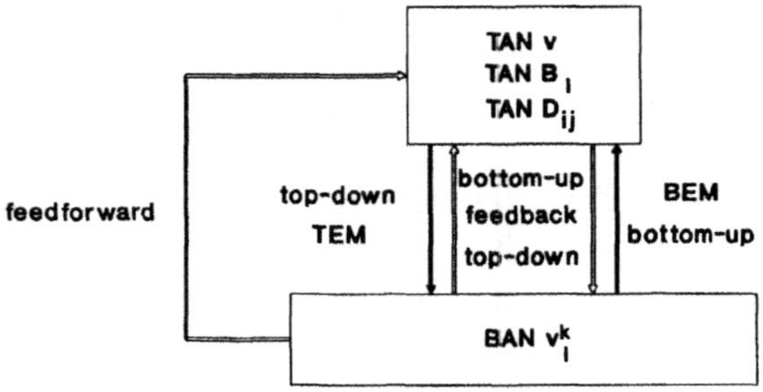

Abb. 5.9: Einflußmöglichkeiten in der Budgetplanung

Bildlich kann man sich die Situation in der Weise vorstellen, daß jede der Parteien versucht ist, das eigene IMGP-Fenster zu verkleinern und in eine möglichst günstige Position zu bringen, d.h. man versucht, sich dem jeweiligen Idealpunkt immer mehr anzunähern und ihn gleichzeitig so günstig wie möglich zu positionieren.

Abb. 5.9 stellt eine mögliche Ausgestaltung des uns bereits aus Abb. 2.11 bekannten Aushandlungsprozesses dar. Dabei wird deutlich, daß es sich – wie wir schon in Abschnitt 5.5 feststellten – um einen "gezähmten" Aushandlungsprozeß handelt: Alle Beteiligten sind letztlich daran interessiert, daß die Unternehmung Erfolg hat. Es ist daher nicht verwunderlich, daß die Zentrale von ihrer Machtfülle, die im folgenden noch deutlich zu Tage treten wird, behutsam Gebrauch macht. Hierzu gehört, daß das Topmanagement die Belastung der Abteilungen so niedrig und gleichmäßig wie möglich zu gestalten sucht, was im Aushandlungsprozeß konkret darauf hinausläuft, daß dem Basismanagement im Rahmen einer Feedforward-Überlegung (vgl. Abschn. 2.2.3) Erhöhungen der Zielanspruchsniveaus TAN v i.a. durch gleichzeitige Verbesserungen der Belastungsschranken (TAN B_i) schmackhaft gemacht werden (s.a. Feedforward-Pfeil in Abb. 5.9). Der in Abb. 5.9 dargestellte Aushandlungsprozeß sei nun an dem Flußdiagramm der Abb. 5.10 weiter präzisiert.
Wie Abb. 5.9 bereits zeigt, kann man den gesamten Aushandlungsvorgang in zwei Hauptschritte unterteilen, den

- Top-down-Schritt, in dem das Topmanagement aktiv und das Basismanagement passiv ist, und den
- Bottom-up-Schritt, in dem die umgekehrte Situation vorliegt.

Diese beiden Schritte bilden den in Abb. 5.10 wiedergegebenen Zyklus, wobei die Suche nach (Teil-)Kompromissen innerhalb der Schritte (durch Feedback-Schleifen in Abb. 5.10 angedeutet) stattfindet.

(1) Top-down-Schritt (Topmanagement aktiv/ Basismanagement passiv)

Im Top-down-Schritt bietet das Topmanagement den Abteilungen (unter Anwendung des IMGP-Verfahrens) eine Erreichbarkeitsmatrix TEM(1') an, die zu einer Veränderung der ursprünglichen Er-

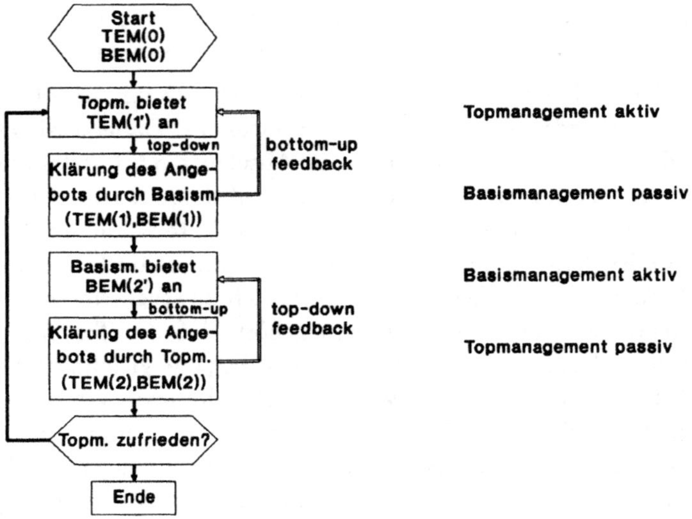

Abb. 5.10: Prinzipieller Ablauf des Aushandlungsprozesses

reichbarkeitsmatrix BEM(0) der Basis führt. Die veränderte Matrix sei mit BEM(1') bezeichnet. Sollten diese Veränderungen nicht akzeptabel sein, so versuchen die Abteilungen, das Topmanagement dazu zu bewegen, seine Anspruchsniveaus in für sie günstiger Weise zu verändern (Bottom-up feedback in Abb. 5.10). Als Resultat der Bemühungen (die mit einer erneuten Anwendung des IMGP-Verfahrens einhergehen) erhält man einen Kompromiß, der sich in einem durch Top- und Basismanagement (vorläufig) akzeptierten Paar von revidierten Erreichbarkeitsmatrizen TEM(1) und BEM(1) niederschlägt. Dieser Kompromiß sollte vergleichsweise leicht erreichbar sein, weil er nur von intermediärer Bedeutung ist, denn beide Parteien können noch, wie sich sogleich zeigen wird, "nachverhandeln".

(2) Bottom-up-Schritt (Basismanagement aktiv/ Topmanagement passiv)

Eine solche Möglichkeit des Nachverhandelns bietet bereits der sich anschließende Bottom-up-Schritt. Hier ist es den Abteilungen gestattet, aktiv ihre Basiserreichbarkeitsmatrix BEM etwa in der Weise zu gestalten, daß Anspruchsniveaus heraufgesetzt werden. Die veränderte Basiserreichbarkeitsmatrix BEM(2') wird nun ihrerseits dem Topmanagement zur Begutachtung vorgelegt und über den top-down feedback zu einer (erneuten) Teilkompromißlösung BEM(2) und TEM(2) geführt. Damit ist der gesamte Zyklus ("Runde" 1) beendet, und es sei dem Topmanagement vorbehalten, erneut in Schritt 1 einzutreten.

Als Resultat der Budgetaushandlung ergibt sich schließlich eine Einigung über

- die anzustrebende Höhe der Unternehmensziele,
- die Belastungssituation der Abteilungen und
- deren Beiträge zu den Unternehmenszielen.

Aus der genaueren Schilderung des auf dem IMGP-Verfahren aufbauenden Aushandlungsprozesses erkennt man, daß er eine Reihe sehr attraktiver Eigenschaften besitzt. So wird nicht verlangt, daß die Kontrahenten ihre Präferenzstruktur von vornherein kennen. Im Gegenteil, erst während der Aushandlung offenbaren sich, einem Lernvorgang vergleichbar, die eigenen Präferenzen und die des Kontrahenten. Hierbei werden die Präferenzen realistischerweise über Anspruchsniveaus artikuliert und nicht über Nutzenfunktionen (vgl. Bd. 1, Abschn. 6.3.2) oder Gewichte. Besonders attraktiv erscheint, daß die Verhandlungspartner lediglich über Fenster (also über Erreichbarkeitsmatrizen) verhandeln, wodurch manchen Forderungen die Schärfe genommen wird. Schließlich sei noch erwähnt, daß durch die hierarchische Struktur die Startfenster durch das Topmanagement festgelegt werden, womit ganz wesentlich die Marge feststeht, innerhalb derer noch verhandelt werden kann. Auch die Tatsache, daß das Topmanagement bei der Verhandlung das letzte Wort hat (s. Abfrage im Flußdiagramm der Abb. 5.10) erscheint für hierarchische Aushandlungsprozesse sehr attraktiv. Das folgende Beispiel wird diese Eigenschaften noch deutlicher hervortreten lassen.

5.6.3 Beispiel einer Budgetverhandlung

(1) Generelle Situationsbeschreibung

Das auf der Basis des IMGP konzipierte Group-Decision-Support-System sei auf eine Unternehmung mit einer Zentrale und drei Abteilungen angewandt. Die Abteilungen 1 und 2 stellen jeweils eine Produktart her, während Abteilung 3 zwei Produktarten produzieren möge. Die Abteilungen seien der Unternehmensleitung für die Erfüllung bestimmter Ziele verantwortlich. Interdependenzen zwischen ihnen bestehen nur über das zur Finanzierung der Produktion insgesamt zur Verfügung stehende Kapital.

Das Gesamtmodell stelle sich folgendermaßen dar:

Abteilungsmodelle

Produktart j $(j = 1, 2)$, $j = i$

Abteilung $i (i = 1, 2)$

$a_i x_i \leq w P_i + P_i^{\ddot{U}}$	Kapazitätsrestriktion
$L_i = L_{i0} + x_i - A_i$	Lagerbilanz (für das Budgetjahr)
$P_i = P_{i0} + P_i^E - P_i^A$	Personalbilanzgleichung
$P_i^{\ddot{U}} \leq \overline{P}_i^{\ddot{U}}$	Überstundenbeschränkung

IMGP-Restriktionen

$A_j^{\min} \leq A_j \leq \text{BAN}\, A_j$	Absatzeinschränkung
$\text{BAN}\, L_j \leq L_j \leq L_j^{\max}$	Lagerbestandseinschränkung
$\text{BAN}\, P_i \leq P_i \leq P_i^{\max}$	Personalbestandseinschränkung

Abteilung 3

$$
\begin{aligned}
a_3x_3 + a_4x_4 &\leq wP_3 + P_3^{\ddot{U}} \\
L_3 &= L_{30} + x_3 - A_3 \\
L_4 &= L_{40} + x_4 - A_4 \\
P_3 &\leq P_{30} + P_3^E - P_3^A \\
P_3^{\ddot{U}} &\leq \overline{P}_3^{\ddot{U}} \\
A_j^{\min} &\leq A_j \leq \mathrm{BAN}\, A_j \quad (j = 3,4) \\
\mathrm{BAN}\, L_j &\leq L_j \leq L_j^{max} \quad (j = 3,4) \\
\mathrm{BAN}\, P_3 &\leq P_3 \leq P_3^{max}.
\end{aligned}
$$

Hierbei haben die Variablen und Daten folgende Bedeutung:

Mit $i = 1,2,3$ Abteilungsindex und
$j = 1,2,3,4$ Produktartindex gelte

(a) Variablen

x_j : Produktionsmenge von Produktart j ($j = 1,\ldots,4$)
A_j : Absatz von Artikel j (im Budgetjahr)
L_j : Lagerbestand, L_{j0} : Anfangsbestand
P_i : Personalbestand, P_{i0} : Anfangspersonalbestand der Abteilung i (i=1,2,3)
$P_i^{\ddot{U}}$: Überstunden
P_i^E : Mehrarbeit durch Einstellung von Arbeitskräften (in Stunden)

(b) Daten

a_j : Produktionskoeffizient
w : tägl. Arbeitszeit eines Arbeiters in Stunden
$\overline{P}^{\ddot{U}}$: maximal mögliche Überstunden (im Budgetjahr)
P_i^A : Minderarbeit durch Freisetzung von Arbeitskräften (in Stunden)

(c) Setzungen im IMGP–Algorithmus

Sie sind aus Abschnitt 5.6.1 verständlich. Die Absatzentscheidung besagt z.B., daß das Basismanagement keinen höheren Absatz als BANA_j ($j = 1, \ldots, 4$) zu produzieren gedenkt. Ebenso ist das Basismanagement (das keine Kostenverantwortung trägt) der Meinung, daß stets ein Mindest-Lager- und -Personalbestand von BAN L_j bzw. BAN P_i vorhanden sein sollte.

Zentralmodell

Gewinn

$$G = \sum_{j=1}^{4} p_j A_j - K \geq \text{TAN}\,G$$

Kosten

$K = \sum_{j=1}^{4} k_j L_j$	Lagerkosten
$+ \sum_{i=1}^{3} (k^{NL} P_i + k^{\ddot{U}L} P_i^{\ddot{U}})$	gesamte Lohnkosten
$+ k^E \sum_{i=1}^{3} P_i^E$	Einstellkosten
$+ KRK$	Kreditkosten
$KRK = rKR$	
$KR \leq KRL$	Beschränkung der Kreditaufnahme
$K \leq gG_0 + KR$	Liquiditätsrestriktion

wobei:

p_j : Absatzpreis (bereinigt um nicht-lohnabhängige Stückproduktionskosten)

k_j : Lagerungskostensatz

k^{NL} : Normalstundenlohn
$k^{ÜL}$: Überstundenlohn
k^{E} : Einstellkosten pro Arbeitskraft
r : Zinssatz für aufgenommene Kredite
KR : Kreditaufnahme
KRL : Kreditlinie
g : Thesaurierungssatz
G_0 : Gewinn des Vorjahres

IMGP-Restriktionen

Abteilungsbelastungen

$$\begin{aligned} B_i = {} & g_i^A \frac{A_i - A_i^{\min}}{A_i^{\max} - A_i^{\min}} + g_i^L \frac{L_i^{\max} - L_i}{L_i^{\max} - L_i^{\min}} \\ & + g_i^P \frac{P_i^{\max} - P_i}{P_i^{\max} - P_i^{\min}} \quad (i = 1,2), \\ B_3 = {} & g_3^A \frac{A_3 - A_3^{\min}}{A_3^{\max} - A_3^{\min}} + g_4^A \frac{A_4 - A_4^{\min}}{A_4^{\max} - A_4^{\min}} \\ & + g_3^L \frac{L_3^{\max} - L_3}{L_3^{\max} - L_3^{\min}} + g_4^L \frac{L_4^{\max} - L_4}{L_4^{\max} - L_4^{\min}} \\ & + g_3^P \frac{P_3^{\max} - P_3}{P_3^{\max} - P_3^{\min}}. \end{aligned}$$

Belastungsdifferenzen

$$D_{ik} = |B_i - B_k|, \quad i,k = 1,2,3.$$

Zielfunktionen (s. Gl. (5.7)):

$$\begin{aligned} \text{TAN}\, G &\Rightarrow \max, \\ \text{TAN}\, B_i &\Rightarrow \min, \\ \text{TAN}\, D_{ik} &\Rightarrow \min, \\ \text{BAN}\, A_j &\Rightarrow \min, \\ \text{BAN}\, L_j &\Rightarrow \max, \\ \text{BAN}\, P_i &\Rightarrow \max. \end{aligned}$$

(2) Numerische Spezifikation

Zur Demonstration eines Aushandlungsprozesses ist es erforderlich, die auftretenden Konstanten und Festsetzungen des Topmanagements (z.B. $v_i^{k\,\min}$ und $v_i^{k\,\max}$) numerisch zu spezifizieren. Wir gehen von folgender Spezifikation aus:

a) **Produktionskoeffizienten**
$a_1 = 0,5,\ a_2 = 0,3,\ a_3 = 0,1,\ a_4 = 0,3$

b) **Überstundenrestriktionen**
$\bar{P}_1^{Ü} = 12300,\ \overline{P}_2^{Ü} = 5900,\ \overline{P}_3^{Ü} = 5500$

c) **Lageranfangsbestände**
$L_{10} = 1800,\ L_{20} = 6500,\ L_{30} = 6000,\ L_{40} = 4000$

d) **Personalanfangsbestände**
$P_{10} = 3000,\ P_{20} = 3500,\ P_{30} = 4800$

e) **Personalabgänge**
$P_1^A = 300,\ P_2^A = 500,\ P_3^A = 600$

f) **Lagerkostensätze**
$k_1 = 8,\ k_2 = 8,5,\ k_3 = 10,\ k_4 = 9$

g) **Absatzpreise**
$p_1 = 55,\ p_4 = 24,\ p_3 = 12,\ p_4 = 36$

h) **Personalkosten**
$k^{NL} = 40,\ k^{ÜL} = 70,\ k^E = 100$

i) **Anfängliche Zieleinschränkungen durch das Topmanagement** (s. Tab. 5.1 und 5.2)

Top-Ziel	TAN
G	5 000 000
B_1	100
B_2	100
B_3	100
$D_{1,2}$	100
$D_{1,3}$	100
$D_{2,3}$	100

Tab. 5.1: Durch das Topmanagement vorgegebene anfängliche Anspruchsniveaus der eigenen Ziele

Basis-Ziel	Min	Max
A_1	50 000	90 000
A_2	100 000	140 000
A_3	150 000	210 000
A_4	100 000	160 000
L_1	2 000	4 000
L_2	6 000	8 000
L_3	7 500	9 000
L_4	5 000	7 000
P_1	2 500	4 100
P_2	3 000	4 500
P_3	6 000	8 000

Tab. 5.2: Durch Topmanagement vorgegebene anfängliche Bereichsschranken der Ziele des Basismanagements

j) **Belastungsgewichte** g_i^A, g_i^L, g_i^P

g \ i	1	2	3	4
g_i^A	60	50	25	15
g_i^L	10	20	20	30
g_i^P	30	30	30	–

k) **Sonstige Konstanten**
$w = 8, g = 0,1, r = 0,2, G_0 = 4000000.$

(3) Durchführung der Aushandlung
Bei der nun folgenden Durchführung der Aushandlung lasse man sich von dem Flußdiagramm der Abb. 5.10 leiten. Die GDSS-IMGP-Software (s. PFAHLER) zeigt Erreichbarkeitsmatrizen, die entsprechend Abb. 5.10 sukzessive verändert werden können. Hierzu steht eine komfortable Menüführung zur Verfügung, auf deren Darstellung hier allerdings aus Platzgründen verzichtet werden muß.

Runde 1
Das Verfahren startet mit den sich aus der Festlegung der Bereichsschranken (s. Tabellen 5.1 und 5.2) und den übrigen Konstanten und Anfangsbedingungen ergebenden Erreichbarkeitsmatrizen TEM(0) und BEM(0), die in den Tabellen 5.3 bzw. 5.4 wiedergegeben sind. (Aus Gründen der besseren Darstellbarkeit sind hier Ideal- und Pessimismuswerte nicht untereinander, sondern nebeneinander aufgeführt).

Es zeigt sich, daß die in Tab. 5.1 festgelegten Anspruchsniveaus bei der Forderung nach einem minimalen Gewinn von 5 000 000,– DM nicht realisierbar sind. Es ergeben sich im Pessimismuswert Belastungen von 70 Einheiten und von 0 verschiedene Belastungsdifferenzen. Der Idealwert des Gewinns liegt bei etwa 8 Mio DM. Für das Basismangement zeigt sich, daß die ursprünglich vorgegebenen

Top-Ziel	TAN (alt)	TEM(0) Idealwert	TEM(0) Pess.-Wert	TAN (neu)
G	5 000 000	7 988 888	5 000 000	6 000 000
B_1	0	0	70,00	60,00
B_2	0	0	70,00	60,00
B_3	0	0	70,01	60,00
D_{12}	0	0	15,70	15,70
D_{13}	0	0	37,43	30,00
D_{23}	0	0	43,22	30,00

Tab. 5.3: Anfangswerte aus Tab. 5.1 und TEM(0) sowie erste Veränderungen aller Top-Anspruchsniveaus

Bereichsschranken des Personals der Abteilungen 1 und 2 nicht voll ausgeschöpft werden: Zur Erreichung des Mindestgewinns von 5 Mio. DM ist mehr Personal als lediglich 2500 bzw. 3000 Personen erforderlich. Tatsächlich benötigt man als mit TEM(0) kompatible Pessimismuswerte des Basismanagements 3137 bzw. 3731 Personen (vgl. Tab. 5.4). Von diesen Werten hat das Topmanagement Kenntnis, wenn es nunmehr herangeht, sich (über den IMGP-Algorithmus) eine (erste) verbesserte Erreichbarkeitsmatrix zu verschaffen.

(1) Top-down-Schritt (1/1)

Diese Verbesserung bestehe darin, daß das Topmanagement seine Anspruchsniveaus sämtlich erhöht (vgl. Tab. 5.3, letzte Spalte). Es verlangt einen höheren Mindestgewinn (6 statt 5 Mio. DM), geringere Abteilungsbelastungen (60 statt 70 Belastungspunkte) und eine *gleichmäßigere* Auslastung. Die neue Top-Erreichbarkeitsmatrix TEM(1/1') ist in Tab. 5.5 wiedergegeben. Man erkennt, daß der ideale (optimistische) Gewinn durch die höheren Anspruchsniveaus gesenkt und die im günstigsten Fall erreichbare Belastung der Abteilung 3 nicht mehr 0, sondern 7,99 ist.

Basis-Ziel	BAN (alt)	BEM(0) Idealwert	BEM(0) Pess.-Wert	BAN (neu)
A_1	90 000	50 000	50 000	90 000
A_2	140 000	100 000	140 000	140 000
A_3	210 000	150 000	210 000	210 000
A_4	160 000	100 000	160 000	160 000
L_1	2 000	4 000	2 000	2 000
L_2	6 000	8 000	6 000	6 000
L_3	7 500	9 000	7 500	7 500
L_4	5 000	7 000	5 000	5 000
P_1	2 500	4 100	3 137	**3 137**
P_2	3 000	4 500	3 731	**3 731**
P_3	6 000	8 000	6 000	6 000

Tab. 5.4: Anfangswerte aus Tab. 5.2 und BEM(0)

Top-Ziel	TAN (alt)	TEM Idealwert	TEM Pess.-Wert
G	6 000 000	7 854 078	6 000 000
B_1	60,00	0	60,00
B_2	60,00	0	60,00
B_3	60,00	7,99	60,00
D_{12}	15,70	0	15,70
D_{13}	30,00	0	30,00
D_{23}	30,00	0	30,00

Tab. 5.5: Erreichbarkeitsmatrix TEM(1/1)=TEM(1/1')

Welche Auswirkungen hat nun dieser erste Top-down-Schritt auf die Erreichbarkeitsmatrix des Basismanagements? Tab. 5.6 zeigt mit BEM(1/1') das Ergebnis. Gegenüber dem Startwert (s. BEM(0), Tab. 5.4) stellt man fest, daß keine Veränderungen eingetreten sind, so daß das Basismanagement den Vorschlag des Topmanagements akzeptiert. Es entsteht somit keine “Konfrontation” (bottom-up feedback in Abb. 5.10); das Topmanagement kann bei seiner Erreichbarkeitsmatrix bleiben, d.h. TEM(1/1')=TEM(1/1) und BEM(1/1')=BEM(1/1).

Basis-Ziel	BAN (alt)	BEM(1/1') Idealwert	BEM(1/1') Pess.-Wert	BAN (neu)
A_1	90 000	50 000	90 000	80 000
A_2	140 000	100 000	140 000	130 000
A_3	210 000	150 000	210 000	190 000
A_4	160 000	100 000	160 000	155 000
L_1	2 000	4 000	2 000	2 500
L_2	6 000	8 000	6 000	6 000
L_3	7 500	9 000	7 500	7 800
L_4	5 000	7 000	5 000	5 500
P_1	3 137	4 100	3 137	3 400
P_2	3 731	4 500	3 731	3 900
P_3	6 000	8 000	6 000	6 300

Tab. 5.6: Erreichbarkeitsmatrix BEM(1/1)=BEM(1/1')

(2) Bottom-up-Schritt

Nunmehr wird das Basismanagement aktiv. Es beabsichtige, seine Absatzverpflichtung zu verringern und verlange darüber hinaus einen höheren Lager- und Personalbestand (s. letzte Spalte in Tab. 5.6). Wieder zeigt sich (in diesem Beispiel), daß dadurch die (Basis-)Idealwerte nicht verändert werden, so daß unmittelbar die Auswirkungen dieser Veränderung der Basisanspruchsniveaus auf die Erreichbarkeitsmatrix des Topmanagements überprüft werden können. Das Ergebnis TEM(1/2') ist in Tab. 5.7 dargestellt.

Man erkennt, daß sich gegenüber TEM(1/1) (Tab. 5.5) der evtl. erreichbare Gewinn geringfügig reduziert. Wir gehen daher davon

Top-Ziel	TAN (alt)	TEM(1/2') Idealwert	TEM(1/2') Pess.-Wert	TAN (neu)
G	6 000 000	**7 627 111**	6 000 000	6 500 000
B_1	60,00	0	60,00	40,00
B_2	60,00	0	60,00	40,00
B_3	60,00	7,99	60,00	40,00
D_{12}	15,70	0	15,70	15,70
D_{13}	30,00	0	30,00	20,00
D_{23}	30,00	0	30,00	20,00

Tab. 5.7: TEM(1/2)=TEM(1/2')

aus, daß das Topmanagement den Idealpunkt der neuen Erreichbarkeitsmatrix akzeptiert, d.h. TEM(1/2')=TEM(1/2).

Hinsichtlich des Pessimismuspunktes von TEM(1/2) sei das Topmanagement jedoch noch nicht einverstanden, womit der erste Zyklus abgeschlossen ist und das Flußdiagramm der Abb. 5.10 erneut zu durchlaufen ist.

Runde 2

(1) Top-down-Schritt (2/1)

Das Topmanagement wähle die in Tab. 5.7 angegebenen neuen Werte (letzte Spalte: geringere Belastungen und Belastungsunterschiede), was nach Durchführung des IMGP-Verfahrens auf den zugehörigen Idealpunkt (s. Tab. 5.8) führt. Hierbei wird deutlich, daß einer Anhebung des Minimalgewinns um 500 000 DM eine Verringerung des u.U. möglichen Gewinns um 200 000 DM gegenübersteht. Das Topmanagement möge jedoch insgesamt mit dem Idealwert und seiner Erreichbarkeitsmatrix TEM(2/1) einverstanden sein.

Welche Auswirkungen ergeben sich jedoch jetzt für die Basiserreichbarkeitsmatrix? Tab. 5.9 zeigt das Resultat.

Top-Ziel	TAN (alt)	TEM(2/1') Idealwert	TEM(2/1') Pess.-Wert
G	6 500 000	**7 428 463**	6 500 000
B_1	40,00	5,72	40,00
B_2	40,00	2,00	40,00
B_3	40,00	13,18	40,00
D_{12}	15,70	0	15,70
D_{13}	20,00	0	20,00
D_{23}	20,00	0	20,00

Tab. 5.8: TEM(2/1)=TEM(2/1')

Basis-Ziel	BAN (alt)	BEM(2/1) Idealwert	BEM(2/1) Pess.-Wert	BAN (neu)
A_1	80 000	50 000	80 000	65 000
A_2	130 000	100 000	130 000	110 000
A_3	190 000	150 000	190 000	180 000
A_4	155 000	105 267	155 000	130 000
L_1	2 500	4 000	2 500	3 000
L_2	6 000	8 000	6 000	6 300
L_3	7 800	9 000	7 800	9 000
L_4	5 500	7 000	5 500	5 500
P_1	3 400	4 100	3 400	3 400
P_2	3 900	4 500	3 900	3 900
P_3	6 300	8 000	6 300	6 300

Tab. 5.9: BEM(2/1)=BEM(2/1')

Es ergeben sich Vor- und Nachteile für das Basismanagement, die jedoch hinsichtlich der Idealwerte so ausgewogen sind, daß es die vorgelegte TEM(2/1') wie in der 1. Runde akzeptiert und somit TEM(2/1')=TEM(2/1) und BEM(2/1')=BEM(2/1) gesetzt werden kann.

(2) Bottom-up-Schritt (2/2)
Das Basismanagement erhöht jedoch (wie in der Vorrunde) die Anspruchsniveaus (letzte Spalte Tab. 5.9) und erhält die in Tab. 5.10 angegebene Erreichbarkeitsmatrix BEM(2/2'), was für das Topmanagement auf die in Tab. 5.11 dargestellte Erreichbarkeitsmatrix TEM(2/2') führt.

Basis-Ziel	BAN (alt)	BEM(2/2') Idealwert	BEM(2/2') Pess.-Wert	BAN (neu)
A_1	65 000	54 819	65 000	65 000
A_2	110 000	100 000	110 000	110 000
A_3	180 000	150 000	180 000	180 000
A_4	130 000	116 671	130 000	**142 500**
L_1	3 000	4 000	3 000	3 000
L_2	6 300	8 000	6 300	6 300
L_3	9 000	9 000	9 000	9 000
L_4	5 500	7 000	5 500	5 500
P_1	3 400	4 100	3 400	3 400
P_2	3 900	4 500	3 900	3 900
P_3	6 300	7 809	6 300	6 300

Tab. 5.10: BEM(2/2')

Man erkennt, daß nunmehr das Topmanagement gegenüber TEM(2/1) (Tab. 5.8) eine erhebliche Einbuße hinsichtlich des u.U. möglichen Gewinns hinnehmen muß. Eine solche Einengung werde nun vom Topmanagement nicht mehr akzeptiert, so daß wir vor der Situation stehen, daß das Basismanagement zu veranlassen ist, seine Erreichbarkeitsmatrix BEM(2/2') zurückzunehmen (Aktivierung des Top-down-Feedbacks in Abb. 5.10).

Top-Ziel	TAN (alt)	TEM(2/2') Idealwert	TEM(2/2') Pess.-Wert
G	6 500 000	**6 757 152**	6 500 000
B_1	40,00	15,86	40,00
B_2	40,00	11,24	40,00
B_3	40,00	24,81	40,00
D_{12}	15,70	0	15,70
D_{13}	20,00	0	20,00
D_{23}	20,00	0	20,00

Tab. 5.11: TEM(2/2')

An dieser Stelle können intensive Verhandlungen einsetzen, die von der GDSS-Software unterstützt werden, indem sie

1. die Konsequenzen unterschiedlicher (geringfügig) durch das Basismanagement zurückgenommener Anspruchsniveaus untersucht oder
2. selbst Vorschläge zur Reduktion unterbreitet. Ein solcher Vorschlag wäre z.B. die "halbe" Rücknahme eines Anspruchsniveaus.

Wir wollen hier davon ausgehen, daß man sich (zunächst) einigt, lediglich das Basisanspruchsniveau BAN A_4 wieder zu senken, d.h. das Basismanagement sei (nach harter Auseinandersetzung) bereit, die minimale Absatzverpflichtung der Produktart 4 von 130 000 wieder auf 142 500 = (130 000 + 155 000)/2 zu erhöhen (vgl. letzte Spalte in Tab. 5.10). Damit erhält man für das Basismanagement die neue Erreichbarkeitsmatrix BEM(2/2") (vgl. Tab. 5.12), was für das Topmanagement auf TEM(2/2") (vgl. Tab. 5.13) führt.

Diese Situation werde durch das Topmanagement akzeptiert, so daß TEM(2/2")=TEM(2/2) und BEM(2/2")=BEM(2/2). Allerdings ist das Topmanagement insgesamt noch nicht einverstanden.

Basis-Ziel	BAN (alt)	BEM(2/2") Idealwert	BEM(2/2") Pess.-Wert
A_1	65 000	50 000	65 000
A_2	110 000	100 000	110 000
A_3	180 000	150 000	180 000
A_4	142 500	116 671	142 500
L_1	3 000	4 000	3 000
L_2	6 300	8 000	6 300
L_3	9 000	9 000	9 000
L_4	5 500	7 000	5 500
P_1	3 400	4 100	3 400
P_2	3 900	4 500	3 900
P_3	6 300	7 809	6 300

Tab. 5.12: BEM(2/2)=BEM(2/2")

Top-Ziel	TAN (alt)	TEM(2/2") Idealwert	TEM(2/2") Pess.-Wert	TAN (neu)
G	6 500 000	6 998 315	6 500 000	6 600 000
B_1	40,00	10,29	40,00	30,00
B_2	40,00	6,06	40,00	30,00
B_3	40,00	14,67	40,00	30,00
D_{12}	15,70	0	15,70	15,70
D_{13}	20,00	0	20,00	20,00
D_{23}	20,00	0	20,00	20,00

Tab. 5.13: TEM(2/2)=TEM(2/2")

Noch immer scheint Verhandlungsspielraum gegeben zu sein. Es tritt daher in den dritten Zyklus (3. Runde) ein und kehrt zu Schritt 1 zurück.

Runde 3
(1) Top-down-Schritt (3/1)

Das Topmanagement setzt neue Anspruchsniveaus (letzte Spalte in Tab. 5.13) und erhält die in Tab. 5.14 wiedergegebene TEM(3/1'), die für die Abteilungen auf BEM(3/1') (Tab. 5.15) führt. Es zeigt sich, daß sich im Vergleich zu den Idealwerten in Tab. 5.12 die Absatzverpflichtungen für die Produkte 1 und 4 (A_1 und A_4) geringfügig erhöhen (d.h. aus Sicht des Basismanagements verschlechtern). Trotz dieser Verschlechterung möge das Basismanagement (u.U. nach intensiven Gesprächen) die Vorgaben des Topmanagements schließlich akzeptieren, so daß BEM(3/1')= BEM(3/1) und TEM(3/1')=TEM(3/1). Da andererseits der Spielraum zwischen minimalem und maximalem Gewinn nur noch reichlich 0,3 Mio DM beträgt, also gegenüber der Ausgangssituation auf ein Zehntel zusammengeschrumpft ist, und außerdem um 1,6 Mio DM angehoben wurde (s. Tab. 5.3), sei auch das Topmanagement mit dem Ausgang des Aushandlungsprozesses zufrieden.

Top-Ziel	TAN (alt)	TEM(3/1') Idealwert	TEM(3/1') Pess.-Wert
G	6 600 000	**6 935 452**	6 600 000
B_1	30,00	13,04	30,00
B_2	30,00	7,73	30,00
B_3	30,00	18,26	30,00
D_{12}	15,70	0	15,70
D_{13}	20,00	0	20,00
D_{23}	20,00	0	20,00

Tab. 5.14: TEM(3/1)=TEM(3/1')

Basis- Ziel	BAN (alt)	BEM(3/1') Idealwert	BEM(3/1') Pess.-Wert
A_1	65 000	**53 396**	65 000
A_2	110 000	100 000	110 000
A_3	180 000	150 000	180 000
A_4	142 500	**128 901**	142 500
L_1	3 000	4 000	3 000
L_2	6 300	8 000	6 300
L_3	9 000	9 000	9 000
L_4	5 500	7 000	5 500
P_1	3 400	4 100	3 400
P_2	3 900	4 500	3 900
P_3	6 300	7 809	6 300

Tab. 5.15: BEM(3/1)=BEM(3/1')

(4) Ermittlung einer konkreten Verhandlungslösung

Bekanntlich ist das IMGP-Verfahren erst beendet, wenn Pessimismus- und Idealpunkt zusammenfallen. Der Budgetaushandlungsprozeß endete jedoch mit einer Erreichbarkeitsmatrix (TEM(3/1)), die noch nicht auf einen Punkt "zusammengeschrumpft" ist. Dennoch ist der durch den gesamten Aushandlungsprozeß gewonnene Kompromiß leicht ablesbar.

Geht man davon aus, daß das Topmanagement mit den Belastungsdifferenzniveaus von TEM(3/1) einverstanden ist, und wünscht es den Gewinn zu maximieren, so besteht die Lösung im maximal erreichbaren Gewinn von 6,935452 Mio. DM und den übrigen Anspruchsniveaus von Topmanagement und Abteilungen. Dieser Gewinn ergibt sich durch Maximierung unter den als Restriktionen fixierten Pessimismus-Werten sämtlicher Top- und Basisvariablen.

Ziel	Lösung	Idealwert	Pess.-Wert
G	6 935 452	6 935 452	6 600 000
B_1	27,50	13,04	**30,00**
B_2	30,00	7,73	30,00
B_3	30,00	18,26	30,00
D_{12}	2,50	0	**15,70**
D_{13}	2,50	0	**20,00**
D_{23}	0	0	**20,00**
A_1	65 000	53 396	65 000
A_2	110 000	100 000	110 000
A_3	177 984	150 000	**180 000**
A_4	142 500	128 901	142 500
L_1	3 000	4 000	3 000
L_2	6 965	8 000	**6 300**
L_3	9 000	9 000	9 000
L_4	7 000	7 000	**5 500**
P_1	4 100	4 100	**3 400**
P_2	4 142	4 500	**3 900**
P_3	7 719	7 809	**6 300**

Tab. 5.16: Kompromißlösung

Tab. 5.16 zeigt das Ergebnis. Wie man erkennt (fett in Tab. 5.16), sind viele der Restriktionen nicht bindend.

Kapitel 6

Methodologische Grundlagen der Planung

Mit methodologischen Fragen der Planung haben wir uns bisher nur sehr indirekt befaßt. Zwar haben wir im vorhergehenden Kapitel und in Band 1 Methoden der Systemanalyse und einige Verfahren zur Erfassung und Strukturierung von Objekt- und Wertsystem kennengelernt, doch wurde über die grundsätzlichen Voraussetzungen, die für den Einsatz derartiger Methoden gegeben sein müssen, noch nichts gesagt. Gerade auch Kapitel 1, das im Prinzip das Gerüst einer präskriptiven Entscheidungstheorie darstellt, verlangt nach einer Weiterführung und tieferen Diskussion des Zusammenspiels seiner empirisch-explikativen und normativen Bestandteile.

Methodologische Fragen in einer Wissenschaft beziehen sich auf Grundprobleme der Erkenntnisgewinnung und -verwertung. Beide Aspekte werden daher im folgenden zu diskutieren sein. Dazu ist es angebracht, einige wissenschaftstheoretische Grundbegriffe zu erläutern (Abschn. 6.1), um sodann auf die uns interessierenden Fragen der Erkenntnisgewinnung (Abschn. 6.2) und der Handlungsorientiertheit einer Wissenschaft (Abschn. 6.3) zuzusteuern.

6.1 Einige wissenschaftstheoretische Grundbegriffe

6.1.1 Wissenschaft

Eine **Wissenschaft** stellt ein durch Erkenntnisstreben ermitteltes System nachvollziehbarer Aussagen bereit. Sie ist insbesondere durch ihren

- Objektbereich,
- die Methoden zur Untersuchung und Gestaltung des Objektbereiches und
- ihre Institutionen charakterisierbar.

Der **Objektbereich** ist die Menge aller "Gegenstände", mit denen sich die Wissenschaft befaßt. Diese "Gegenstände" können Problemstellungen sein oder auch ganz konkret sämtliche Objekte, auf die sich die Aussagen einer Wissenschaft beziehen. So könnte man den Objektbereich der Betriebswirtschaftslehre durch die Menge aller privaten und öffentlichen Unternehmungen und privaten Haushalte charakterisieren, während die Humanmedizin sich mit allen Aussagen der körperlichen und psychischen Gesundheit des Menschen befaßt.

Die **Methoden zur Untersuchung und Gestaltung** des Objektbereiches sind in einer Wissenschaft keineswegs immer einheitlich. Abgesehen von grundsätzlichen Unterschieden in wissenschaftstheoretischen Fragen der Erkenntnisgewinnung, gibt es häufig eine Vielzahl von problemabhängigen Untersuchungsmethoden. Gerade die Betriebswirtschaftslehre ist in ihren qualitativen und quantitativen Ausrichtungen ein schönes Beispiel für einen Methodenpluralismus.

Die **Institutionen** einer Wissenschaft, d.h. die Organisation ihrer Forschung und Lehre, bilden ein weiteres wesentliches Merkmal. Sie sind meist historisch gewachsen und nicht immer kongruent mit den Problemstellungen, die zu behandeln sind. Dies führt dann vielfach zu interdisziplinärer Problembearbeitung. Werden die auftretenden interdisziplinären Fragestellungen als sehr bedeutend empfunden und sind sie nicht nur von begrenzter zeitlicher Dauer, so entsteht häufig eine eigenständige Wissenschaftsorganisation und u.U. sogar eine eigene Wissenschaft.

Hinsichtlich ihrer konkreten Methoden der Erkenntnisgewinnung und ihrer Gestaltungsabsicht sowie ihres Objektbereiches kann man zu einer weiteren Charakterisierung der Wissenschaften gelangen (vgl. Abb. 6.1). Als eine erste Einteilung bietet sich die in Real- und Formalwissenschaften an.

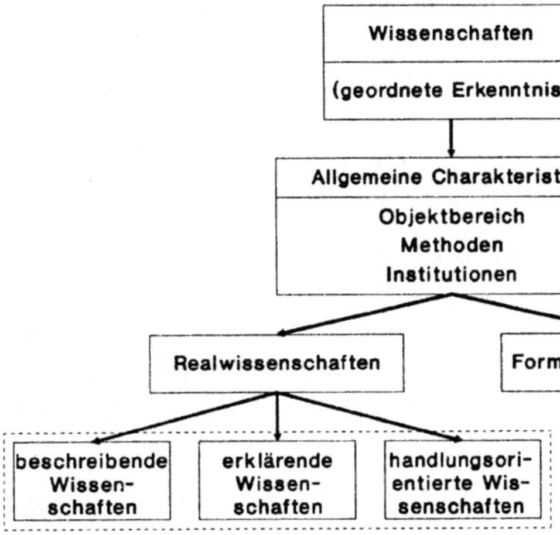

Abb. 6.1: Zur Charakterisierung von Wissenschaften

Die **Real-** oder **empirischen Wissenschaften** treffen Aussagen über die Realität. Zu ihnen gehören Natur- und Kulturwissenschaften und zu letzteren wiederum die Sozialwissenschaften mit der Betriebswirtschaftslehre als einer ihrer Spezialdisziplinen.

Die **Formalwissenschaften** machen keine unmittelbaren Aussagen über die Realität. Sie beschäftigen sich mit den formallogischen Zusammenhängen sprachlicher Strukturen. Zu ihnen gehören die Mathematik, die Logik und auch die Wissenschaftslehre verstanden als Wissenschaft von den allgemeinen Strukturen des methodischen Vorgehens in den Wissenschaften.

Die Realwissenschaften teilt man weiter ein in beschreibende, erklärende und handlungsorientierte Wissenschaften. Die **beschreibenden** (oder **deskriptiven**) **Wissenschaften** beschreiben lediglich ihren Objektbereich. Sie treten heute kaum noch als selbständige Wissenschaften auf, sondern sind Teilbereiche erklärender oder handlungsorientierter Wissenschaften. Als Beispiele seien die älteren historischen, geographischen oder biologischen Wissenschaften genannt. Die **erklärenden** (oder **explikativen**) **Wissenschaften** machen als empirische Wissenschaften Aussagen über die Realität und versuchen sie zu erklären. (Wie dies im einzelnen zu geschehen hat, damit werden wir uns in Abschnitt 6.2 befassen). Zu den erklärenden Wissenschaften gehören z.B. die Astronomie, weite Teile der Physik und der Volkswirtschaftslehre.

Die **handlungsorientierten** (oder **dezisiven**) **Wissenschaften** stellen eine für ihren Objektbereich gültige präskriptive Entscheidungstheorie bereit, wie sie in ihren Grundzügen in Kapitel 1 erläutert wurde. Zu ihnen gehören sämtliche Ingenieurwissenschaften, die Wissenschaft von der Volkswirtschaftspolitik und weite Teile der Betriebswirtschaftslehre.

Handlungsorientierte Wissenschaften können als Weiterentwicklung erklärender Wissenschaften und diese wiederum als Bereicherung beschreibender Wissenschaften angesehen werden. Insofern besteht zwischen ihnen ein enger Zusammenhang, auf den später noch genauer einzugehen ist.

6.1.2 Aussagen und Aussagensysteme

Kommen wir nun zur Erläuterung einiger zentraler Begriffe der Wissenschaftstheorie. **Aussagen** sind sprachliche Gebilde, die

"Ausdrücke" miteinander verknüpfen. **Ausdrücke** (oder auch "**Terme**") wiederum sind Zeichen oder Gruppen von Zeichen. Die Untersuchung der sprachlich grammatikalischen Beziehungen zwischen den Zeichen bezeichnet man als **Syntaktik**, während die **Semantik** die Bedeutung der Zeichen, d.h. die Beziehung zwischen den Termen und den durch sie bezeichneten Objekten beschreibt.

Rein logische Umformungen, wie man sie häufig in den Formalwissenschaften (z.B. der Mathematik) vorfindet, nennt man **analytische Aussagen**. Sie sind (als den Gesetzen der Logik genügend) **logisch wahr**, vermehren jedoch nicht den bereits vorhandenen Informationsstand. Deshalb bezeichnet man sie auch als tautologisch.

Für die Realwissenschaften sind empirische Aussagen von zentraler Bedeutung. Sie sagen etwas über die Realität aus und können daher "**empirisch wahr**" oder falsch sein. Da diese Wahrheit an der Empirie zu überprüfen ist, bezeichnet man sie häufig auch zurückhaltender als **Hypothesen** (so wie das auch z.B. in Kapitel 1 bereits geschehen ist). Neben analytischen Aussagen können auch **metaphysische** und **normative** Aussagen empirisch weder wahr noch falsch sein. Normative Aussagen spielen in handlungsorientierten Wissenschaften eine wichtige Rolle. Abb. 6.2 faßt den Sachverhalt nochmals zusammen.

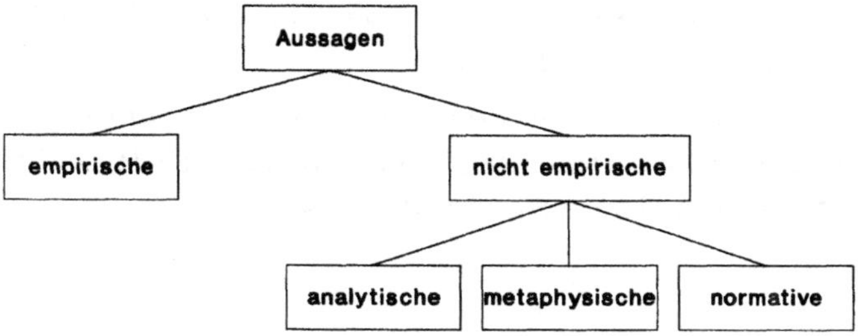

Abb. 6.2: Typen von Aussagen

Neben ihrer Wahrheitsfähigkeit kann man Aussagen auch hinsichtlich ihres Allgemeinheitsgrades charakterisieren. So unterscheidet man zwischen

- universellen,
- partikulären und
- singulären

Aussagen. Eine Aussage ist **universell**, wenn sie eine "Allaussage" ist, d.h. wenn man z.B. sagt: "*Alle* Hausdächer sind rot". Eine Aussage ist **partikulär**, wenn sie sich auf irgendein Objekt (des Aussagesatzes) bezieht, so z.B.: "*Irgendein* Hausdach ist rot". Eine Aussage ist schließlich **singulär**, wenn sie sich auf einen bestimmten Einzelfall bezieht, wie z.B.: "*Dieses* Hausdach ist rot".

Unter einem **Gesetz** versteht man eine zentrale Aussage, aus der andere Aussagen gefolgert werden können. In den Realwissenschaften versteht man speziell unter Gesetz eine Aussage, die eine "kausale Regelmäßigkeit" beschreibt. Ein Gesetz ist eine Allaussage in dem Sinne, daß sie für alle Zeiten und alle Zustände einer bestimmten Zustandsart (vgl. Bd. 1, Kap. 2) gültig ist. Derartige **nomologische Hypothesen** (POPPER) findet man in den exakten Naturwissenschaften (etwa in dem Gesetz von der Massenanziehung, das zeit- und ortunabhängig gilt), doch nur sehr bedingt z.B. in den Sozialwissenschaften. Daher versucht man, mit schwächeren Gesetzen auszukommen, die die Gültigkeit der Aussage nur für einen bestimmten Zustands-Zeit-Bereich behaupten. Man spricht dann von **Quasi-Gesetzen** (ALBERT 1971a). Abschnitt 6.2.3 wird hierauf genauer eingehen.

Ein System von Aussagen bezeichnet man als **Theorie**. Enthält ein solches System mindestens eine nomologische Hypothese, so spricht man von einer **empirischen Theorie**.

6.2 Erklärende Wissenschaften

Erklärende Wissenschaften versuchen, die Realität zu erfassen, d.h. sie zu beschreiben und zu erklären (man erinnere sich an die in Band 1, Kapitel 2 bereits erläuterten Beschreibungs- und Erklärungsmodelle). Die dabei einzuschlagende Vorgehensweise kann man sich in mehrere Schritte zerlegt denken:

(1) Man beschreibt zunächst die Realität, "so wie sie ist".
(2) Man stellt nomologische Hypothesen und mit ihnen empirische Theorien auf und sichert ihre Gültigkeit ab.
(3) Man erklärt einen vorliegenden Sachverhalt aufgrund der gefundenen Gesetzmäßigkeit.

Alle drei Schritte hängen eng miteinander zusammen. Ihnen wenden wir uns jetzt genauer zu.

6.2.1 Die deskriptive Erfassung der Realität

Wie wir aus der systemanalytischen Betrachtung (Bd. 1, Kap. 2) wissen, besteht die Beschreibung der Realität in der Erfassung von Attributen, Relationen und ihren Ausprägungen; oder, wie wir jetzt auch sagen können, "Sinneseindrücke" (der Realität) werden durch **deskriptive Aussagen** sprachlich erfaßt.

Deskriptive Aussagen sind, da man sie auf einen bestimmten Tatbestand bezieht, singuläre Aussagen. Man bezeichnet sie auch als Basis-, Beobachtungs- oder **Protokollsätze**.

Die Frage, ob ein Protokollsatz wahr ist, also die Realität "richtig" beschreibt, gehört zu den wohl schwierigsten und interessantesten Fragen der Wissenschaftstheorie. Ihr sind wir bereits in der Untersuchung des Planungsprozesses in Kapitel 1 begegnet. Immer wieder haben wir betont, daß nicht die Realität "in ihrer Totalität" erfaßt wird, sondern lediglich ein unsere Fragestellung berührender Ausschnitt.

Welche Möglichkeiten hat man nun, dieses durch Abb. 6.3 nochmals zusammengefaßte sog. **Basisproblem der empirischen Erkenntnis** (POPPER 1971) zu klären?

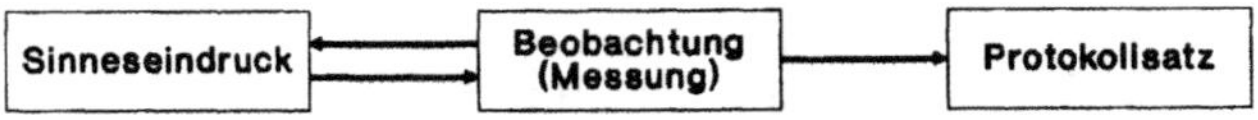

Abb. 6.3: Zum Basisproblem der empirischen Erkenntnis

Zunächst stellen wir fest, daß die Frage, ob die Realität "richtig" erfaßt wird, in zwei Teilfragen zerlegt werden kann:

(1) Sind die Ergebnisse der Messung intersubjektiv zugänglich, d.h. nachvollziehbar?
(2) Ist die Meßvorschrift "adäquat"?

Die Überlegungen zur ersten Teilfrage werden die Richtung weisen, in der wir auch eine Beantwortung der zweiten Teilfrage suchen werden.

Ad (1)

Wenn die Ergebnisse einer Messung intersubjektiv zugänglich sein sollen, dann heißt das, daß die Messung im Prinzip von jedermann wiederholt werden könnte oder daß zumindest soviel Einblick in den Meßvorgang möglich ist, daß andere Personen zu der Überzeugung kommen, daß sich *unter Verwendung der offengelegten spezifischen Methoden* nur das vorliegende Resultat ergeben konnte. Bei dieser Interpretation wird deutlich, daß Wahrheit nicht nur etwas mit der (von der Meßmethodik abhängigen) Übereinstimmung einer Aussage mit der Realität zu tun hat, sondern auch mit der intersubjektiven Bereitschaft, diese Übereinstimmung gemeinsam festzustellen. Hierin kommt die in Abschnitt 6.1.1 vorgenommene dritte Charakterisierung von Wissenschaft als Gemeinschaft von Forschenden und Lehrenden zum Tragen. Man kann die Frage interpersonaler Akzeptanz nur dadurch klären, daß man Konventionen einführt, unter denen Wissenschaftler ihre Ergebnisse gegenseitig akzeptieren sollten. Unter diesen Regeln ist dann eine Messung als "richtig" zu akzeptieren.

Ad (2)
Hinsichtlich der weitaus schwierigeren zweiten Teilfrage, ob denn durch die Messung die Realität tatsächlich beschrieben wird, geben wir eine ähnliche Antwort wie auf Teilfrage (1) unter Verwendung des folgenden Zitates (POPPER 1971, S. 71, s.a. BRINKMANN, S. 42): "Die Basissätze werden durch Beschluß, durch Konvention anerkannt, sie sind Festsetzungen. Die Beschlußfassung ist geregelt; vor allem dadurch, daß wir nicht einzelne Basissätze, voneinander logisch isoliert, anerkennen, sondern daß wir eine Theorie überprüfen und bei dieser Gelegenheit systematische Fragen aufwerfen, die wir dann durch Anerkennung von Basissätzen beantworten."

Insgesamt wird deutlich, daß das Basisproblem durch die Forderung nach Einhaltung von Konventionen normative Züge aufweist. Allerdings handelt es sich um sehr allgemeine Normen und nicht, wie in den handlungsorientierten Wissenschaften, um problemabhängige Normen. Wir kommen hierauf noch in Abschnitt 6.3 zurück. Hier sollten wir jedoch festhalten, daß die empirische Wahrheit von Protokollsätzen prinzipiell nur innerhalb gewisser Konventionen gesichert ist.

6.2.2 Die Ermittlung und Sicherung empirischer Gesetzmäßigkeiten

Das *Auffinden* empirischer Gesetzmäßigkeiten ist nicht Gegenstand wissenschaftstheoretischer Überlegungen, sondern eher Aufgabe der Einzelwissenschaften. Hierzu gibt es eine Reihe von **Kreativitätstechniken** (s. z.B. PFOHL/BRAUN). Insbesondere kann man auch durch die (explorative) Beobachtung vieler ähnlicher singulärer Sachverhalte zur "**Entdeckung**" einer nomologischen Hypothese gelangen. Diesen Vorgang nennt man **Induktion**. Er garantiert jedoch nicht die Gültigkeit der gefundenen Gesetzmäßigkeit. Hierzu sind weitergehende Überlegungen erforderlich, für die dann wieder die Wissenschaftstheorie zuständig ist.

Eine Hypothese kann stets in "wenn..., dann...-Form" formuliert werden: So behauptet eine nomologische Hypothese, daß bestimmte empirisch feststellbare Wirkungen (B) immer *dann* auftreten, *wenn* bestimmte Ursachen (A) gegeben sind: $A \rightarrow B$. Die Ursachen A bezeichnet man auch als **Antezedenzien**, **Anfangs**- oder **Randbedingungen**. Sind Ursachen (A) und Wirkung (B) hinreichend allgemein, so kann man aus dem Vorliegen einer konkreten zu A gehörigen Ursache $a \in A$ und einer konkreten nach der Gesetzesaussage prinzipiell für möglich gehaltenen Wirkung, $b \in B$, aus $A \rightarrow B$ (durch logische Deduktion) den Schluß ziehen, daß auch $a \rightarrow b$ gelten muß. Die singuläre Aussage $a \rightarrow b$ bezeichnet man auch als **Prognose**. Aufgrund dieser Prognose ist nun wiederum eine Überprüfung des Gesetzes $A \rightarrow B$ möglich. Hierzu ist es lediglich erforderlich,

- in der Realität bestimmte Antezedenzien a herzustellen,
- aufgrund des Gesetzes das Ergebnis b vorauszusagen und
- die Voraussage empirisch zu überprüfen.

Mit dieser einen Überprüfung ist natürlich noch nicht die Gültigkeit des Gesetzes nachgewiesen. Es hat sich lediglich gezeigt, daß sich in diesem *einen* Fall eine richtige Vorhersage ergab. In der Tat, die Gültigkeit einer (unendlich viele singuläre Aussagen enthaltenden) nomologischen Hypothese ist grundsätzlich nie endgültig nachweisbar. Stets besteht die Möglichkeit des Scheiterns. Man nennt daher nach Popper den Test einer nomologischen Hypothese durch einen singulären empirischen Tatbestand auch einen **Falsifikationsversuch** und den bestandenen Test ihre (vorläufige) **Bewährung**.

Dabei kann man davon ausgehen, daß eine nomologische Hypothese (oder auch eine empirische Theorie) um so eher Gültigkeit besitzt, je häufiger sie Falsifikationsversuche überstanden hat. Man bezeichnet diese wissenschaftstheoretische Grundposition auch als **kritisch rational** (s. z.B. ALBERT 1971b).

Wesentlich ist hierbei, daß eine Hypothese überhaupt scheitern kann. Die in ihr auftretenden Antezedenzien und Folgerungen müssen klar definiert sein, so daß eindeutig festliegt, welche singulären Aussagen von ihr erfaßt werden. So ist z.B. die Aussage: "Alle Schwäne sind schön", nicht falsifizierbar, solange nicht klar ist, was "schön" heißt. Auch die Aussage: "Immer wenn Werbung betrieben wird, steigt möglicherweise der Absatz", ist unbrauchbar, da nicht empirisch angreifbar. Gehaltvoller wäre schon eine Aussage: "Immer wenn Werbung betrieben wird, steigt der Absatz in den folgenden sechs Wochen mit hoher Wahrscheinlichkeit", wobei es günstig wäre, wenn es noch gelänge, das Ausmaß der Steigerung und "hohe Wahrscheinlichkeit" zu präzisieren.

Wie das obige Beispiel bereits verdeutlicht, sind nomologische Hypothesen keineswegs auf deterministische Aussagen beschränkt. Auch Wahrscheinlichkeitsaussagen sind möglich, wobei eine Falsifikation zu einer statistisch signifikanten Ablehnung einer Wahrscheinlichkeitsaussage führen müßte (s. hierzu z.B. FRITZ, BRINKMANN).

Popper verwendet die Falsifizierbarkeitseigenschaft als **Abgrenzungskriterium einer erklärenden empirischen Wissenschaft**: Genau dann, wenn eine Wissenschaft Gesetzeshypothesen enthält, die grundsätzlich auch (empirisch) falsch sein können, ist sie eine erklärende empirische Wissenschaft. Ob jedoch ihre Aussagen auch "richtig" sind, hängt von der Qualität und der Anzahl der Falsifikationsversuche ab, die sie erfolgreich abgewehrt hat.

Der Begriff der Falsifikation sollte nicht mit dem der Verifikation verwechselt werden. Unter **Verifikation** versteht man die Überprüfung einer **singulären** Hypothese. So haben wir z.B. im

Rahmen des Planungsprozesses (Kap.1) solide Hypothesen durch statistische Tests zu bestätigen versucht. Aus dieser Definition dürfte klar sein, daß es völlig verfehlt wäre, nomologische Hypothesen oder Theorien verifizieren zu wollen, denn das hieße, sie lediglich auf (endlich viele) Protokollsätze zu reduzieren.

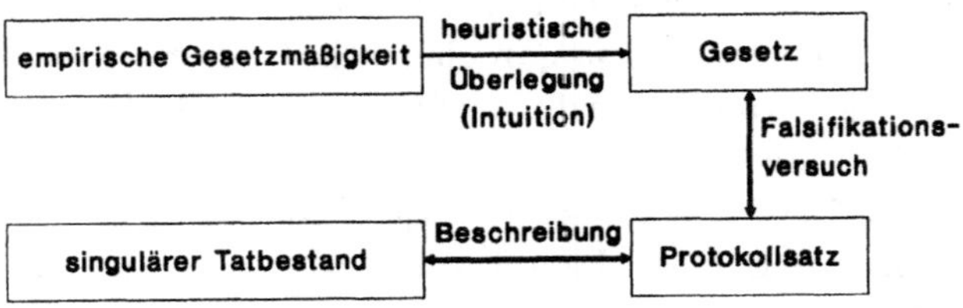

Abb. 6.4: Falsifikationsvorgang

Abb. 6.4 faßt den soeben beschriebenen Sachverhalt nochmals zusammen: Eine in der Realität beobachtete "empirische Gesetzmäßigkeit" führt zur "Entdeckung" eines empirischen Gesetzes. Dieses Gesetz ist sodann Falsifizierungsversuchen auszusetzen. Dazu betrachtet man singuläre Tatbestände, deren Beschreibung (Beobachtung) durch Protokollsätze erfolgt, die anschließend auf Verträglichkeit mit den Gesetzesaussagen überprüft werden.

Man erkennt, daß jeder Falsifikationsversuch die Ermittlung eines (geeigneten) Protokollsatzes voraussetzt. Damit jedoch treten wieder die Schwierigkeiten auf, die uns bereits als "Basisproblem" in Abschnitt 6.2.1 beschäftigt haben. Wenn eine Abbildung der Realität durch einen Protokollsatz nicht mit letzter Sicherheit möglich ist, könnte dann nicht eine Theorie (oder Gesetzesaussage) an einem *falschen* Protokollsatz (oder auch an einer *falschen* Falsifikation) scheitern? Eine solche Möglichkeit ist in der Tat nicht prinzipiell auszuschließen. Man wird daher nicht sofort bei jeder gelungenen Falsifikation eine Theorie über Bord werfen, insbesondere dann nicht, wenn sie schon viele Falsifikationsversuche erfolgreich abgewehrt hat. Erst bei wiederholten Fehlschlägen wird man versuchen, zu einer neuen Theorie überzugehen, die in der Lage ist, auch die falsifizierenden Protokollsätze zu erklären, eine Vorgehensweise, die an den Übergang zu einer neuen Abstraktion im Planungsprozeß erinnert (Schleife *i* in Abb. 1.5). Abschnitt 6.5 wird Gelegenheit geben, hierüber weiter nachzudenken.

6.2.3 Die Erklärungsaufgabe einer empirischen Wissenschaft

Die Erklärungsaufgabe kann als die zur Theoriebildung duale Aufgabe gesehen werden. Hier geht es nicht darum, eine Gesetzesaussage zu finden und abzusichern, sondern umgekehrt, aus einer als (vorläufig) wahr erkannten Gesetzmäßigkeit einen beobachteten Sachverhalt zu erklären. **Erklären** heißt damit, einen Protokollsatz als singuläre Aussage einer Gesetzesaussage zuzuordnen. Damit erweist sich eine Erklärung als das Dual zur Prognose. Während bei der Prognose der Protokollsatz behauptet wird und eine Bestätigung durch die Realität gesucht wird, liegt bei der Erklärung der reale Tatbestand vor, und es wird der mit dem Gesetz konforme Protokollsatz gesucht. Gelingt es, diesen Satz zu finden, so bezeichnen wir den empirischen Tatbestand als durch das Gesetz erklärt.

Man nennt diese Vorgehensweise **deduktiv-nomologisches Erklärungsschema** oder auch **Hempel/Oppenheim Schema** (s. z.B. BRINKMANN, RAFFÉE 1984): Man geht aus von der in den Schritten (1) und (2) des Abschnitts 6.2 gefundenen und als (vorläufig) wahr erkannten Gesetzesaussage $A \rightarrow B$. Dann liegt eine **Erklärung** des durch die Antezedenzbedingung a charakterisierten empirischen Phänomens b vor, wenn aus der Anwendung des Gesetzes unter der Randbedingung a das Ergebnis b logisch zwingend folgt: Das Hempel/Oppenheim Schema der Abb. 6.5 faßt diesen Sachverhalt nochmals zusammen.

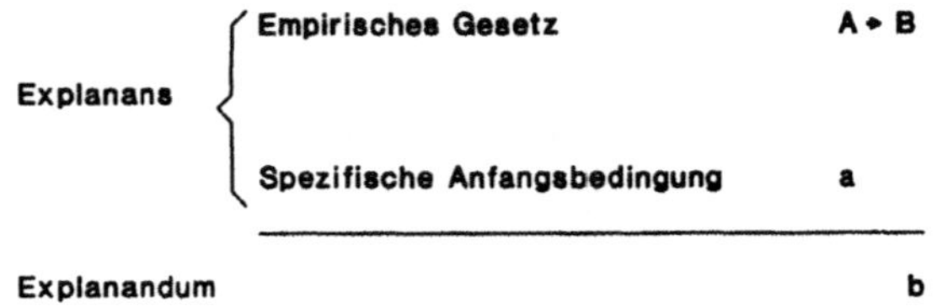

Abb. 6.5: Hempel/Oppenheim'sches Erklärungsschema

Dabei bezeichnet man das Gesetz $A \rightarrow B$ einschließlich der speziell vorliegenden Antezedenzbedingung a als **Explanans** und den speziell zu erklärenden Sachverhalt b als **Explanandum**.

Die "**erklärende Kraft**" einer Gesetzeshypothese hängt von ihrer empirischen Gültigkeit, ihrer Präzision und Allgemeinheit ab. Je präziser ein Gesetz ist, desto höher ist der Erkenntniszuwachs, den man durch eine Erklärung erhält. Andererseits wird es bei Erhöhung der Präzision immer schwerer, die empirische Gültigkeit der Hypothese abzusichern. Die Präzisierung einer Hypothese bedeutet eine Informationsanreicherung ihrer Dann-Komponente. So könnte man eine Hypothese z.B. dadurch anreichern, daß man nicht nur sagt: "Wenn ein Dienstleistungsabend vorliegt, dann ist an diesem Tag der Umsatz überdurchschnittlich", sondern präziser (und "gewagter"): "Wenn ein Dienstleistungsabend vorliegt, dann ist der Umsatz eineinhalb mal so hoch wie der Durchschnittsumsatz". Formal kann man dies so ausdrücken: Stellt B' eine eingeschränkte Dann-Komponente dar ($B' \subset B$), so ist $A \rightarrow B'$ die gegenüber $A \rightarrow B$ gehaltvollere Aussage.

Umgekehrt kann man auch die Wenn-Komponente präzisieren, indem man etwa sagt: "Wenn ein Dienstleistungsabend *im August* vorliegt, dann ..." Diese Präzisierung hat keine Erhöhung des Informationsgehaltes zur Folge, im Gegenteil, die Hypothese wird spezieller, ihre Allgemeingültigkeit wird eingeschränkt. Damit wird ihre Erklärungskraft schwächer, doch ist andererseits ihre empirische Gültigkeit einfacher zu sichern.

Zusammengefaßt gibt Abb. 6.6 nochmals die vier verschiedenen Fälle wieder. Darin stellt (1) eine nomologische Hypothese von hoher und (3) eine solche von niedriger Aussagekraft dar.

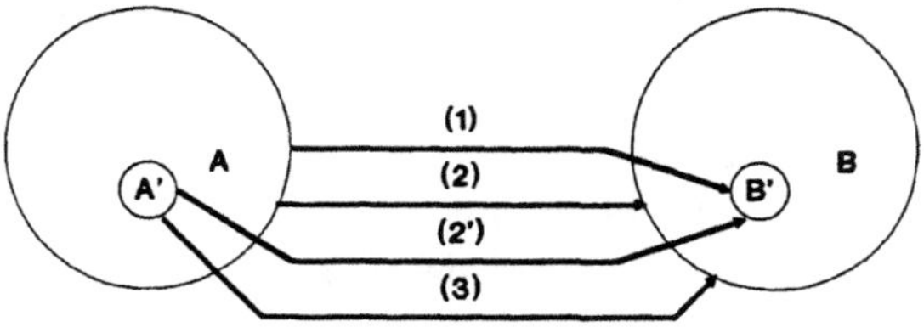

Abb. 6.6: "Erklärungskraft" von nomologischen Hypothesen

Die Fälle (2) und (2') nehmen mittlere Positionen ein. Bei der Konstruktion von nomologischen Hypothesen wird man versuchen, die Wenn (A)- und Dann (B)-Komponente so geschickt zu wählen, daß die Hypothese bei noch guter empirischer Bestätigung einen hohen Informationsgehalt hat.

6.2.4 Erklärungskraft und Reichweite nomologischer Hypothesen in der Betriebswirtschaftslehre

Man übertreibt sicher nicht, wenn man feststellt, daß die Betriebswirtschaftslehre verglichen mit den exakten Naturwissenschaften nur über Gesetzeshypothesen von sehr geringer Erklärungskraft verfügt. Auch wenn man nach dem Vorschlag ALBERTS mögliche nomologische Aussagen hinsichtlich ihrer raumzeitlichen Geltung auf Quasi-Gesetzeshypothesen einschränkt, bleibt das Problem der im vorhergehenden Unterabschnitt besprochenen "Verwässerung" der Wenn- und Dann- Komponente. Dies kann so weit gehen, daß dem Gesetz praktisch keine Aussagekraft mehr zukommt. Auch das Erfordernis zur Konsolidierung vager Hypothesen (vgl. Abschn. 1.2.2) zeigt die unbefriedigende Situation in der Betriebswirtschaftslehre.

Speziell sollte man sich vor der **Immunisierung** (ALBERT 1967 oder RAFFÉE 1974) von Gesetzesaussagen hüten. Drei häufig miteinander zusammenhängende Aspekte seien besonders herausgestellt: Die Immunisierung

- durch Definitionsbildung,
- durch unklare Begriffsbildung und
- durch nicht überprüfbare Antezedenzien.

Bisweilen verwechselt man in der Wissenschaft eine **Definition** mit einem Gesetz. Tritt in einer Hypothese ein nicht anderweitig definierter Begriff auf, so handelt es sich bei dieser Hypothese nicht um eine empirisch überprüfbare Aussage, sondern (bei im übrigen definierten Begriffen) um eine Definition des zuvor undefinierten Begriffes. Selbst in den exakten Naturwissenschaften können derartige Mißverständnisse auftreten. So ist das 2. Newton'sche Gesetz "Kraft = Masse x Beschleunigung" nur dann ein Gesetz, wenn Kraft und Masse bereits anderweitig definiert sind. (Der Leser möge selbst klären, ob es sich bei der Lagerbilanzgleichung: "Stets ist der Lagerbestand in einer Periode gleich dem Lagerbestand in der Vorperiode plus Zugang minus durch Nachfrage verursachtem Abgang" um ein Gesetz, eine Definition oder eine sonstige analytische Aussage (Tautologie) handelt). Dabei sollte man die obige Aussage "nicht anderweitig definierter Begriff" sehr genau nehmen. Würde z.B. Masse x Beschleunigung = const. gelten und bezeichnete man beispielsweise die Konstante "const." als "Kraft", so läge sehr wohl ein Gesetz vor, da die *Konstanz* des Produktes aus Masse x Beschleunigung durchaus "definiert" ist und sich empirisch überprüfen läßt.

Die zweite hier betrachtete Möglichkeit der Immunisierung einer Gesetzeshypothese liegt in der **Vagheit** ihrer Formulierung. Hierauf wurde bereits mehrfach hingewiesen.

Eine Immunisierung durch **nicht überprüfbare Randbedingungen** liegt z.B. vor, wenn es heißt: "Immer wenn Herr Meyer gut geschlafen hat, geht er spazieren". Diese Aussage ist kaum durch Falsifikation angreifbar. Beobachtet man nämlich, daß Herr Meyer *nicht* spazieren geht, dann, so wird der Verteidiger der Hypothese behaupten, liege dies nicht etwa daran, daß die Gesetzesaussage falsch sei, sondern daß Herr Meyer schlecht geschlafen habe, was, davon gehen wir aus, empirisch nicht überprüfbar sei. Hierbei könnte man sogar so weit gehen, daß man den Zustand "gut geschlafen zu haben" dadurch *definiert*, daß Herr Meyer spazieren geht, womit wir wieder bei der erstgenannten Immunisierungsmöglichkeit wären (s. auch CHALMERS, S.66 ff.).

Man kann die Frage nach der "Reichweite" einer Gesetzesaussage gut an dem **Beispiel** der Nachfrageprognose studieren. **Univariate Prognosen** (s. z.B. HANSMANN) erklären die Zeitreihenentwicklung aus ihrer Vergangenheit, so z.B.: "Immer wenn in der Vergangenheit ein saisonaler Verlauf vorlag, gilt das auch für die Zukunft". Eine solche Hypothese hat nur eine geringe Aussagekraft. Sie bleibt an der Oberfläche. Die eigentlichen Gründe für das saisonale Verhalten werden nicht aufgedeckt. Man sagt auch, es fehle an "theoretischer Durchdringung". Ein (mehrmaliger) Fehlschlag des "Saisongesetzes" würde einen auf der "Oberfläche der Theorie univariater Prognosen" verbleibenden Forscher in Ratlosigkeit zurücklassen.

Schon etwas reichhaltigere Aussagen erhielte man, wenn es gelänge, den saisonalen Nachfrageverlauf mit der Jahreszeit in Verbindung zu bringen, und jeder Zeitreihenanalytiker ist gut beraten, dies zu tun. Man könnte dann die Gesetzeshypothese etwas anreichern und etwa formulieren: "Immer wenn in der Vergangenheit eine jahreszeitliche Saison auf einen ebensolchen Nachfrageverlauf führte, ist auch in Zukunft ein saisonaler Verlauf zu erwarten unter der Bedingung, daß die jahreszeitliche Saison sich nicht ändert."

Mit der Neuformulierung der Gesetzeshypothese ist jedoch noch nicht allzu viel gewonnen. Erst wenn es gelingt, aus dem jahreszeitlichen Konsumverhalten der Käufer auf die Nachfrage (nach einem bestimmten Gut) zu schließen, d.h. nomologisch abgesicherte Aussagen zu treffen, ist man einer "befriedigenden" Erklärung schon ein beträchtliches Stück näher. Noch reichhaltiger wäre eine Theorie, wenn man das Käuferverhalten sehr allgemein beschreiben könnte und nur zu einem geringen Teil an die Vergangenheitswerte der Nachfragezeitreihe gebunden wäre. Man spricht dann auch gegenüber der ersten "Primitiverklärung" von Erklärung 2. Ordnung (LAUCKEN/SCHICK). (Ein sehr einleuchtendes Beispiel aus der Biologie stellen die Mendelschen Gesetze zur Erklärung (1. Ordnung) von Vererbungsvorgängen dar. Sie fanden später mit den gefundenen genetischen Gesetzmäßigkeiten eine wesentlich tiefergehende Erklärung (2. Ordnung).)

Hypothesen dieser Qualität verlangen letztlich ein Eindringen in verhaltenswissenschaftliche Sachverhalte und somit eine verhaltenswissenschaftliche Öffnung der Betriebswirtschaftslehre. Damit wird ein neues Betätigungsfeld eröffnet und bisweilen die Erklärungslast der Psychologie zugeschoben.

Bei dieser insgesamt unbefriedigenden Situation hinsichtlich der Erklärungskraft theoretischer Aussagen stellt sich die Frage, ob denn für die Betriebswirtschaftslehre als handlungsorientierter Wissenschaft die Erklärungsaufgabe tatsächlich im Vordergrund steht oder ob es nicht so ist, daß man – wie in der Medizin – alles daransetzen muß, einen Patienten zu heilen, auch wenn man nicht hundertprozentig weiß, wie denn eigentlich die verwendeten Medikamente (d.h. Instrumente) physiologisch wirken. Sollte man nur das Augenmerk auf das Geschehen *innerhalb* der "black box" richten und unterdessen den Patienten sterben lassen? Oder sollte eine handlungsorientierte Wissenschaft sich (zumindest zunächst) mit

"Primitiverklärungen" zufrieden geben und lediglich "Ursache"-Wirkungszusammenhänge registrieren, ohne jedesmal danach zu fragen, welche Gesetzeshypothesen diese Zusammenhänge umfassend erklären könnten und welches die "wirklichen" Ursachen für das beobachtete Verhalten sind?

Mit diesen Fragen steuern wir bereits das eigentliche Thema der Erörterungen dieses Kapitels an: Die Darstellung einer Methodologie handlungsorientierter Wissenschaften.

6.3 Handlungsorientierte Wissenschaften

Handlungsorientierte Wissenschaften lassen sich dadurch charakterisieren, daß ihnen - wie bereits in Abschnitt 6.1.1 ausgeführt - eine Theorie der Planung und Führung zugrunde liegt. Sie können daher entsprechend unseren früheren Überlegungen als angewandte Planungs- und Führungswissenschaften verstanden werden. Derartigen Wissenschaften wurde mit dem "Planungsprozeß" des Kapitels 1 ein präskriptives Gerüst gegeben. Auch wenn dort der Führungsaspekt weniger stark zur Geltung kommt als der der Planung, so wird die im Planungsprozeß bereits offengelegte generelle Vorgehensweise geeignet sein, Grundstrukturen einer handlungsorientierten Wissenschaft methodologisch herauszuarbeiten. Insbesondere wird es dabei darauf ankommen, den Zusammenhang zwischen erklärenden und handlungsorientierten Wissenschaften näher zu beleuchten.

Wie wir wissen, kommt nomologischen Hypothesen innerhalb einer erklärenden Wissenschaft eine zentrale Bedeutung zu. Normative Aspekte jedoch spielen demgegenüber nur eine untergeordnete Rolle. Gerade umgekehrt, wie wir noch zeigen werden, verhält es sich mit den handlungsorientierten Wissenschaften. Hier stehen normative Aussagen und deren vielfältiges Zusammenspiel im Zentrum des Interesses. Wir werden uns daher zunächst mit **normativen Aussagen**, d.h. mit sog. **Werturteilen** befassen. Erst im übernächsten Abschnitt wenden wir uns handlungsorientierten Wissenschaften zu und damit den methodologischen Grundlagen der Planung.

6.3.1 Werturteile

Werturteilen sind wir auf vielen Ebenen des Planungsprozesses bereits begegnet. Sie zeichnen sich gegenüber deskriptiven oder explikativen Aussagen dadurch aus, daß sie eine Wertung vornehmen, d.h. es werden bestimmte Tatbestände anderen vorgezogen. Diese Wertungen können den "neutralen" Charakter einer Feststellung haben oder als Forderung formuliert sein. Werturteile im Sinne einer einfachen Feststellung liegen vor, wenn man bei *gegebenem* Wertmaßstab Alternativen anordnet. Werturteile "höherer Ordnung" liegen vor, wenn es um die Anerkennung eines Wertmaßstabes selbst geht. (Die normativen Überlegungen innerhalb der Entscheidungstheorie von Band 1 geben hierzu genügend Anschauungsmaterial.) Eine weitere Steigerung erhält ein Werturteil, wenn man mit ihm die Forderung nach einem bestimmten Verhalten verbindet.

Werturteile in einer Wissenschaft teilt man häufig (ALBERT 1966 oder RAFFÉE 1974) auch ein in Werturteile
- im Basisbereich,
- im Objektbereich und
- im Aussagenzusammenhang (einer Wissenschaft).

Werturteile im Basisbereich betreffen sämtliche eine Wissenschaft konstituierende Bewertungen, wie z.B. Festlegungen hinsichtlich des Objektbereiches und des Typs von Problemen, die innerhalb einer Wissenschaft zu untersuchen sind. Bei einer handlungsorientierten Wissenschaft umfaßt der Basisbereich u.a. sämtliche den Planungsprozeß strukturierende Werturteile. Wir werden hierauf noch genauer im nächsten Abschnitt zu sprechen kommen.

Werturteile im Objektbereich stellen deskriptive Aussagen *über* ein Wertsystem dar. Hierzu gehören z.B. Ausagen der Form "Unternehmer sehen zu 90% das Gewinnmaximierungsziel als das wichtigste Unternehmensziel an".

Werturteile im Aussagenzusammenhang sind Wertvorschriften einer Wissenschaft, etwa von der Art: "Jeder Unternehmer hat das Gewinnmaximierungsziel als wichtigstes Ziel zu akzeptieren." Unter dem **"Werturteilsproblem"** versteht man die Frage, ob eine Wissenschaft (als Wissenschaft) sich in Bewertungsfragen in ihrem Aussagenzusammenhang Zurückhaltung auferlegen sollte. Diese Frage hat gerade auch die Betriebswirtschaftslehre im Anschluß an die durch Max Weber (WEBER) angestoßene Diskussion stark bewegt. Einerseits darf eine Wissenschaft als Teil der Gesellschaft nicht zu Fragen schweigen, zu denen ihr Urteil herausgefordert wird, andererseits dürfen ihre Ergebnisse nicht bereits durch die Fragestellung weitgehend festgelegt sein, zumal man bedenken muß, daß allein schon durch die Werturteile im Basisbereich die Gefahr besteht, sich den Blick zu verstellen. Wir werden auf diese Frage später noch zu sprechen kommen.

Hat man eine handlungsorientierte Wissenschaft mit ihrem durch Abb. 1.13 zusammengefaßten Planungsprozeß vor Augen, so scheint eine andere Einteilung von Werturteilen, die wir übrigens in Kapitel 1 "Entscheidungen" nannten, geeigneter. Dabei geht man von der Vorstellung aus, daß eine handlungsorientierte Wissenschaft Handlungsanweisungen gibt und sich somit ihr Theoriengebäude auf den Prozeß der Gewinnung solcher Anweisungen zu beziehen hat. D.h. Werturteile einer handlungsorientierten Wissenschaft sind bis auf wenige allgemeine Werturteile problembezogen und werden entsprechend dem Planungsprozeß des Kapitels 1 nicht von der Wissenschaft (bzw. dem Wissenschaftler) allein, sondern stets gemeinsam mit den übrigen am Planungsprozeß beteiligten gesellschaftlichen Gruppen getroffen. Wir nehmen daher zunächst eine Einteilung in

- allgemeine Werturteile und

– problembezogene Werturteile
vor.

Allgemeine Werturteile sind normative Vorschriften, die unabhängig von dem jeweils vorliegenden Planungsproblem postuliert werden. Sie bilden den Rahmen, innerhalb dessen problembezogene Werturteile artikuliert werden können. Zu ihnen gehört – wie wir später noch ausführlich erörtern werden – die Vorschrift, ethische Normen einzuhalten und die Forderung, die grundsätzliche Strukturierbarkeit der Planung im Sinne des in Kapitel 1 dargestellten Prozesses zu akzeptieren.

Problembezogene Werturteile haben einen wesentlich schwächeren normativen Charakter. Sie gestatten eine *problembezogene* Auswahl von Normen und werden daher auch als **präskriptiv** bezeichnet. Entsprechend der Vorgehensweise des Planungsprozesses kann man sie weiter einteilen in
– strukturierende Werturteile und in
– realproblembezogene Werturteile.

Strukturierende Werturteile sind Bewertungen, die den Planungsprozeß im Hinblick auf das zu lösende Realproblem strukturieren. Hierzu gehören Bewertungen hinsichtlich der Einteilung in Zyklen (also der Gestalt des Zyklenprozesses) und deren Auswahl im Steuerungsprozeß (vgl. Abschn. 1.1.3 und die Schleifen in Abb. 1.5).

Realproblembezogene Werturteile legen die Gestalt der Zyklen einschließlich des Wertsystems fest, nach dem Handlungsalternativen *innerhalb* eines Zyklus zu beurteilen sind. Werturteile dieser Art sind z.B. die Konsolidierung vager Hypothesen, die Festlegung realproblembezogener Anspruchsniveaus sowie sämtliche Bewertungsprobleme, die mit der Beurteilung von Planungslücken (vgl. Abschn. 1.3) verbunden sind.

Neben den allgemeinen, den strukturierenden und den realproblembezogenen Werturteilen wären noch Bewertungen anzuführen, die innerhalb eines *gegebenen* realproblembezogenen Wertsystems eine Auswahl vornehmen. Sie hatten wir bereits früher (Bd. 1, Abschn. 3.2) als niedrigste und entscheidungstheoretisch unproblematischste Stufe eines Wertsystems erkannt. Sie werden daher in der folgenden Diskussion keine besondere Beachtung finden.

Bevor wir uns in Abschnitt 6.3.4 mit den methodologischen Grundlagen einer handlungsorientierten Wissenschaft auseinandersetzen, seien noch einige Vorüberlegungen angestellt. Hierzu gehört die im folgenden vorzunehmende genauere Einordnung der soeben aufgeführten Werturteile in den allgemeinen Planungsprozeß sowie die Herstellung eines Zusammenhanges zwischen handlungsorientierten und erklärungsorientierten Methodologien, was in Abschnitt 6.3.3 auf die Erläuterung des Begriffes der **Technologisierung** führen wird.

6.3.2 Werturteile im Planungsprozeß

Die im vorhergehenden Abschnitt aufgeführten drei Werturteilskategorien weisen unverkennbar eine hierarchische Struktur auf: Die allgemeinen Werturteile geben an, daß ein Planungsprozeß nach sehr allgemeinen Prinzipien durchzuführen ist; die strukturierenden (problembezogenen) Werturteile gestalten den *Prozeß* der Planung, und die realproblembezogenen Werturteile geben durch die Erfassung von Objekt- und Wertsystem der den Zyklen zugrundeliegenden Entscheidungsmodelle die Information, die notwendig ist, um Strukturentscheidungen zu treffen, d.h. um strukturierende Werturteile zu artikulieren.

Wir werden daher zunächst die allgemeinen Werturteile etwas genauer betrachten und sodann kurz auf die strukturierenden Werturteile eingehen. Die realproblembezogenen Werturteile wurden bereits in den vorhergehenden Kapiteln ausführlich diskutiert.

(1) Allgemeine Werturteile. Eines der wesentlichsten allgemeinen Werturteile einer handlungsorientierten Wissenschaft besteht in ihrem Selbstverständnis, "aufklärende und helfende" Funktion zu haben (RAFFÉE 1984). Hieraus leiten sich die Werturteile der **Strukturierbarkeit** und der **ethischen Verankerung** des Planungsprozesses ab. Sie können als gesellschaftliche Einbettung einer handlungsorientierten Wissenschaft gelten und seien deshalb als **Basiswerturteile** bezeichnet. Diese Einbettung betrifft sowohl den Wissenschaftler (bzw. die Wissenschaft), der die Strukturierung vorschlägt und dabei ethische Normen anzuerkennen hat, als auch den Anwender, der eine prinzipielle Strukturierbarkeit des Planungsprozesses zu akzeptieren und sich ebenfalls an ethischen Normen auszurichten hat.

Die **Strukturierbarkeit** bezieht sich auf die normative Aussage, daß jeder Planungsprozeß als Abfolge von Zyklen (im Sinne des Abschnitts 1.1.3) zu strukturieren ist. Dies ist eine der wesentlichsten Forderungen, ohne sie kann eine handlungsorientierte Wissenschaft ihrer aufklärenden und helfenden Funktion nicht gerecht werden. Erst in dem aus Zyklen- und Steuerungsprozeß aufgebauten Prozeß der Planung wird es möglich, weitere Werturteile zu artikulieren und für alle Beteiligten transparent werden zu lassen. Der Zyklenprozeß strukturiert die Planung und bildet somit das Analogon zu komplexitätsreduzierenden Strukturen im Sinne Luhmanns (LUHMANN, s.a. BECHMANN).

Die **ethische Verankerung** besteht in dem Basiswerturteil aller Beteiligten des Planungsprozesses, ethische Grundpostulate anzuerkennen. Diese Grundpostulate manifestieren sich besonders deutlich in der Wahl der Anspruchsniveaus. Eine solche "gesellschaftliche Verankerung" hilft, den handlungsorientierten Rationalitätsbegriff weiter zu verdeutlichen, nach welchem der Planungsprozeß ein "Höchstmaß an Zufriedenheit für alle Beteiligten" ergeben solle (vgl. Abschn. 1.8). Zufriedenheit kann dabei grundsätzlich nicht mehr erreicht werden, wenn gegen grundlegende ethische Normen verstoßen wird. M.a.W. einer Rationalität unter der Devise: "Der Zweck heiligt die Mittel" sind damit (auch ohne Gesetzesauflagen) deutliche Schranken gesetzt. (Dabei werden diese Normen als gegeben angenommen; ihre "Berechtigung" oder gar "Notwendigkeit" wird nicht hinterfragt.)

Neben diesen beiden Basiswerturteilen einer handlungsorientierten Wissenschaft spielen weitere allgemeine Werturteile insbesondere in der Konzeptionsphase eine wichtige Rolle. So gibt es in einer handlungsorientierten Wissenschaft bestimmte Grundhaltungen, von denen aus eine Gestaltung des Planungsprozesses vorgenommen wird: Man spricht von **Paradigmen** oder **Wissenschaftsprogrammen**. Die Betriebswirtschaftslehre unterscheidet z.B. **entscheidungs-** und **systemtheoretische Wissenschaftsprogramme** oder sie formuliert ihre Aussagen aus Arbeitgebersicht oder auch aus der Sicht des Produktionsprozesses (SCHANZ, RAFFÉE 1984). Während die speziellen Sichtweisen betriebswirtschaftlicher Zusammenhänge bereits eine gewisse Problembezogenheit aufweisen, kann man entscheidungs- und systemorientierte Wissenschaftsprogramme als Programme einstufen, die die Betriebswirtschaftslehre als eine sich den Verhaltenswissenschaften öffnende handlungsorierentierte Wissenschaft ausweisen (ULRICH H., HEINEN).

(2) Strukturierende Werturteile. Sie beziehen sich insbesondere auf den durch das allgemeine Werturteil der Strukturierbarkeit gegebenen Steuerungsprozeß. So wird man z.B. feststellen müssen, welche Personen am Planungsprozeß zu beteiligen sind und wie die Entscheidungsprozesse zwischen ihnen abzulaufen haben.

Bemerkung: Eine Anhebung dieses Werturteils in den Bereich der allgemeinen (nicht-problembezogenen) Werturteile ist weder sinnvoll noch erforderlich. Beispielsweise erscheint es als für eine handlungsorientierte Wissenschaft zu einengend, wenn (normativ) "verständigungsorientiertes Handeln" (STEINMANN/SCHREYÖGG) im Sinne eines unterdrückungsfreien Diskurses (HABERMAS, ULRICH, W.) verlangt wird, ganz abgesehen von den Schwierigkeiten, die mit einem solchen Konzept verbunden sind (s. z.B. RAFFÉE/ABEL).

6.3.3 Technologisierungen

Eine Vielzahl wissenschaftstheoretischer Erörterungen (z.B. ALBERT 1971a, RAFFÉE 1974, BRINKMANN, CHMIELEWICZ) bettet handlungsorientierte Aussagen **"technologisch"** in nomologisch-explikative Aussagen ein. Dabei gewinnt man aus einer nomologischen Hypothese dadurch eine handlungsorientierte Ausage, daß einige der Antezedenzbedingungen zu Handlungsanweisungen werden: Liegt eine nomologische Hypothese

$$A \rightarrow B$$

vor und erklärt man bestimmte Antezedenzbedingungen a' zu Handlungsanweisungen und andere a'' zu (parametrischen) Randbedingungen, so daß $A := \{a'\} \cup \{a''\}$, so kann man zur Erreichung eines bestimmten Ergebnisses b eine Wahl aus der Menge $\{a'\}$ treffen. Eine solche "Interpretation" einer nomologischen Hypothese bezeichnet man als **Technologisierung** (s. ALBERT 1971a).

Ein kleines **Beispiel** möge die Zusammenhänge verdeutlichen. Die nomologische Hypothese bestehe aus der Aussage:"Immer wenn die Erzeugung der Endproduktmengen $E_1, \ldots, E_n$ aus den Rohstoffen $R_1, \ldots, R_m$ bei Einsatz der Produktionsanlage PA erfolgt, geschieht dies nach der Produktionsfunktion PF, die auf den Deckungsbeitrag $\sum_{i=1}^{n} d_i E_i$ führt, wobei d_i den Stückdeckungsbeitrag des Endproduktes i bezeichnet." Diese Aussage läßt sich z.B. in der Weise technologisieren, daß man die Endproduktmengen als Handlungsalternative wählt ($\{a'\}$) und die Produktionsanlage die (verbleibenden) Randbedingungen ($\{a''\}$) darstellt. Der Deckungsbeitrag bildet die "Dann-Komponente" B.

Interpretiert man nun handlungsorientierte Wissenschaften als Wissenschaften, die mit technologisierten (explikativen) Theorien arbeiten, so hat dies zur Folge, daß auch diese Wissenschaften auf nomologische Hypothesen rekurrieren müssen. Wir wollen eine solche, das Rationalitätskriterium des Planungsprozesses (Abschn.

1.8) außer acht lassende Vorgehensweise als **erklärungsorientierte Technologisierung** bezeichnen. Wie sich zeigen wird, hat diese Art der Technologisierung einen nur ungenügenden Planungsbezug. Zu vielschichtig greifen Werturteile in den Planungsprozeß ein, als daß eine von diesen Werturteilen abstrahierende Vorgehensweise ausreichte, die Vorgänge innerhalb einer handlungsorientierten Wissenschaft aufzuhellen.

Eine Berücksichtigung handlungsorientierter Kriterien hat nicht nur theoretische, sondern auch nicht zu unterschätzende praktische Konsequenzen: Es ist in einer handlungsorientierten Wissenschaft nicht primär die Frage zu stellen, wie gut sich eine Hypothese (im Sinne des Abschnitts 6.2.2) bewährt, sondern welche Bedeutung sie für den "Erfolg" einer Handlung hat.

6.3.4 Methodologie handlungsorientierter Wissenschaften

Nach den bisher geleisteten Vorarbeiten sind wir nunmehr in der Lage, Grundzüge einer Methodologie handlungsorientierter Wissenschaften darzustellen und insbesondere gegen die der explikativen Wissenschaften abzugrenzen. Kernstück ist der auch als präskriptive Entscheidungstheorie bezeichnete in Kapitel 1 dargestellte Planungsprozeß. Dieser Prozeß weist nicht nur hinsichtlich seiner Werturteile, sondern simultan hierzu auch in der Erfassung der Realität eine hierarchische Struktur auf, die ihrerseits zu einer abgestuften Technologisierung führt.

Damit tritt der Unterschied zur Methodologie einer explikativen Wissenschaft deutlich hervor. Er besteht nicht nur darin, daß bei der Bewährung nomologischer Hypothesen neben dem empirischen Wahrheitskriterium auch handlungsorientierte Kriterien zu beachten sind, sondern in der Formulierung der Hypothesen selbst. Erklärende Wissenschaften haben nomologische Hypothesen oder auch hierarchische Systeme nomologischer Hypothesen aufzufinden, handlungsorientierte Wissenschaften dagegen haben zusätzlich noch Hypothesen über die Strukturierung des Planungsprozesses aufzustellen. Damit scheint die Aufgabe handlungsorientierter Wissenschaften ungleich komplexer. Dieser Eindruck ist jedoch verfehlt. Im Gegenteil, durch die Strukturierung wird die Ermittlung nomologischer Hypothesen wesentlich erleichtert, mitunter sogar überflüssig.

Betrachtet man ein konkretes Anwendungsproblem, so verlangt dies eine problembezogene Strukturierung und Ausgestaltung des Planungsprozesses. Hierbei entwickelt eine handlungsorientierte Wissenschaft eine bestimmte problemklassenangepaßte Vorgehensweise, wie sie prototypisch in der Systemanalyse des Kapitels 2, Band 1 vorgesehen ist. Durch sie wird ein Problem so weit strukturiert, daß der dann noch genauer zu erfassende Realitätsausschnitt stark eingegrenzt ist. Dies hat zur Folge, daß nomologische Hypothesen nur noch sehr eingeschränkt benötigt werden. Man braucht nicht mehr eine "All-Aussage", sondern lediglich eine für ganz konkrete Randbedingungen gültige (d.h. **situative**) Aussage (s. hierzu auch KIESER/KUBICEK oder STAEHLE).

An die Stelle von Falsifizierungsversuchen tritt die Ex-ante-Verifikation. Sie kann, sofern es sich um solide Hypothesen (vgl. Abschn. 1.2.1) handelt, beispielsweise durch gezielte Erhebung hypothetischer Daten oder durch Pilotstudien bewerkstelligt werden. Bei vagen Hypothesen ist, wie wir wissen, auch eine Ex-ante-Verifikation nicht möglich. Hier erfolgt eine Konsolidierung unter Beachtung des gesamten Planungsprozesses, wobei u.U. hermeneutische Überlegungen eine Rolle spielen (s. z.B. HEINEN/DIETEL). Ganz allgemein erscheint in dieser empirisch unbefriedigenden Situation ein Verzicht erklärender nomologischer Hypothesen zugunsten lediglich verstehender (hermeneutischer) Aussagen gerechtfertigt. (Hinsichtlich einer kurzen Zusammenfassung nicht-kritischrationaler Erklärungsansätze, s. RAFFÉE 1984 und die dort angegebene Literatur.)

Die vorstehenden Erörterungen lassen den Eindruck entstehen, als könne man auf nomologische Hypothesen ganz verzichten. Dies ist jedoch nicht der Fall, und zwar aus drei ganz unterschiedlichen Gründen:

1. Die Verifikation situativer Aussagen kann lediglich ex ante geschehen. Ließe sich eine solche Aussage aus einer (hinreichend weiten) nomologischen Hypothese erklären, so wäre man in einer wesentlich günstigeren Situation.
2. Auch wenn situative Aussagen nicht nomologisch deduziert werden können, so wären empirische Gesetzmäßigkeiten bei analogen Sachverhalten zur **Konstruktion** situativer Aussagen sehr hilfreich. Derartige Gesetzmäßigkeiten könnten also als **heuristisches Potential** dienen.
3. Der dritte Grund, auf die Ermittlung nomologischer Hypothesen nicht zu verzichten, ist konstituierend für eine handlungsorientierte Wissenschaft. Hierbei handelt es sich um das System von Hypothesen, das erst zur Bildung situativer Aussagen Anlaß gibt. So bildet ein **Regelwerk** eine handlungsorientierte Theorie, die, einem Expertensystem vergleichbar (s. Abschn. 5.4) Aussagen darüber trifft, für welche Planungsprobleme bestimmte Strukturierungsmaßnahmen anzuwenden sind. Nomologische Hypothesen des Regelwerks geben Auskunft darüber, wie für bestimmte Problemklassen der Planungsprozeß zu spezifizieren ist, damit ein zufriedenstellendes Ergebnis erreicht wird. Die Bewährung liegt gerade in der empirischen Feststellung dieser Zufriedenheit. Das sich ansammelnde Erfahrungswissen über die jeweils konkrete Ausgestaltbarkeit des Planungsprozesses stellt neben dem zur Konstruktion situativer Aussagen notwendigen Faktenwissen den wichtigsten Erfahrungsschatz einer handlungsorientierten Wissenschaft dar. Daß dieser Erfahrungsschatz häufig in allgemeinen Regeln besteht, die im konkreten Anwendungsfall Anleitungen zur Konstruktion lediglich hermeneutisch zu gewinnender Strukturierungen geben, zeigt, daß auch das Regelwerk nur z.T. nomologisch absicherbar ist.

Fassen wir noch einmal zusammen: Eine handlungsorientierte Wissenschaft ist nicht einfach eine technologisierte explikative Wissenschaft. Sie vollzieht sich nach den präskriptiven Regeln des Planungsprozesses. Diese Regeln werden aufgebaut und gesteuert durch ein hierarchisches System von Werturteilen und durch die empirischen Gegebenheiten des vorliegenden Handlungsproblems. Empirische Fakten finden in diesen Prozeß i.a. nicht durch erklärungsorientierte Technologisierung nomologischer Hypothesen Eingang, sondern i.w. über drei Ebenen:

1) über ein Regelwerk von Strukturierungshypothesen,
2) über realproblembezogenes Grundlagenwissen und
3) über die konkrete situativ eingeschränkte (u.U. hermeneutische) Erfassung harter, solider und vager Fakten.

Durch diesen mehrkanaligen Zugang empirischer Information und den stets vorgeschalteten (erfolgsrationalen) "Bewertungsfilter" verliert die Ermittlung realproblembezogener nomologischer Hypothesen erheblich an Bedeutung. Die Theorie einer handlungsorientierten Wissenschaft ist nicht mehr wie in einer explikativen Wissenschaft ein System von realproblembezogenen nomologischen (und analytischen) Hypothesen, sondern ein Regelwerk, das auf Grundlagenwissen zugreift und unter Verwendung i.a. statistischer Regeln, konkrete problembezogene Informationen erfaßt. M.a.W. eine handlungsorientierte Wissenschaft besitzt die Strukturelemente eines **Expertensystems** (vgl. Kap. 5), wobei die Experten "Träger" des Regelwerks und des problembezogenen Grundlagenwissens sind.

Das Regelwerk hat mehrere Aufgaben (vgl. Abb. 6.7). Es führt zunächst durch Abgrenzung und Strukturierung zu einer Komplexitätsreduktion, die in ein Modellkonzept mündet. Das Modellkonzept wird weiter ausgebaut, indem man auf problembezogenes Wissen zurückgreift. Dieses Wissen muß nicht notwendig in bewährten Theorien oder Quasitheorien (vgl. Abschn. 6.1.2) vorliegen, vielmehr stellt es lediglich ein Potential dar, das in der konkret gegebenen Situation die Formulierung erfolgversprechen-

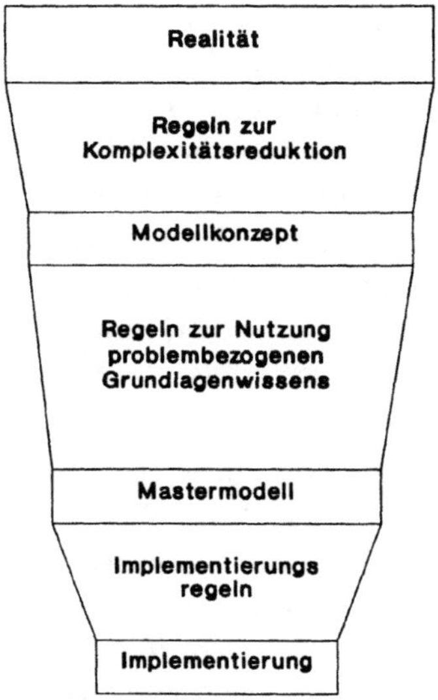

Abb. 6.7: Aufgaben des Regelwerks einer handlungsorientierten Wissenschaft

der Hypothesen gestattet. Zur statistischen Erfassung der Hypothesen und insbesondere ihrer Antezedenzien sind wiederum Regeln und mathematisch-theoretisches Hintergrundwissen erforderlich. Hat man schließlich eine Handlungsanweisung erarbeitet, so sind auch jetzt noch Regeln erforderlich, nach denen diese Handlungsanweisung in die Realität umzusetzen, also zu implementieren ist. M.a.W., das Regelwerk einer handlungsorientierten Wissenschaft besteht aus sämtlichen Regeln des in Kapitel 1 beschriebenen Planungsprozesses, wobei die den Planungsprozeß leitenden Führungsregeln von besonderer Bedeutung sind.

Eine handlungsorientierte Wissenschaft besteht somit aus einem Regelwerk, das Regeln für sämtliche Aufgaben bereithält, die im Rahmen dieser Wissenschaft zu bewältigen sind. Hierzu gehören auch "Metaregeln", die zur Erzeugung weiterer problembezogener

Regeln dienen ("Lernvorgang", vgl. auch Abschn. 5.4). Neben dem Regelwerk besitzt eine handlungsorientierte Wissenschaft als zweite wichtige Komponente konkretes Faktenwissen sowie allgemeines problemfeldorientiertes theoretisches Wissen, worauf sie in ihren jeweiligen konkreten Aufgabenstellungen zurückgreifen kann. Dabei stellt das problemfeldorientierte Wissen meist nur ein heuristisches Potential dar, das nicht etwa lediglich durch die Anpassung von Randbedingungen bereits einsetzbar ist, sondern das nur einen Hinweis darauf gibt, wie Hypothesen erfolgversprechend formuliert werden könnten.

Mit dieser Relativierung explikativ theoretischen Wissens wird nicht etwa einer "Theoriefeindlichkeit" das Wort geredet. Im Gegenteil, es geht um eine Verstärkung des theoretischen Gerüstes, die freilich nicht so sehr an der Verbesserung des heuristischen Theoriepotentials anzusetzen hat, sondern an dem Regelwerk, das erst zu dessen Nutzung führt. Hier gilt es, handlungsorientiert bewährte Vorgehensweisen zu identifizieren und ihren Einsatzbereich klar abzugrenzen. Die Kapitel 2, 3 und 4 haben beispielhaft derartige Strukturierungsregeln dargestellt.

6.4 Die Betriebswirtschaftslehre als handlungsorientierte Wissenschaft

Eine Wissenschaft, so hatten wir früher festgestellt, ist die Menge aller ihrer Methoden und Theorien. Eine handlungsorientierte Wissenschaft ist somit speziell durch ihr gesamtes Regelwerk und das zugehörige (heuristische) Hintergrundwissen charakterisierbar.

Faßt man die Betriebswirtschaftslehre als handlungsorientierte Wissenschaft auf – wie dies hier geschieht – so besteht sie aus allen Regeln, die sie zusammen mit dem jeweiligen Hintergrundwissen zur Bewältigung betriebswirtschaftlicher Problemstellungen befähigen. Hierbei bezieht die Betriebswirtschaftslehre, je nach Anwendungsfall, ihr Hintergrundwissen aus vielen Wissenschaften, speziell jedoch aus der Volkswirtschaftslehre, der Mathematik, der Soziologie und der Psychologie.

Volkswirtschaftliches Wissen spielt immer dann eine Rolle, wenn das betriebswirtschaftliche System mit seinem Umfeld in Wechselwirkung tritt. Makroökonomisch geht es beispielsweise um den Einfluß künftiger konjunktureller Entwicklungen und mikroökonomisch um die Stellung des Unternehmens in den Märkten. Dabei ist mikroökonomisches Wissen von besonderer Bedeutung, da es i.a. um eine echte Wechselwirkung geht, d.h. nicht nur das Umsystem beeinflußt die Unternehmung, sondern umgekehrt, die Unternehmung übt einen Einfluß auf das Umsystem, konkret auf andere Unternehmungen (insbesondere auch auf private Haushalte) aus. So ist z.B. die Frage von Marktreaktionen auf bestimmte Unternehmungsstrategien (z.B. auf eine Preisstrategie) von Interesse. Häufig wird man hierbei nicht auf klassische oligopolistische Resultate der Mikrotheorie zurückgreifen können, sondern moderne spieltheoretische Konzepte verwenden (s. z.B. MORGENSTERN). Geht man noch einen Schritt weiter, so wird man auch das soziologische oder psychologische Stratum (vgl. Bd. 1, Abschn. 2.3.1) mit einbeziehen müssen, das ökonomischen Verhaltensweisen zugrunde liegt, wobei man sich streiten kann, ob es sich um den Einsatz verhaltenswissenschaftlich angereicherter volkswirtschaftlicher Theorien handelt (BRINKMANN) oder um den Rückgriff der Betriebswirtschaftslehre auf ihre psychologisch-soziologischen Grundlagen.

Bei aller Bedeutung ökonomischer und psychologischer Theorie sollte freilich ihr Stellenwert nicht überschätzt werden. Und dies aus mehreren Gründen: Zum einen ist, wie bereits betont, wegen der hierarchischen Struktur des Planungsprozesses der Zwang, auf nomologisches (realproblembezogenes) Wissen zurückgreifen zu müssen, stark reduziert. Zum anderen ist theoretisches Wissen meist für die vorliegende Planungsaufgabe nicht anwendbar, oder es ist empirisch nicht abgesichert bzw. prinzipiell nicht absicherbar

(s. Abschn. 6.2.4 "Immunisierung").

Viele Theorien sind durch (erklärungsorientierte) Technologisierung handlungsorientiert nicht nutzbar, da ihre Prämissen eine "mittlere" Beschreibungsebene erfassen, die in der Realität nicht auftritt. Damit erreicht man zwar eine weite raum-zeitliche "Gültigkeit" (vgl. Abschn. 6.1.2), jedoch nur um den Preis einer starken Idealisierung. Es ist gerade die hierarchische Struktur des Planungsprozesses, die diese ("unverbindliche") mittlere Ebene durchbricht. Idealisierungen sind sicherlich von Nutzen, wenn es um generelle Einsichten geht, jedoch sind damit erhaltene Aussagen nicht direkt technologisierbar.

Theoretisches Wissen ist daher aus all den aufgeführten Gründen für die Betriebswirtschaftslehre i.a. nur Hintergrundwissen. Die eigentliche Theorie bildet das umfassende Regelwerk, und die Betriebswirtschaftslehre braucht sich nicht in die Ecke eines "theorielosen platten Anwenders" stellen zu lassen, der blind an unterschiedlichen Anwendungsfällen "herumlaboriert".

Dieses "Theorieverständnis", das sich mehr an der Handlung als an der Erklärung orientiert, hat die Betriebswirtschaftslehre mit vielen anderen handlungsorientierten Wissenschaften gemein. Gerade die Medizin bietet hierfür ein besonders einsichtiges Beispiel: Hunderte von Medikamenten werden heute eingesetzt, ohne daß man deren physiologische Wirkungszusammenhänge genau überschaut. Es wäre unverantwortlich, würde man sich *ausschließlich* um die Aufdeckung dieser physiologischen Zusammenhänge mühen. Gleichzeitig, und wegen der Kürze der Zeit vordringlich, muß man (im Rahmen des Regelwerks) die Frage der Wirksamkeit und sämtliche Nebenwirkungen "pragmatisch" durch viele (Tier-)Versuchsreihen abklären. Diese Untersuchungen sind zwar kein Ersatz für eine biologisch-physiologische "Erklärung" 2. Ordnung (vgl. Abschn. 6.2.4) des Wirkungszusammenhanges, doch handlungsorientiert häufig das beste und oft das einzige, was man tun kann. Nur selten gelingt es, in die "black-box" physiologischer Zusammenhänge unter Verwendung *umfassender* Kausalerklärungen Licht zu bringen.

Welche Bedeutung haben nun die vorstehenden Überlegungen für eine "**Allgemeine Betriebswirtschaftslehre**", d.h. für den Kern einer betriebswirtschaftlichen Theorie? Wir haben festgestellt, daß die Betriebswirtschaftslehre eine Wissenschaft mit einem Objektbereich und einer Fülle von Theorien ist. Diese Theorien beziehen sich auf die *grundsätzliche* Vorgehensweise der Betriebswirtschaftslehre zur Bewältigung ihrer Problemstellungen und – hierarchisch untergeordnet – auf die konkrete Behandlung definierter Problembereiche. So gibt es beispielsweise Regelwerke mit speziellem Hintergrundwissen im Bereich der Produktionsplanung, der Finanzierung, der Besteuerung und in vielen anderen Bereichen mehr.

Einer Allgemeinen Betriebswirtschaftslehre käme damit die Aufgabe zu, die Betriebswirtschaftslehre als handlungsorientierte Wissenschaft darzustellen, d.h. den aufgrund allgemeiner systemtheoretischer Überlegungen entwickelten Rahmen einer präskriptiven Entscheidungstheorie herauszuarbeiten und weiter auszubauen. Insbesondere ist das Regelwerk um Erfahrungswissen zu bereichern, das sich aus der interpersonellen Handhabung realer Entscheidungsprozesse ergibt (KIRSCH, LAUX 1979). M.a.W. Allgemeine Betriebswirtschaftslehre ist zunächst eine allgemeine auf betriebswirtschaftliche Problemstellungen abgestimmte Führungs- und Planungstheorie. Darüber hinaus hat sie jedoch zumindest die Anfangsgründe der Regelwerke und des Hintergrundwissens der Spezialbereiche der Betriebswirtschaftslehre zu erfassen, und dies in dreierlei Weise: Zum einen ist es notwendig, diejenigen **Detailkenntnisse** der Spezialbereiche zu identifizieren, die Einfluß auf andere Bereiche besitzen, d.h. es sind die Schnittstellen zu beschreiben. Zum anderen ist eine **globale Kenntnis** des Zusammenwirkens aller Spezialbereiche erforderlich, m.a.W. die Allgemeine Führungs- und Planungstheorie ist konkret auf ein korporatives Geschehen anzuwenden und hat zumindest in ihren wichtigsten Zusammenhängen die Außenbeziehungen (zu anderen Marktteilnehmern) zu analysieren und zu gestalten. Schließlich hat sie zwischen den Funktionsbereichen sachliche und vor allem **methodische Gemeinsamkeiten** aufzudecken.

Abschließend können wir noch einmal festhalten: Die Allgemeine Betriebswirtschaftslehre und damit auch die gesamte Betriebswirtschaftslehre ist – um ein berühmtes Wort Schmalenbachs (SCHMALENBACH 1911, SCHANZ) aufzugreifen und weiterzuführen – eine "**Kunstlehre**", d.h. im Zentrum ihres wissenschaftlichen Bemühens stehen die Ermittlung, die Bereitstellung und der Einsatz handlungsorientierter erfolgsrationaler Regelwerke.

6.5 Der Wissenschaftsprozeß einer handlungsorientierten Wissenschaft

Die Wissenschaftstheorie hat sich sehr ausgiebig mit der Frage der Entwicklung von Wissenschaften befaßt, wobei ihr Hauptinteresse bisher den erklärenden Wissenschaften galt (s. z.B. KUHN, LAKATOS, FEYERABEND, CHALMERS). Dies ist nicht verwunderlich, da gerade die Physik als erklärende Wissenschaft mit ihrer über 300jährigen gut dokumentierten Geschichte ein überaus reichhaltiges Studienobjekt darstellt. Fragen der Entwicklung von Wissenschaften, insbesondere des Theorienwechsels durch Falsifikation und des (revolutionären) Paradigmenwechsels (KUHN) werden ausgiebig diskutiert.

Die Beschäftigung mit dem Wissenschaftsprozeß ist insofern von Bedeutung, als er es der Wissenschaft und damit den Wissenschaftlern ermöglicht, ihr Wirken historisch und gesellschaftlich einzuordnen und möglicherweise die zukünftige Entwicklung mit zu beeinflussen. Diese Einordnung ist aber nicht nur für eine erklärende, sondern gerade auch für eine handlungsorientierte Wissenschaft außerordentlich wichtig. Einige Anmerkungen zu dieser sehr komplexen Fragestellung mögen daher den Abschluß dieser Abhandlung über Planungs- und Entscheidungstheorie bilden.

Wir gehen von dem Gedanken aus, den in Kapitel 1 dargestellten Planungsprozeß als (handlungsorientierten) Wissenschaftsprozeß zu interpretieren. Dieser Wissenschaftsprozeß möge sich auf die Gesamtheit aller handlungsorientierten Wissenschaften beziehen, so daß die im Planungsprozeß auftretende "Planungsgruppe" mit der "Wissenschaft", der "Entscheidungsträger" mit "aktiv handelnden" und die "Betroffenen" mit "passiv handelnden gesellschaftlichen Gruppen" zu identifizieren wären (vgl. Abschn. 1.1.4).

Ein handlungsorientierter Wissenschaftsprozeß ist (wie jeder Planungsprozeß) exogenen und endogenen Einflüssen ausgesetzt.

Zu den **exogenen** Einflüssen gehören die Aufgabenstellungen, die an die Wissenschaft herangetragen werden, und der Einfluß der Auftraggeber (Staat, Wirtschaft usw.) sowie der Betroffenen auf die Wissenschaft. Diese Gruppen definieren Randbedingungen, diskutieren mit der Wissenschaft Bewertungen und Zielsetzungen und geben bisweilen Anspruchsniveaus vor.

Zu den **wissenschaftsendogenen** Einflüssen gehören methodologische Weiterentwicklungen, die ihre Impulse allein aus der bisherigen Entwicklung innerhalb der jeweiligen Einzelwissenschaft oder in Wechselwirkung mit anderen Wissenschaften empfangen. Ganz allgemein können es aber auch gesellschaftliche (kulturelle) Anstöße sein, die das Gesichtsfeld des Wissenschaftlers verändern und auf diesem Wege die Wissenschaft endogen beeinflussen.

Wie beim Start eines Planungsprozesses, so kann man sich den Wissenschaftsprozeß (abstrakt) in der Weise vorstellen, daß Problemstellungen von aktiv handelnden gesellschaftlichen Gruppen an die Wissenschaften herangetragen werden. Diese Problemstellungen werden von einer oder mehreren Wissenschaften oder auch interdisziplinär in Angriff genommen. Die jeweiligen Wissenschaften wenden ihre Regelwerke an, greifen auf Hintergrundwissen zurück und konfrontieren ihre Ergebnisse mit den Wünschen der aktiven und passiven gesellschaftlichen Gruppen. Handelt es sich um eine "übliche" Fragestellung, so reicht das bislang entwickelte Instrumentarium aus. Wie bei einer erklärenden Wissenschaft befindet sich die handlungsorientierte Wissenschaft im Sinne Kuhns in der "**Normalphase**". Diese Normalphase könnte man dadurch charakterisieren, daß das vorhandene Regelwerk im wesentlichen beibehalten werden kann, die Wissenschaft nicht zu neuen Konzepten übergeht, sondern innerhalb einer bereits bekannten Klasse von "Mastermodellen" verbleibt.

Nicht übliche Fragestellungen zeichnen sich demgegenüber dadurch aus, daß neue Konzepte und Instrumente zu entwickeln sind. Insofern ist jede unübliche Fragestellung, zu der auch eine Verschärfung (externer) Anspruchsniveaus gehören könnte, eine die jeweilige Wissenschaft u.U. weiterentwickelnde Herausforderung.

Aber nicht nur wissenschaftsexterne Einflüsse können zu neuen Konzepten (i-Schleife in Abb. 1.5) führen, sondern ebenso auch methodologische Weiterentwicklungen wie sie in der Betriebswirtschaftslehre etwa durch den Einzug der Informatik und speziell der Künstlichen Intelligenz (vgl. Abschn. 5.3) zu verzeichnen sind. Führt ein solcher Übergang zu einem neuen Konzept und für einen Großteil früherer und zukünftiger Fragestellungen zu erfolgreichen Lösungen, so wäre (im Sinne Kuhn's) ein Paradigmenwechsel innerhalb einer Wissenschaft angezeigt. Ein Wissenschaftsprozeß sollte daher hinreichende Flexibilität aufweisen, um künftigen Herausforderungen zum Wohle der Gesellschaft, und das heißt erfolgsrational, gewachsen zu sein.

Literaturverzeichnis

ALBERT, H.: Das Werturteilsproblem im Lichte der logischen Analyse, in: Gräfgen (Hrsg.): Grundlagen der Wirtschaftspolitik; Köln, Berlin (1966)

ALBERT, H.: Modellplatonismus: Der neoklassische Stil des ökonomischen Denkens in kritischer Beleuchtung, in Albert: Marktsoziologie und Entscheidungslogik, ökonomische Probleme in soziologischer Perspektive, Neuwied, Berlin (1967)

ALBERT, H.: Theorie und Prognose in den Sozialwissenschaften, in: Ernst Topitsch (Hrsg.): Logik der Sozialwissenschaften, 7. Aufl., Köln, Berlin (1971) (zitiert als 1971a)

ALBERT, H.: Plädoyer für kritischen Rationalismus, München (1971) (zitiert als 1971b)

BAMBERG, G.: Statistische Entscheidungstheorie, Würzburg, Wien (1972)

BAMBERG, G., COENENBERG, A.: Betriebswirtschaftliche Entscheidungslehre, 4. Aufl., München (1991)

BECHMANN; A: Nutzwertanalyse, Bewertungstheorie und Planung, Bern, Stuttgart (1978)

BEULENS, A., VAN NUNEN, J.: The Use of Expert System Technology in DSS, in: Decision Support Systems, 4 (1988), S. 421-341

BITZ, M.: Entscheidungstheorie, München (1981)

BLACKBURN, J.D., MILLEN, R.A.: The Impact of a Rolling Schedule in a Multi-Level MRP System, in: Journal of Operations Management, 2 (1982), S. 124 ff.

BRINKMANN, G.: Analytische Wissenschaftstheorie, München, Wien (1989)

BÜHNER, R., KLEINSCHMIDT, P.: Reflections on the Architecture of a Decision Support System for Personnel Assignment Scheduling in Production Cell Technology, in: Decision Support Systems, 4 (1988), S. 473-480

BUI, T., JELASSI, T., SHAKUN, M.: Group Decision and Negotiation Support Systems, Special Issue of EJOR, 46, No. 2 (1990)

CHALMERS, A.: Wege der Wissenschaft, Berlin, Heidelberg, New York (1989)

CHMIELEWICZ, K.: Forschungskonzeptionen der Wirtschaftswissenschaft, 2. Aufl., Stuttgart (1979)

DELFMANN, W.: Die Planung "robuster" Distributionsstrukturen bei Ungewißheit über die Nachfrageentwicklung im Zeitablauf, in: Hax, H., Kern, W., Schröder, H.H. (Hrsg.): Zeitaspekte in betriebswirtschaftlicher Theorie und Praxis, Stuttgart (1989), S. 215-229

DANTZIG, G., WOLFE, P.: Decomposition Principle for Linear Programs, in: OR, 8 (1960), S. 101-111

DOMSCHKE, W.: Logistik: Rundreisen und Touren, München (1982)

DOMSCHKE, W., DREXL, A.: Einführung in Operations Research, 2. Aufl., Berlin, Heidelberg, New York (1991)

DYCKHOFF, H.: Kompensation bei Entscheidungskriterien. Risiko-, Ziel-, Egalitäts-, Zeit- und andere Präferenzen, in: OR-Spektrum, 7, (1985), S. 195-207

FAISST, J., GÜNTHER, H.-O., SCHNEEWEISS, CH.: Ein Decision- Support-System zur Planung der Jahresarbeitszeit, in:

J. Biethahn, W. Hummeltenberg, B. Schmidt (Hrsg.): Simulation als betriebliche Entscheidungshilfe, Bd. 2, Berlin, Heidelberg, New York (1991)

FAISST, J.,SCHNEEWEISS, CH., WOLF, F.: A Hierarchically Structured Decision Support System for Demand Oriented Shift Planning, in: Int. J. of Production Economics, 23(1991), S. 89-98

FANDEL, G.: Produktion I, Produktions- und Kostentheorie, 3. Aufl., Berlin, Heidelberg, New York (1991)

FERSCHL, F.: Katastrophentheorie – Gleichgewicht und Revolution in hochkomplexen Systemen, Kistner, K.-P. et al. (Hrsg.): DGOR-Proceedings 1989, Berlin, Heidelberg, New York (1990)

FEYERABEND, P.K.: Kuhns Struktur wissenschaftlicher Revolutionen, ein Trostbüchlein für Spezialisten? In: Lakatos, I und Musgrave, A., (Hrsg.): Kritik und Erkenntnisfortschritt, Braunschweig, Wiesbaden (1974)

FORRESTER, J.W.: Urban Dynamics, Cambridge (Mass.), London (1969)

FRITZ, W.: Warentest und Konsumgüter-Marketing, Wiesbaden (1989)

GUTENBERG, E.: Grundlagen der Betriebswirtschaftslehre, Bd. 1: Die Produktion, 1. Aufl., Berlin, Heidelberg, Göttingen 1951, 24. Aufl., Berlin, Heidelberg, New York (1983)

HABERMAS, J.: Theorie des kommunikativen Handelns, 2 Bände, Frankfurt/M. (1981)

HANSMANN, K.W.: Kurzlehrbuch Prognoseverfahren, Wiebaden (1983)

HANSSMANN, F.: Qantitative Betriebswirtschaftslehre, 2. Aufl., München, Wien (1985)

HANSSMANN, F.: Einführung in die Systemforschung, 3. Aufl., München (1987)

HARMON, P., KING, D.: Experten-Systeme in der Praxis - Perspektiven, Werkzeuge, Erfahrungen, München, Wien (1986)

HEINEN, E.: Einführung in die Betriebswirtschaftslehre, 5. Aufl., Wiesbaden (1974)

HEINEN, E.: Grundfragen der entscheidungsorientierten Betriebswirtschaftslehre, München (1976)

HEINEN, E., DIETEL, B.: Zur "Wertfreiheit" in der Betriebswirtschaftslehre, in: ZfB 46 (1976), S. 1-26 und 101- 122

HEINRICH, C., SCHNEEWEISS, CH.: Multi-Stage Lot-Sizing for General Production Systems, in: S. Axsäter, Ch. Schneeweiß, E.A. Silver (eds.): Multi-Stage Production Planning and Inventory Control, Lecture Notes, Berlin, Heidelberg, New York (1986)

HOMBURG, CH.: Exploratorische Ansätze der Kausalanalyse als Instrument der Marketingplanung, Frankfurt, Bern, New York (1989)

HUMMEL, S., MÄNNEL, W.: Kostenrechnung, 4. Aufl., Wiesbaden (1986)

HUSSY, W.: Denkpsychologie, Bd. 1, Stuttgart, Berlin, Mainz (1984)

KÄSSMANN, G., KÜHN, M., SCHNEEWEISS, CH.: Spicher's SB- Algorithmus Revisited - Feedback versus Feedforward - Steuerung in der Lagerhaltung, OR-Spektrum 8 (1986), S. 89-98

KIESER; A., KUBICEK, H.: Organisation, 2. Aufl., Berlin, New York (1983)

KIRSCH, W.: Die Handhabung von Entscheidungsproblemen: Einführung in die Theorie der Entscheidungsprozesse, 3. Aufl., München (1988)

KURBEL, K.: Entwicklung und Einsatz von Expertensystemen, Berlin, Heidelberg, New York (1989)

KÜHN, M.: Flexibilität in logistischen Systemen, Heidelberg (1989)

KUHN, T.S.: Die Struktur wissenschaftlicher Revolutionen, Frankfurt (1979)

LAKATOS, I.: Die Geschichte der Wissenschaft und ihre rationalen Rekonstruktionen, in: Worralt, J. and Currie, G. (Hrsg.), Philosophische Schriften, Bd. 1, Braunschweig, Wiesbaden (1982)

LAUCKEN, U., SCHICK, A.: Einführung in das Studium der Psychologie, Stuttgart, 5. Aufl., (1985)

LAUX, H.: Grundfragen der Organisation: Delegation, Anreiz, Kontrolle, Berlin, Heidelberg, New York (1979)

LAUX, H.: Entscheidungstheorie, Grundlagen, 2. Aufl., Berlin, Heidelberg, New York (1991)

LUHMANN, N: Zweckbegriff und Systemrationalität, Frankfurt (1973)

MARESCHAL, B.: Weight Stability Intervals in Multicriteria Decision Aid, in: EJOR, 33 (1988), S. 54-64

MARSCHAK,T., NELSON, R.: Flexibility, Uncertainty and Economic Theory, in: Metroeconomica 14 (1962), S. 42-58

MORGENSTERN, O.J.:Thirteen Critical Points in Contemporary Economic Theory: An Interpretation, Journal of Economic Literature, 10 (1972), S. 1163-1189

PETRI, K.: Kritische Betriebswirtschaftslehre . Eine Auseinandersetzung mit dem kritischen Rationalismus Karl R. Poppers vor dem Hintergrund der betriebswirtschaftlichen Forschungspraxis, Zürich (1976)

PFOHL, H.-C., BRAUN, G.E.: Entscheidungstheorie, München (1981)

PFAHLER, P.: Computergestützte Durchführung von Budgetverhandlungen, Diplomarbeit am Lehrstuhl für ABWL und Unternehmensforschung der Universität Mannheim (1990)

POPPER, K.R.: Logik der Forschung, 2. Aufl., Tübingen (1966)

RAFFÉE, H.: Grundprobleme der Betriebswirtschaftslehre, Göttingen (1974)

RAFFÉE, H.: Gegenstand, Methoden und Konzepte der Betriebswirtschaftslehre, in: Bitz, M., Dellmann, K., Domsch, M., Egner, H. (Hrsg.): Kompendium der Betriebswirtschaftslehre, Bd. 1, München (1984)

RAFFÉE, H., ABEL, B.: Wissenschaftstheoretische Grundlagen der Wirtschaftswissenschaften, München (1979)

REHKUGLER, H.: Prognose von Wertpapierkursen mit Künstlichen Neuronalen Netzen?, in: Heinrich, J., Pomberger, G., Schauer, R. (Hrsg.): Die Informationswirtschaft im Unternehmen, Linz, Wien, München, Bern (1991)

RIEBEL, P.: Einzelkosten und Deckungsbeitragsrechnung: Grundfragen einer markt- und entscheidungsorientierten Unternehmensrechnung, 6. Aufl., Wiesbaden (1990)

RITTER, A., MARTINETZ, T., SCHULTEN, K.: Neuronale Netze – Eine Einführung in die Neuroinformatik selbst organisierender Netzwerke, 2. Aufl., New York (1991)

ROSENHEAD, J., ELTON, M., GUPTA, S.K.: Robustness and Optimality as Criteria for Strategic Decisions, in: Operations Research Quarterly 23 (1972), S. 413-431

SCHANZ, G.: Wissenschaftsprogramme der Betriebswirtschaftslehre, in: Bea, Dichtl, Schweitzer (Hrsg.): Allgemeine Betriebswirtschaftslehre, Bd. 1: Grundfragen, 5. Aufl., Stuttgart (1990)

SCHMALENBACH, E.: Pretiale Wirtschaftslenkung, 2 Bände, Bremen- Horn (1947)

SCHMALENBACH, E.: Die Privatwirtschaftslehre als Kunstlehre, in: Zeitschrift für handelswissenschaftliche Forschung, 6 (1911), S. 304-316, Wiederabdruck in: ZfbF (1970)

SCHMIDT, R.H.: Zum Praxisbezug der Finanzwirtschaftslehre, in: Ordelheide, D., Rudolph, B., Rüsselmann, E. (Hrsg.): Betriebswirtschaftslehre und ökonomische Theorie, Stuttgart (1991)

SCHNEEWEISS, CH.: Dynamisches Programmieren, Würzburg, Wien (1974)

SCHNEEWEISS, CH.: Dynamic Certainty Equivalents in Production Smoothing Theory, in: Int. J. System Sciences, 4 (1975), S. 353-365

SCHNEEWEISS, CH.: Inventory-Production Theory, A Linear Policy Approach, Lecture Notes in Operations Research and Mathematical Systems 151, Berlin, Heidelberg, New York (1977)

SCHNEEWEISS, CH.: Zum Begriff der wertmäßigen Kosten, in: Müller-Merbach, H. (Hrsg.): Quantitative Ansätze der Betriebswirtschaftslehre, Hamburg (1978)

SCHNEEWEISS, CH.: Modellierung industrieller Lagerhaltungssysteme, Berlin, Heidelberg, New York (1981)

SCHNEEWEISS, CH.: On a Formalisation of the Process of Quantitative Model Building, in: EJOR, 29 (1987), S. 24-41

SCHNEEWEISS, CH.: Zur Bewältigung von Unsicherheiten in der Produktionsplanung und -steuerung, in: Lücke, W. (Hrsg.), Betriebswirtschaftliche Steuerungs- und Kontrollprobleme, Wiesbaden (1988) (zitiert als 1988a)

SCHNEEWEISS, CH.: Der Zeitaspekt in der Planung, in: Hax, H., Kern W. und Schröder, H.-H. (Hrsg.): Zeitaspekte in betriebswirtschaftlicher Theorie und Praxis, Stuttgart (1988), S. 3-19 (zitiert als 1988b)

SCHNEEWEISS, CH.: Main Aspects of an Expert System for Pure Short-Term Inventory Problemens, in: Operational Research '87, IFORS (1988), S. 276-291 (zitiert als 1988c)

SCHNEEWEISS, CH.: Einführung in die Produktionswirtschaft, 3. Aufl., Berlin, Heidelberg, New York (1989)

SCHNEEWEISS, CH. (Hrsg.): Kapazitätsorientiertes Arbeitszeitmanagement, Heidelberg (1992)

SCHNEEWEISS, CH., KÜHN, M.: Zur Definition und gegenseitigen Abgrenzung der Begriffe Flexibilität, Elastizität und Robustheit, in: ZfbF, 42 (1990), S. 377-395

SCHNEEWEISS, CH., SCHRÖDER, H.: Planning and Scheduling the Repair Shops of the Deutsche Lufthansa AG - A Hierarchical Approach, in: Production and Operations Management (POM), 1 (1992)

SCHNEEWEISS, CH., SÖHNER, V.: Kapazitätsplanung bei moderner Fließfertigung, Heidelberg (1991)

SCHNEIDER, H.: Methods for Determining the Re-order Point of an (s,S)-Ordering Policy when a Service Level is Specified, in: Journal of Operational Research, 29 (1978), S. 1181-1193

SCHRÖDER, H.: Integration von Planung und Steuerung in Reparatursystemen, München (1988)

SIMON, H.A.: Dynamic Programming Under Uncertainty With a Quadratic Criterion Function, in: Econometrica 24 (1956), S. 74-81

SPRONK, J.: Interactive Multiple Goal Programming: Applications to Financial Planning, Boston (1981)

STAEHLE, W.H.: Management, 5. Aufl., München (1989)

STEINMANN, H., SCHREYÖGG, G.: Management, 2. Aufl., Wiesbaden (1990)

STÖPPLER, S., FISCHER, R., ROGALSKI, M.: Ein Bezugsgrößenmodell zur Systematisierung der Kosten- und Erlösinformationen, in: ZfB, 3(1992)

THEIL, H.: A Note on Certainty Equivalence in Dynamic Planning, in: Econometrica 25 (1957), S. 346-349

ULRICH, H.: Die Unternehmung als produktives soziales System, 2. Aufl., Bern, Stuttgart (1970)

ULRICH, W.: Critical Heuristics of Social Planning. A New Approach to Practical Philosophy, Bern, Stuttgart (1970)

VETSCHERA: Group Decision and Negotiation Support-GDSS. A Methodological Survey, OR Spektrum, 12 (1990), S. 67- 77

WEBER, M.: Die "Objektivität" sozialwissenschaftlicher und sozialpolitischer Erkenntnis, in: Gesammelte Aufsätze der Wissenschaftslehre, 4. Aufl., Tübingen (1973)

WILD, B.: Die Politik der Gewerkschaften zur Flexibilisierung der Arbeitszeit, in: Schneeweiß, Ch. (Hrsg.): Kapazitätsorientiertes Arbeitszeitmanagement, Heidelberg (1992)

WILLIAMS, A,C., NASSER. J.I.: Financial Measurement of Capital Investments, in: Management Science, 12 (1966), S. 851-864

ZWICKER, E.: INZPLA - ein Konzept zur computergestützten Unternehmensgesamtplanung, in: W. Lücke (Hrsg.): Betriebswirtschaftliche Steuerungs- und Kontrollprobleme, Wiesbaden (1988)

Stichwortverzeichnis

C. Schneeweiß

Planung 1

Systemanalytische und entscheidungstheoretische Grundlagen

1991. XV, 389 S. 97 Abb. 2 Tab. (Springer-Lehrbuch) Brosch. DM 32,80 ISBN 3-540-54000-8

Dieser erste Band eines Lehrbuchs der Planung gibt eine Darstellung der Grundlagen des Planungsprozesses. Er führt in die Systemanalyse ein, deren Aufgabe in der Erfassung der Sachzusammenhänge und der Beurteilungskriterien eines Planungsproblemes besteht. Ferner wird eine für das Verständnis der Planung unerläßliche Darstellung sämtlicher Teilbereiche der normativen Entscheidungstheorie gegeben, zu der insbesondere Entscheidungen bei Risiko, Mehrpersonenentscheidungen und Aushandlungsprozesse gehören. Einen besonderen Schwerpunkt bildet eine bisher im deutschen Sprachraum noch nicht vorliegende lehrbuchartige Darstellung der wichtigsten Verfahren der Mehrzielentscheidungen.

C. Schneeweiß

Einführung in die Produktionswirtschaft

3. rev. Aufl. 1989. XV, 272 S. 67 Abb. (Heidelberger Taschenbücher, Bd. 244). Brosch. DM 25,- ISBN 3-540-50538-5

Inhaltsübersicht: Produktionssysteme und ihre Planung. - Produktions- und kostentheoretische Grundlagen. - Modellbildung in der Produktionsplanung. - Rahmenbedingungen der Produktion. - Mittelfristige Produktionsplanung. - Materialbedarfsplanung. - Kapazitätsabgleich und Ablaufplanung. - Integrierte Produktionsplanung und deren DV-Unterstützung. - Literaturverzeichnis. - Stichwortverzeichnis.

W. Busse von Colbe, G. Laßmann

Betriebswirtschaftstheorie

Band 1: Grundlagen, Produktions- und Kostentheorie

5. durchges. Aufl. 1991. XVI, 356 S. 112 Abb. (Springer-Lehrbuch) Brosch. DM 36,- ISBN 3-540-54101-2

Die Themengebiete werden systematisch und umfassend dargestellt, besonderer Wert wird auf die Darstellung der praktischen Bedeutung modelltheoretisch abgeleiteter Aussagen gelegt. Zahlreiche Beispiele aus der Praxis veranschaulichen dieModellaussagen.

W. Busse von Colbe, P. Hammann, G. Laßmann

Betriebswirtschaftstheorie

Band 2: Absatztheorie

3.verb. Aufl. 1990. XVI, 356 S. 62 Abb. (Springer-Lehrbuch) Brosch. DM 36,- ISBN 3-540-51966-1

Band 2 dieses Standardlehrbuchs liegt nun in dritter Auflage vor. Gegenstand des Buches sind Grundbegriffe, Ansätze zur Erklärung des Käuferverhaltens, absatzstrategische Grundentscheidungen sowie das absatzpolitische Instrumentarium. Danach werden integrierte Produktions- und Absatzplanungsmodelle für verschiedene Marktformen und praxisorientierte Methoden der Absatzplanung erörtert.

W. Busse von Colbe, G. Laßmann

Betriebswirtschaftstheorie

Band 3: Investitionstheorie

3. durchges. Aufl. 1990. XVI, 311 S. 52 Abb. (Springer-Lehrbuch) Brosch. DM 34,80 ISBN 3-540-52170-4

Der dritte Band der Betriebswirtschaftstheorie behandelt die wichtigsten Teile der betrieblichen Investitionstheorie. Dargestellt werden die Grundlagen der modernen Kapitalmarkttheorie und der Portefeuilletheorie sowie ihre Anwendung für die betrieblichen Investitionsentscheidungen.
Die dritte Auflage dieses Buches wurde aktualisiert und ergänzt, Änderungen von steuerlichen Vorschriften wurden berücksichtigt.

Preisänderung vorbehalten

Springer-Verlag
Berlin
Heidelberg
New York
London
Paris
Tokyo
Hong Kong
Barcelona
Budapest

GPSR Compliance

The European Union's (EU) General Product Safety Regulation (GPSR) is a set of rules that requires consumer products to be safe and our obligations to ensure this.

If you have any concerns about our products, you can contact us on ProductSafety@springernature.com

In case Publisher is established outside the EU, the EU authorized representative is:

Springer Nature Customer Service Center GmbH
Europaplatz 3
69115 Heidelberg, Germany

Batch number: 10682564

Printed by Printforce, the Netherlands